Bernhard Fricke REBELL FÜR DIE ERDE

Bernhard Fricke

Rebell für die Erde

Was Menschen, Tiere, Bäume, Sterne
und der Super-GAU mich lehrten

HERBiG

Bildnachweis:

S. 29, 57, 83, 92, 119, 133, 137, 148, 165, 172, 176, 181, 182, 185, 186, 188, 204, 208, 210, 213, 217: David gegen Goliath e.V.
S. 101: Edna Falke von Hartmann
S. 140: Andreas Heddergott
S. 192: Bernhard Fricke

© 2016 F. A. Herbig Verlagsbuchhandlung GmbH, München.
Alle Rechte vorbehalten.
Umschlag: Wolfgang Heinzel
Umschlagmotiv: 123 RF/Cienpies Design und Mascha Greune, München
Satz: EDV-Fotosatz Huber/Verlagsservice G. Pfeifer, Germering
Gesetzt aus: 11,15/14 pt. Minion Pro
Druck und Binden: GGP Media GmbH, Pößneck
Printed in Germany
ISBN 978-3-7766-2779-4

Auch als

www.herbig-verlag.de

Dieses Buch widme ich allen Kindern unserer Erde, meinem Schaf Seraphin, meinen Hündinnen Solara und Cheruba, meinem Kater Panther, meinem Pferd Penelope, der Ulme als meinem Lebensbaum und meinen Sternengeschwistern von Orion, Sirius und den Plejaden.

Gebet der Vereinten Nationen

Herr, unsere Erde ist nur ein kleines Gestirn im großen Weltall. An uns liegt es, daraus einen Planeten zu machen, dessen Geschöpfe nicht von Kriegen gepeinigt werden, nicht von Hunger und Furcht gequält, nicht zerrissen in sinnlose Trennung nach Rasse, Hautfarbe oder Weltanschauung. Gib uns Mut und Voraussicht, schon heute mit diesem Werk zu beginnen, damit unsere Kinder und Kindeskinder einst stolz den Namen Mensch tragen.

Amen.

∎ Inhalt

∎ Vorwort   9

∎ Wie ich wurde, was ich bin   16

∎ Meine Lehrzeit in der Politik:
Wahlkampf für Erhard Eppler   28

∎ David gegen Goliath: klein, aber erfolgreich   52

∎ Ortstermin am Höllenfeuer von Tschernobyl   80

∎ Meine Lehrzeit für die Erde:
Sonnen-König trifft Sonnen-Bär   97

∎ Seraphin: in tödlicher Maul- und Klauenseuchengefahr   111

∎ Baum-Massaker im Herzen Münchens   124

∎ Rendezvous am Baumstamm:
meine Begegnung mit Julia Butterfly Hill   139

∎ David sitzt im Weg: Alarmruf an die Bahn   145

∎ Ich steige meiner Kirche aufs Dach:
Kampf gegen Kommerzwerbung an Kirchtürmen   157

∎ SOS für die Menschlichkeit:
Olympiastadt München hilft Olympiastadt Sarajevo   169

∎ Solara: Leben und Sterben in Würde   175

- Sonne macht Spaß, Sonne macht Sinn:
  mit der Kraft der Sonne in eine lebenswerte Zukunft   178

- Cloudi: trotz großen Leides Botschafterin der Freude   187

- Kornkreise: Liebesgrüße aus dem All   190

- Wir kommen (zu euch):
  Flüchtlinge auf dem Weg zu uns   197

- Die Sonnen-Arche im Chiemgau:
  Freudenhof für Menschen und Tiere   206

- Der Jäger war Cherubas Tod   215

- Leben und Sterben: das Ende ist der Anfang   219

- Zum Schluss: genug der Worte – endlich Taten   233

- Dank   238

■ Vorwort

An den Ostertagen 1996 kam ich mit einer Leptospirose, einer lebensgefährlichen, nur schwer zu diagnostizierenden Infektionskrankheit gerade noch rechtzeitig in das Schwabinger Krankenhaus. Auf der Intensivstation kämpften die Ärzte erfolgreich um mein Leben. Die Dauerbelastung als Stadtrat, Vorsitzender der Organisation »David gegen Goliath« und Rechtsanwalt, vor allem aber die zunehmende Gleichgültigkeit der Menschen gegenüber den atomaren Gefahren und der fortschreitenden Umweltzerstörung hatten mich erschöpft.

In der Karfreitagnacht zog mich das einzige mitgebrachte Buch, *Das Vermächtnis der Wildnis. Visionen und Prophezeiungen zur Rettung unserer gefährdeten Welt* geradezu magisch an. Es war die Lebensgeschichte von Stalking Wolf, einem alten Schamanen vom Volk der Apachen. Bereits am Anfang des Buches offenbarte Stalking Wolf vier Prophezeiungen, die in starken, eindringlichen und realistisch anmutenden Schreckensbildern das Ende unserer nur auf materiellen Werten aufgebauten Wachstums-, Konkurrenz- und Vergnügungszivilisation voraussagten, falls es nicht zu einer grundlegenden Kurskorrektur kommen würde.

Diese Schreckensvisionen schlugen mich völlig in ihren Bann, sie durchdrangen meinen geschwächten Körper, meinen angeschlagenen Geist und meine wunde Seele und versetzten mich in höchsten Aufruhr. Mehr als die Hälfte aller Menschen, Tiere und Pflanzen würden demnach schon in überschaubaren Zeitläufen von der Erde verschwinden. Würden meine Menschen- und Tierfreunde auch darunter sein? Ich konnte kein Auge zumachen, und es dauerte sehr lange, bis ich endlich doch einschlief.

Irgendwann wachte ich schweißüberströmt auf und hatte jedes Gefühl für Raum und Zeit verloren. Normalerweise erinnere ich mich nicht an meine Träume, aber den Traum dieser Nacht werde ich mein Leben lang nicht vergessen: Ich stieg auf einer zum Himmel führenden Leiter, so schnell ich konnte, immer weiter

nach oben. Nach einer mir endlos erscheinenden Zeit gelangte ich an die Himmelspforte. Ich schaute in einen großen Raum, in dem ein geschäftiger älterer Herr mit weißem Gewand und Rauschebart in seine Arbeit vertieft an einem Schreibtisch saß. Die Tür zu einem weitaus größeren, lichtdurchfluteten Raum war nur angelehnt, ich konnte allerdings nur von hinten die Umrisse einer in weißes Licht gehüllten, mir nahezu körperlos erscheinenden Person erkennen. Der Mann am Schreibtisch, offenkundig der Hüter des Himmels, würdigte mich keines Blickes und setzte seine Arbeit unvermindert fort. Er ließ mich lange warten, bis er endlich kurz aufblickte und mich anherrschte: »Was willst du hier oben? Deine Zeit ist noch nicht gekommen. Du gehst sofort wieder auf die Erde zurück und setzt deine Arbeit fort!«
Nach dieser keinen Widerspruch duldenden Aufforderung ging ich schnurstracks den gleichen Weg zur Erde zurück.

Seitdem setze ich auf der Erde meine Arbeit fort, die ich nach der Atomkatastrophe von Tschernobyl begonnen hatte. Dieser erste atomare GAU am 26. April 1986 ist ein Wendepunkt in der Menschheitsgeschichte, aber auch in meinem Leben gewesen. Wir haben in jenen Tagen unsere »atomare Unschuld« verloren – spätestens seitdem wissen wir, dass wir vor radioaktiven Strahlen nicht davonlaufen können, dass es keine wirksame medizinische Hilfe gibt und eine Evakuierung der Bevölkerung aus den radioaktiv verstrahlten Zonen nicht möglich ist. Wir wissen aber auch, dass ein neuer Atomunfall, ausgelöst durch menschliches oder technisches Versagen oder einer Kombination aus beiden Faktoren, jederzeit auch bei uns in unseren dicht besiedelten Gebieten möglich ist. Das würde den Zusammenbruch unserer Zivilisation zur Folge haben.
Die weitaus tiefere Dimension dieser ersten Atomkatastrophe hat sich mir aber erst Jahre später erschlossen: Der Name Tschernobyl bedeutet auf Deutsch »Wermut«, also »bitteres«, konkreter, »vergiftetes Wasser« und führt uns direkt in die Apokalypse des Johannes. Dort heißt es im achten Kapitel in Vers zehn bis elf: »Und der dritte Engel posaunte: Und es fiel ein großer Stern vom

Himmel, der brannte wie eine Fackel und fiel auf den dritten Teil der Wasserströme und über die Wasserbrunnen. Und der Name des Sterns heißt Wermut. Und der dritte Teil der Wasser ward Wermut; und viele Menschen starben von den Wassern, weil sie waren so bitter geworden.«

Wenn die Wasser vergiftet sind, werden wir Menschen, aber auch Tiere und Pflanzen wie prophezeit sterben, denn wir können nicht länger als drei Tage ohne Wasser leben. Eine eindringlichere Warnung aus der geistigen Welt können wir nicht erwarten. Tschernobyl ist die klare Aufforderung an uns, von einem selbstzerstörerischen Atom-, Wachstums- und Verschwendungskurs Abstand zu nehmen und ein Leben im Einklang mit der Natur, ihren Gesetzen, Bedürfnissen und Begrenzungen zu führen. Wenn wir so weitermachen wie bisher, werden wir bald alle über Jahrmillionen gewachsenen Bodenschätze aus dem Inneren unseres Heimatplaneten Erde geplündert und das hochsensible Gleichgewicht des Lebens zerstört haben.

Die zunehmende Verschmutzung von Erde, Luft und Wasser, die immer deutlicher spürbar werdende Klimakatastrophe, die ansteigende radioaktive Verseuchung, das zunehmende Artensterben und das Abschmelzen der Eisberge: Das alles sind Fakten, die mit Leichtigkeit überprüft werden können.

Diese zunehmende Belastung unserer Ökosysteme ist bereits 1975 in dem vom Club of Rome herausgegebenen Weltbestseller »Die Grenzen des Wachstums« und schon vor Jahrzehnten in regierungsamtlichen Dokumenten wie in dem von der US-Regierung herausgegebenen Umweltreport »Global 2000« thematisiert worden. Es liegt auf der Hand: Wenn unserem Ökosystem mehr entnommen wird, als nachwächst, hat es keine Überlebenschance. Dann ist der Zusammenbruch nur noch eine Frage der Zeit.

Tragischerweise sind die richtigen Konsequenzen aus den Analysen und Erkenntnissen weitgehend ausgeblieben. Kleiner statt größer, ruhiger statt lauter, langsamer statt schneller, mehr Solidarität statt zerstörerischer Konkurrenz, mehr Sonne statt Atom, Kohle und Gas sollte die Devise lauten. Doch wir tun nicht, was wir wissen. Unser bestehendes Wirtschaftssystem mit dem Dog-

ma des grenzenlosen Wachstums und dem obersten Ziel der Gewinnmaximierung auf Kosten von Mensch und Natur hat sich zu einer Ersatzreligion, dem Mammonismus, entwickelt. Er wird von einem Heer von hochbezahlten Lobbyisten, Meinungsmachern in allen Medien und ausgefuchsten Juristen höchst erfolgreich abgesichert und verteidigt. Der Bürger als der eigentliche Souverän unseres freiheitlich-demokratischen Rechtsstaates hat sich von einem rund um die Uhr ablaufenden, kostenfreien »Brot und Spiele«-Vergnügungsprogramm auf allen Medien einlullen lassen und sich in dieser einzigartigen Waren- und Vergnügungswelt als auf sich bezogener Egomane eingerichtet. Der Preis, der für die wachsende Umweltzerstörung und soziale Ungerechtigkeit zu zahlen sein wird, wird erfolgreich verdrängt. Und die Kirchen, deren originäre Aufgabe die Bewahrung der Schöpfung und die Verkündung der sinnstiftenden Liebesbotschaft von Jesus Christus sein sollte, sind Teil dieses Systems geworden, haben sich bis zur Unerträglichkeit angepasst und lassen sich auch noch staatlich finanzieren und damit tendenziell korrumpieren.
So steuern wir unbeirrt, wie einst die Titanic, mit Volldampf auf den vor uns liegenden, immer deutlicher sichtbar werdenden Eisberg zu, und nur ein Wunder kann den Zusammenstoß noch aufhalten.

Die Atomkatastrophe von Tschernobyl hat mein Leben und meine Sichtweise auf die lebensbedrohliche Gefährdung unseres Heimatplaneten Erde grundlegend verändert. Mich hatte die radioaktive Wolke damals beim Joggen im Chiemgau erwischt. Meine Hilflosigkeit, meine Angst und mein Zorn über die verlogene, meine Gesundheit gefährdende Informationspolitik der damaligen Bundesregierung, verstärkt durch die grenzenlose Panik von befreundeten Familien mit Kindern, hat sich tief in mein Gedächtnis eingebrannt. Ich werde nie den Anruf eines befreundeten, sonst immer coolen, zu diesem Zeitpunkt aber völlig aufgelösten Rechtsanwalts vergessen: »Kannst du bitte meine Kanzlei einige Zeit betreuen, ich muss hier sofort weg, um meinen Sohn in Sicherheit zu bringen.« Es war ihm völlig unvorstellbar, dass man sich vor radioaktiven Strahlen nicht in Sicherheit bringen kann.

Das gab den Ausschlag für meinen Entschluss. Ich wollte nicht länger ein hilfloses Opfer von weiteren zu erwartenden Atom- oder Umweltkatastrophen sein. Das führte im Juni 1986 zur Gründung der Umwelt- und Bürgerrechtsorganisation »David gegen Goliath«. In dieser von mir als existenzielle Überlebenskrise der Menschheit wahrgenommenen »Sein oder Nichtsein«-Situation, in die ich schicksalhaft hineingeworfen wurde, fand ich meine – im wahrsten Sinne des Wortes – Lebens-Aufgabe. Diese sich immer mehr ausweitende Aufgabe entwickelte sich in den nächsten Jahren zwangsläufig zu einem unbezahlten Vollzeitjob, dem ich mein ganzes persönliches und berufliches Leben untergeordnet habe.

Eine solche Entscheidung muss jeder für sich treffen. Nur sollte keiner jemals wieder sagen können, er hätte von der wachsenden Zerstörung unserer Umwelt und den nicht beherrschbaren atomaren Gefahren nichts gewusst – und deshalb nicht gehandelt.

»David gegen Goliath« – einen optimistischeren und Mut machenderen Namen gibt es für mich nicht. Er flog mir als ein Geschenk des Himmels zu, als ich meditierte und die geistige Welt um Beistand, Führung und Schutz bat: Der kleine David, der gegen die übermächtigen finanz- und organisationsstarken Atom- und Wachstumsgoliaths eigentlich keine Chance hat und doch – mit Gottes Hilfe – erfolgreich ist.

Seitdem habe ich mit meinen Mit-Davids immer wieder durch vielfältige politische, kulturelle und natürlich auch provokative Aktionen auf die wachsende Zerstörung unserer natürlichen Lebensgrundlagen und unsere zu Ende gehende Zeit aufmerksam gemacht: Vor den Folgen der Zerstörungen zu warnen, von der Politik, der Wirtschaft und jedem Einzelnen Konsequenzen anzumahnen, vor allem aber Mut zu machen, alte Wege zu verlassen und gemeinsam unseren »Davidsweg der kleinen Schritte mit großer Perspektive« zu folgen und damit unsere Wahrnehmungs-, Urteils- und Handlungsfähigkeit zu stärken.

Dabei liegt die Lösung auf der Hand: Eine solare, humanistische, vom göttlichen Geist durchdrungene Gesellschaft der geschwisterlichen Einheit, verbunden in Liebe, Achtsamkeit und Mitgefühl mit allem tierischen und pflanzlichen Leben, das schon lange vor uns auf der Erde bestanden hat – ohne Atomkraftwerke und ohne Atomwaffen, mit Achtung von Menschen- und Tierrechten und absolutem Folterverbot.

In der Bibel heißt es: »Wem viel gegeben, von dem wird viel verlangt.« Mir ist in diesem Leben sehr viel gegeben worden. Deshalb gebietet mir die Stimme meines Herzens aus Dankbarkeit gegenüber dem Geschenk meines jetzigen, ungemein privilegierten Lebens in Freiheit, Sicherheit und Würde: Solange ich lebe, werde ich alles tun, um die Erde – um es in der indianischen Terminologie auszudrücken –, »meine heilige Mutter Erde«, zu schützen, zu lieben und zu achten, um sie für alle nachfolgenden Generationen zu erhalten.

Bei einem Interview anlässlich meines sechzigsten Geburtstags wurde ich völlig unvorbereitet gefragt, was für eine Art Politiker ich eigentlich sei. Ohne lange zu überlegen gab ich die Antwort: »Ich bin ein Erd-Politiker, der sich für die Erde als Ganzes mitverantwortlich fühlt. Ich bin überzeugt, dass alles Leben heilig ist, weil es aus der gleichen göttlichen Schöpfungsquelle stammt. Wir alle sind in einem unendlichen Netzwerk des Lebens miteinander verbunden, in dem das Wohlergehen aller vom Wohlergehen jedes Einzelnen abhängt.«

Das ist meine Berufung als Erd-Politiker. Dafür bin ich in diesen bewegten und bewegenden Zeiten auf die Erde zurückgekehrt. Mein Weg dorthin ist eine Kette von Führungen und Fügungen, bei der viele große und kleine Menschen, aber vor allem auch hoch entwickelte Seelenwesen in Tiergestalt wie Seraphin, Cheruba, Solara, Bibi und Cloudi sowie Bäume und Pflanzen meine Lehrmeister waren.

Von diesem meinem Weg, wie ich wurde, was ich bin, von meinen Erlebnissen und Erfahrungen, Hoffnungen und Enttäuschungen, möchte ich in diesem Buch erzählen und Ihnen Mut zu Ihrem eigenen Weg machen. Wende oder Ende – das ist die Alternative. Unsere Entscheidung sollte klar sein. Jeder Weg beginnt mit dem ersten Schritt: Warten wir nicht länger, gehen wir endlich los – jetzt!

■ Wie ich wurde, was ich bin

Und wieder einmal war es so weit: Am 19. Juli 1950 um 6:40 Uhr betrat ich erneut meinen Heimatplaneten Erde, um die Lektionen auf meinem Weg zur göttlichen Vollkommenheit zu lernen, die ich in meinen früheren Leben nicht geschafft hatte. Ich kam als Zwilling eine halbe Stunde nach meiner Schwester Anne zur Welt, der ich als Kavalier schon zu Beginn meiner Erdenkarriere den Vortritt ließ.
Dieses Mal kam ich als Mann, als Deutscher, als Christ auf die Welt. Meine Geburtskoordinaten bescherten mir als kosmische Verbindungslinien zu meinem diesmaligen irdischen Sein den Krebs und den Löwen, also zwei extrem gegensätzliche Tierkreiszeichen, ergänzt durch den chinesischen Tiger und den indianischen Specht. Auch mit meiner symbolträchtigen Namensgebung konnte ich zufrieden sein. Mein erster Vorname Bernhard bedeutet »der Bärenstarke«, mein zweiter Vorname lautet Peter, was sich mit »der Fels« übersetzen lässt. Die erste Silbe meines Nachnamens »Fri« steht im Althochdeutschen bzw. im Germanischen für Freiheit und Frieden. Später ergänzte ich diese starken Namen durch meinen Wahlnamen David, »Geliebter des Herrn«.
Meine Eltern waren ein Geschenk. Sie brachten mich quasi als eine Art »Trägerrakete« aus den himmlischen Sphären wieder auf das Erdenrund: Meine Mutter Anne war eine kommunikative und fröhliche Ärztin, die ihre Lebensenergie in die Entwicklung ihrer Kinder und die Pflege ihrer Familie steckte. Mein Vater Ferdinand war ein exzellenter, seelenvoller Jurist, ausgleichender Kommunalpolitiker und Fraktionsvorsitzender der FWG sowie begeisterter Imker. Ergänzt wurden diese Grundbedingungen meiner Existenz durch Großväter, die Kaufleute und Förster waren.
»Landeplatz« war Hofgeismar bei Kassel, eine kleine Kreisstadt im damaligen Zonenrandgebiet.

Schon als Kind hatte ich ein besonderes Interesse an Himmelsphänomenen: Jeder Regenbogen, die Sonnenauf- und -untergänge, vor allem aber der klare Sternenhimmel mit seinen unzähligen Lichtpunkten, Blitze bei Gewittern und – als absolutes Highlight – die Entdeckung einer Sternschnuppe erfüllten mich mit nie versiegender Freude und Begeisterung.

Als Kind wuchs ich in der zur Selbstversorgung betriebenen Landwirtschaft meines Großvaters Martin mit den zu einer Landwirtschaft gehörenden Tieren, Pferden, Kühen, Schweinen, Hühnern, Kaninchen, Katzen und Hunden, auf. Ich verbrachte meine Ferien bei meiner bäuerlichen Verwandtschaft in der Gegend von Bad Hersfeld. Mein erster Weg führte mich immer zuerst zu den Tieren in die Ställe oder auf die Weide. Ich fühlte mich in ihrer Nähe wohl, genoss ihre lebendige Ruhe, ihren vom Heu verfeinerten Geruch und war glücklich, sie zu streicheln oder auch zu beruhigen, wenn sie einmal aufgeregt waren. Besonders berührte es mich, wenn mir ein junges Kälbchen mit seiner rauen Zunge die Hand oder manchmal sogar das Gesicht ableckte und mich mit einem seelenvollen Blick ansah.

Unseren Tieren ging es gut, sie wurden reichlich versorgt, hatten genügend Bewegung und wurden nie geschlagen. Aber es war immer klar: Sie hatten eine ausschließlich uns Menschen dienende Funktion, trugen keine Namen, und ihr Ende im Kochtopf war schicksalhaft vorbestimmt. Das Töten der Tiere war für uns Kinder ein Tabu: Wir durften z. B. nicht mit ansehen, wie ein Schwein mit einem Bolzenschuss und einem Kehlenschnitt im Herbst getötet wurde, aber bei der Verarbeitung zu Wurst und Schinken waren wir wieder dabei. Wenn die Arbeit getan war, wurde im Kreis der Großfamilie immer ein sogenanntes Schlachtfest gefeiert, bei dem das Schwein in das Dankgebet eingeschlossen wurde.

Meine innige Zuneigung zu den Tieren, besonders zu den Tierkindern, hinderte mich aber trotzdem nicht daran, sie ohne den geringsten Skrupel genussvoll zu verspeisen, wenn sie als Braten auf den Tisch kamen. Auch bei mir funktionierte die traditionsbedingte Abspaltung und Verdrängung lange Jahre perfekt: Ich wollte nicht wahrnehmen, dass hinter jedem kurzen Genuss eines noch so köstlich zubereiteten Fleischgerichts ein dafür geopfertes Leben steht. Im Gegensatz zu Raubtieren haben wir Menschen die Wahl, uns ohne Fleisch und damit auch noch gesünder zu ernähren. Aber das war damals noch kein Thema: Ethische oder religiöse Bedenken bezüglich des Fleischverzehrs gab es in der Familie oder im Freundeskreis noch lange Zeit überhaupt nicht. Später wurde das Problem der tierischen Ernährung sogar noch verstärkt: Gab es in meinen ersten Kindheitsjahren nur an Sonn- und Feiertagen einen Braten, kam ab den Sechzigerjahren nahezu täglich ein Fleischgericht auf den Tisch – auch als Ausdruck des unreflektierten Gefühls »Wir können es uns leisten«. Erst als Seraphin, mein selbstbewusst-fröhliches Schaf, im Frühjahr 1988 in mein Leben trat und ich das große Glück hatte, etwa dreißig ihrer Kinder und Enkelkinder aufziehen zu dürfen, wurde ich auch aus Gesundheits- und Umweltgründen vom Teilzeit- zum überzeugten Vollzeitvegetarier. Das mit Macht erwachende Leben der Lämmer, ihre ansteckende Lebensfreude, ihre nie versiegende Neugier auf alle Lebensvorgänge, ihre übermütigen Luftsprünge und ihre immer im fröhlichen Chaos endenden Wettrennen über die Wiesen waren überzeugende Manifestationen des Lebens. Dadurch wurde mir endlich klar, wie viele Lämmerleben ich durch meinen kurzen und leichtfertigen Fleischgenuss auf dem Gewissen hatte. Glücklicherweise bekam ich später die Gelegenheit, tätige Reue zu üben und meinen Schafen ein sicheres und artgerechtes Leben bis zum Tod zu ermöglichen. Mein Schaf Seraphin, Botschafterin der Nutztiere bei den Menschen, und ich waren in der Öffentlichkeit ein bekanntes Team, das für ein artgerechtes Tierleben in Würde stand.

Die Früchte unserer landwirtschaftlichen Felder, unseres großen Gemüsegartens und einer Obstplantage, machten für unsere Familie eine weitgehende Selbstversorgung mit hochwertigen, köstlich schmeckenden Nahrungsmitteln möglich. Ich weiß noch heute, wie köstlich sonnendurchflutetes Obst und Gemüse, zum richtigen Zeitpunkt geerntet, schmeckt. Ich erinnere mich auch noch gut, wie meine Großmutter in einem großen Holzfass aus Milch Butter machte, wie Brot im Backofen gebacken wurde und Weißkraut in große braune Tontröge eingelegt wurde, um Sauerkraut zu werden.

Meine Großmutter Karoline war die erste praktizierende Ökologin in unserer Familie; ihr Öko-Dreiklang ist mir bis heute lebendig geblieben: Licht ausschalten, Wasserhahn abdrehen, wenn man den Raum verlässt, und Brot nicht wegwerfen, weil dies angesichts der vielen Hungernden in der Welt eine Sünde ist.

Meine Eltern gaben mir einige Leitlinien mit auf meinem Weg, die mich bis heute begleiten:
Erwarte alles von dir und nichts von anderen. Steh anderen in der Not bei, dann bist du in der Not nicht allein. Mach dein Verhalten nicht von anderen abhängig, sondern bewahre deine Werte auch in Stresssituationen. Achte die Meinung von anderen, auch sie können einmal recht haben. Jeder kann dein Lehrmeister sein, auch Kinder und Tiere. Höre auf deine innere Stimme, sie ist deine beste Richtschnur. Tritt niemals auf einen, der schon am Boden liegt. Gib jedem eine zweite Chance. Du bist nicht wichtiger als die anderen, aber keiner ist wichtiger als du. Versuche einen Konflikt immer mit einem gesichtswahrenden Kompromiss zu beenden, damit keine Feindschaft entsteht. Nimm nichts selbstverständlich, sei dankbar für alles, freu dich an den täglichen kleinen Wundern des Lebens und erfülle dein Herz mit Liebe und vergebender Nachsicht.

Der Besuch der Albert-Schweitzer-Schule, einer UNESCO-Modellschule, öffnete mir schon früh das Tor zur Welt. Zum Schulalltag gehörten Austauschprogramme mit Finnen, Dänen und Schotten, die oft wochenlang bei uns wohnten. Dadurch wurde der Umgang mit ausländischen Mitschülern zu einer bereichernden Normalität. Bei gemeinsamen Veranstaltungen und Ausflügen lernten wir uns besser kennen, sprachliche und kulturelle Grenzen wurden durch ein Band herzlicher Gemeinsamkeit schnell überwunden, und auch meine ersten Liebschaften waren schon international geprägt.

In meiner Schulzeit war ich sportlich auf vielen Ebenen aktiv, insbesondere im Handball und in der Leichtathletik. Zusätzlich engagierte ich mich schon früh in unserer später international ausgezeichneten Schülerzeitung. Als Chefredakteur nahm ich am ersten deutsch-englischen Schülerzeitungsseminar in Hamburg teil.
In der Schülermitverwaltung war ich ebenfalls von Anfang an engagiert. Mir hat es immer große Freude gemacht, aus dem Nichts etwas ganz Neues zu gestalten – beispielsweise ein großes Schul-Faschingsfest, bei dem man nur über eine zehn Meter lange, eigens konstruierte Holzrutsche in den Festsaal gelangen konnte. Dabei entdeckte ich in mir eine besondere Begabung: Menschen zu begeistern und ihre noch schlummernden Fähigkeiten für ein gemeinsames Ziel zu aktivieren. Diese Fähigkeiten waren für meine spätere Umwelt- und Bürgerrechtsarbeit von entscheidender Bedeutung.
Als Kulturschock für viele Lehrer meiner Schule nahm ich in meiner Eigenschaft als Schulsprecher als erster Schüler in der langen Schulgeschichte an einer Lehrerkonferenz teil, organisierte im Zuge der 68er-Reformbewegung die ersten Schülervollversammlungen und war als Schulsprecher im Landesschülerrat mit von der Partie. Ich lernte sehr schnell, wie wichtig es ist, sich mit persönlich sympathischen Mitstreitern zu verbinden, gemeinsame Initiativen zu entwickeln, sie mehrheitsfähig zu machen und sie damit auch durchzusetzen.
Viel mehr als in der und durch die Schule lernte ich jedoch seit meiner frühen Jugend auf zahlreichen Reisen durch viele Länder unserer Erde. Im Kreis von Reisenden aus aller Welt habe ich mich immer am wohlsten gefühlt: Hier zählte nie, *wer* man war, sondern allein, *wie* man genau in dem Moment der Begegnung mit den anderen war. Ich habe ganz überwiegend gute Erfahrungen gemacht und viele Freundschaften geschlossen, die über Jahre erhalten geblieben sind. Meine Reiselust, meine Neugier auf fremde Kulturen und Traditionen, vor allem auf die Wunder der Natur, sowie mein immerwährendes Interesse, neuen Menschen zu begegnen, mich mit ihnen zu freuen und von ihnen zu lernen, ist mir bis heute erhalten geblieben.

Gerne hätte ich zusammen mit Alexander dem Großen bei Aristoteles an einem inspirierenden »Studium generale« teilgenommen, um für meine bis heute noch unvollendet gebliebene Laufbahn als »Sonnen-König« – ein mir von der Münchner Abendzeitung für mein Engagement für die Sonnenenergie verliehener Ehrentitel – die optimale Vorbereitung zu bekommen. Da weder ein solcher Lehrer noch eine solche Fächerkombination in meiner Studienzeit zur Verfügung standen, machte ich aus der Not eine Tugend und studierte in Freiburg, Berlin und München Jura, Politik und Psychologie.

Sehr gut in Erinnerung geblieben ist mir der Aufenthalt an der »Friedensuniversität« in Tihange (Belgien), an der ich 1971 mit Studenten aus vierzig Nationen ein ethisch und global ausgerichtetes Friedenspraktikum durchlief. Ich habe dabei gelernt, die Meinungen von Menschen aus anderen Kulturen und Traditionen als gleichwertige, bedenkenswerte und bereichernde Ergänzung für meine eigene Meinungsbildung anzusehen. Dadurch habe ich wichtige Impulse für die Notwendigkeit und die Möglichkeit einer auf das Wohl aller ausgerichteten Zusammenarbeit in einer globalisierten Welt bekommen. Sie finden in einer Haltung solidarischer Kooperation statt zerstörerischer Konkurrenz ihren überzeugendsten Ausdruck.

Ein besonderer Höhepunkt in meinem Leben war die Olympiade 1972 in München. Ich hatte das Glück, aus einer großen Bewerberzahl als »Ehrenbegleiter«, also als eine Art persönlicher Assistent, für ein IOC-Mitglied ausgewählt zu werden. Mein »olympischer Dienstherr« war Lance Cross, Fernsehdirektor aus Neuseeland. Er gehörte als eines von fünf Mitgliedern dem Exekutivrat, also quasi der geschäftsführenden »Regierung« des IOC an. An seiner Seite konnte ich die wesentlichen sportlichen und gesellschaftlichen Ereignisse dieses unvergleichlichen globalen Freudenfestes aus nächster Nähe miterleben.

Die Olympischen Spiele 1972 in München: Welch ein Unterschied zu der nur sechsunddreißig Jahre zuvor stattgefundenen Olympiade in Berlin. Damals präsentierte sich ein martialisches, größenwahnsinnig gewordenes Deutschland mit Weltbeherrschungsfantasien vor einer fasziniert-verschreckten Weltöffentlichkeit und löste Bewunderung und Entsetzen gleichzeitig aus. Bei der Olympiade in München zeigte dagegen ein Deutschland, das aus den Fehlern der Vergangenheit gelernt hatte, der verwunderten und beglückten Weltöffentlichkeit sein neues Gesicht.

Wie tragisch, dass der brutale palästinensische Terroranschlag diese heiter-gelöste Grundstimmung mit einem Schlag veränderte. »The games must go on« – diese unter starker Mitwirkung »meines« IOC-Mitglieds nach langen, leidenschaftlichen Debatten getroffene Entscheidung war sicherlich richtig, da sonst für weitere terroristische Erpressungen Tor und Tür geöffnet worden wären. Aber die unbeschwerte Heiterkeit dieser Olympischen Spiele war verflogen und sie waren bis zum Schluss von einem Schatten umwölkt. Doch die vielen positiven Erinnerungen an sportliche Höhepunkte, rauschende Feste und wunderbare Begegnungen mit Menschen aus aller Welt sind bis heute lebendig geblieben.

1973 gelang es mir, einen heiß umkämpften Hospitanzplatz beim Bayerischen Rundfunk zu bekommen. Mit zwanzig Kolleginnen und Kollegen absolvierte ich ein Ausbildungsprogramm und habe seit dieser Zeit mit unterschiedlicher Intensität als freier Journalist für Rundfunkanstalten und Zeitungen gearbeitet. Besonders gerne berichtete ich über meine Erfahrungen mit ungewöhnlichen Menschen und spannenden Initiativen und Projekten, vor allem solchen, die ich bei meinen vielen Reisen in die Dritte Welt selbst miterlebt hatte.

Die nächste wichtige Lebensstation war mein Engagement für Erhard Eppler, den früheren Entwicklungshilfeminister und langjährigen Kirchentagspräsidenten. Im Landtagswahlkampf 1979/80 unterstützte ich ihn als Spitzenkandidat der SPD als persönlicher Mitarbeiter und Berater gegen den amtierenden Ministerpräsidenten Lothar Späth und die im »Ländle« traditionell starken Grünen. Meine Zeit für und mit Erhard Eppler fand durch die verlorene Landtagswahl ein ziemlich abruptes Ende. Mit all dem Einsatz konnte ich zwar nicht dieses Ergebnis, aber immerhin einen noch größeren Einbruch verhindern. Umso mehr hat es mich gefreut, dass mein Engagement damals doch ein großes Maß an Anerkennung fand und die SPD-Landtagsfraktion und die Mitarbeiter mich in einer kleinen Abschiedsfeier mit Standing Ovations verabschiedeten. Mit diesem Bonus hätte ich den Sprung in die Bonner, damals von Helmut Schmidt geprägte, Politik wagen können. Daran hinderte mich aber meine Loyalität zu Erhard Eppler, dem ich bis heute freundschaftlich verbunden bin. Für mich war diese Zeit meine wichtigste politische Lehrzeit. Ich lernte den kaum vorstellbaren Unterschied zwischen politischer Theorie und Praxis kennen, dem dominanten menschlichen und überdominanten wirtschaftlichen Faktor, den extremen Wankelmut des sich nur zu oft an kurzfristigen persönlichen Interessen orientierenden Bürger-Souveräns, den Zynismus der ihre Ohnmacht und Hilflosigkeit und den Verrat an ihren Idealen standhaft leugnenden Politiker und die durch vielerlei Sachzwänge extrem reduzierten Gestaltungsmöglichkeiten der Politik, aber auch die irritierende Kraft des Zufalls, der dennoch immer wieder Kurskorrekturen in scheinbar aussichtsloser Situation auch im letzten Moment noch möglich machen kann. Als wichtigstes Kapital lernte ich in dieser intensiven Lebensphase Persönlichkeiten aus Kultur, Ökologie und Wissenschaft wie Hans-Peter Dürr, Frederic Vester, Günter Altner, Senta Berger und Barbara Rütting kennen, die Jahre später einmal die Arbeit der Umwelt- und Bürgerrechtsaktion »David gegen Goliath« unterstützen sollten.

So kehrte ich um viele Erfahrungen reicher nach München zurück. Einige Zeit später bekam ich das Angebot, als Reiseleiter auf dem russischen Kreuzfahrtschiff »Ivan Franko« zu arbeiten. Mangels anderer sinnvoller Alternativen sagte ich zu und fuhr drei Monate über die Weltmeere. Ich war für das Bordradio und das Sportprogramm verantwortlich und wurde auch für die Landausflüge als Reiseleiter eingesetzt. Sechshundert Passagiere, zweihundertsiebzig Mann (zur Zeit der kommunistischen Diktatur vom KGB streng überwachte) russische Besatzung sowie dreißig Künstler und wir zehn Reiseleiter – das war ein Mikrokosmos auf engstem Raum, mit allen dazugehörenden Freuden und Konflikten, die in den unendlichen Wasserwelten zumeist schnell aufgelöst wurden. Von meinem damals gewonnenen russischen Umgangssprachschatz kann ich noch heute zehren.

Ab 1982 baute ich mir eine eigene Anwaltskanzlei in München mit Schwerpunkt Familien- und Strafrecht auf. Im Laufe der Zeit verlagerte ich meinen Schwerpunkt immer mehr auf die Prävention und Mediation von Problemen. In dieser Zeit übernahm ich als langjähriges Mitglied der Bürgerrechtsorganisation »Humanistische Union« das Amt des Landesvorsitzenden. Für Bürgerrechtsfragen bin ich durch meine jahrelange Arbeit als Strafverteidiger sehr sensibilisiert worden.

Als eine wesentliche Lehre aus der verbrecherischen Nazizeit wurde in unsere Verfassung ein umfassender Grundrechtekatalog mit vielfältigen individuellen Abwehrrechten gegenüber einem übermächtigen Staat aufgenommen. Mein Staatsverständnis ist von der Überzeugung bestimmt, dass der Staat immer eine dem eigentlichen Souverän, dem Volk und seinen Bürgerinnen und Bürgern dienende Funktion hat und niemals ein Selbstzweck ist. Spätestens seit dem 11. September 2001 hat sich eine grundlegende Verschiebung in diesem sensiblen Verhältnis ergeben. Vielfältig zulasten der Bürger geänderte Gesetze und ein expandierender Sicherheitsapparat haben dazu geführt, dass der Bürger zunächst einmal als Sicherheitsrisiko wahrgenommen wird, für den das Menschenrecht der Unschuldsvermutung außer Kraft gesetzt worden ist. Wir sind immer mehr auf dem Weg zu einem umfassenden Überwachungsstaat, weil wir versäumt haben, unsere Grundrechte gegenüber jeder Einschränkung aktiv zu verteidigen. Benjamin Franklin hat es auf den Punkt gebracht: »Wer die Freiheit aufgibt, um Sicherheit zu gewinnen, wird am Ende beides verlieren.« Wir sind auf dem besten Wege dahin. Es ist zu befürchten, dass die von verschiedenen radikalisierten islamischen Gruppen ausgehende Terrorgefahr ein noch engmaschigeres polizeiliches Abwehrnetz erfordern wird. Das wird die Konsequenz haben, dass noch mehr Freiheitsrechte auf der Strecke bleiben könnten. Trotz allem müssen wir daran festhalten, dass die Liebe die einzige Kraft ist, die Hass und Gewalt besiegen kann, und deshalb unsere Liebesfähigkeit ausbauen. Besorgniserregend ist aber nicht nur das wachsende staatliche Überwachungsnetz, sondern die absolut beängstigenden Überwachungs- und Manipulationsmöglichkeiten der skrupellosen Netzkraken Google und Facebook mit ihren aufgeblähten Allmachtsfantasien über künftige gesellschaftliche Entwicklungen. Hier hilft nur eine konsequente Datenaskese und die Kontrolle bisher gespeicherter persönlicher Daten.

Im April 1986 kam es dann zu der mein Leben verändernden Atomkatastrophe von Tschernobyl. Aus den persönlichen Schreckenserfahrungen während des radioaktiven Fallouts in meiner Wahlheimat Chiemgau kam es als wesentliche Konsequenz daraus zur Gründung der Umwelt- und Bürgerrechtsorganisation »David gegen Goliath«. Für die Davids saß ich zwölf Jahre als »ein David unter achtzig Goliaths« im Münchner Stadtrat und war lange Jahre auch Mitglied des Ältestenrates.

1994 war ich Mit-Initiator der ersten Regenbogenkoalition und setzte dabei die kostendeckende Vergütung für Solarstrom in München durch und die Einrichtung einer dauerhaften Gedenkausstellung über die Verbrechen der Nazis, die in München, der Hauptstadt der Bewegung, ihren Anfang genommen hatten, aber auch für die mutigen Menschen, die unter großen persönlichen Opfern im Widerstand waren und oft sogar ihr Leben verloren hatten.

Unser damaliges zentrales Ziel, der sofortige Ausstieg aus der Atomenergie und das Verbot aller Atomwaffen, hat heute, dreißig Jahre später, nichts von seiner Gültigkeit verloren.

Eine wichtige Ergänzung auf meinem Weg zu mir selbst kam 1995 mit der erfolgreichen Abschlussprüfung zum Heilpraktiker für Psychotherapie dazu. Damit konnte ich ratsuchende Menschen noch besser auf ihrem persönlichen Veränderungsweg begleiten, der nachhaltige gesellschaftliche Änderungen überhaupt erst möglich macht.

Zur Abrundung meines langen politischen Weges bekam ich durch schicksalhafte Fügungen die Möglichkeit zu einem Crashkurs in »global politics«. Durch die Mitarbeit in einem internationalen Investitionsprojekt im Gesundheitsbereich in den neuen Bundesländern lernte ich einen früheren persönlichen Mitarbeiter von Konrad Adenauer kennen. Er führte mich als eines von fünf deutschen Mitgliedern in »Le Cercle«, einen informellen transatlantischen Gesprächskreis hochrangiger Politiker, Unternehmer, Militärs und Geheimdienstler, ein die die Eindämmung kommunistischer Expansion und die ungehinderte Ausbreitung einer turbokapitalistischen Wachstumswirtschaft zum Ziel hatten. Die Treffen fanden einmal jährlich in Washington und einmal in einer europäischen Hauptstadt mit Vorträgen von Ministern, Senatoren, Vorständen von Banken und multinationalen Unternehmen sowie einem exklusiven Ausflugsprogramm statt. Ein besonderer Höhepunkt war ein Empfang im Sommerpalast von König Hussein in Jordanien, den er zusammen mit seinem Bruder, Kronprinz Hassan, gab, der sich seit Jahren für einen interreligiösen Dialog engagierte. Ich wurde mit meiner gut sichtbaren DaGG-Plakette am Revers von Anfang an misstrauisch beäugt, aber ich wurde als »coloured bird« toleriert. Mit der Toleranz war es allerdings vorbei: Bei einem Meeting in London verhinderte ich eine von einem früheren chilenischen Außenminister eingebrachte Solidaritätsadresse für den in der britischen Hauptstadt einsitzenden Militärdiktator Auguste Pinochet mit einem Plädoyer für die Beachtung von Menschenrechten und der demokratischen rechtsstaatlichen Ordnung zu Fall und wurde zu einer »persona non grata«.

Eine ganz wesentliche und vorläufige Abschlussstation meines Lebensweges ist seit 2001 die Sonnen-Arche, ein »Freudenhof« in meiner Wahlheimat im Chiemgau. Dort lebe ich mit Menschen, die sich auf ihren persönlichen Entwicklungsweg gemacht haben, und hoch entwickelten Tier- und Pflanzenpersönlichkeiten an einem der schönsten Plätze dieser Erde. Als einen bewussten Ausgleich für das unendliche Leid, das wir unseren Tiergeschwistern täglich durch Massentierhaltung und Tiertransporte zufügen, habe ich hier einer größtmöglichen Zahl an Pferden, Schafen, Enten, Gänsen, Hunden, Katzen und einem Esel einen sicheren Platz bis an ihr Lebensende gegeben.

In der Sonnen-Arche versuche ich, meine in den letzten Jahren gewonnenen Erkenntnisse weiterzugeben, dass Politik und Spiritualität, also Verantwortung für unsere äußere und unsere innere Welt, zusammengehören und gelebt werden müssen.

Der Rat einer nach langen Lebensjahren weise gewordenen Freundin hat mir auf meinem Weg geholfen: Wir müssen mit unserem Lebenssteuerrad genauso sorgfältig umgehen wie mit unserem Autolenkrad. Wenn wir nur einen Moment unaufmerksam sind, landen wir im Straßengraben oder auf der Stoßstange des vor uns fahrenden Autos. Also müssen wir mit unseren Gedanken, Gefühlen und Handlungen sehr bewusst umgehen, um auf dem Weg der Liebe und des Lichts zu bleiben. Dann können wir uns und damit auch die Welt ein kleines, aber wesentliches Stückchen zum Besseren verändern, denn die Welt ist, wie der indische Weisheitslehrer Jiddu Krishnamurti zutreffend feststellte, ein Spiegel von uns.

Ich bin inzwischen der festen Überzeugung, dass nur über den herausfordernden Weg der persönlichen Veränderung auch nachhaltige politische Umbrüche möglich sein werden. Unser Heimatplanet Erde ist ein Lernplanet, auf dem wir in vielen Inkarnationen all die oft schmerzlichen Lernerfahrungen machen können, die auf dem Weg zu unserer göttlichen Vollkommenheit nötig sind. Auf diesem Weg müssen Menschen, Tiere, Pflanzen und Sterne unsere Lehrmeister sein. Ich bin ihnen jedenfalls für die Lektionen, die sie mir auf meinem diesmaligen Lebensweg erteilt haben, sehr dankbar.

■ Meine Lehrzeit in der Politik: Wahlkampf für Erhard Eppler

Es gab zwei Politiker, die mich seit meiner Studentenzeit besonders interessierten und für die ich gerne gearbeitet hätte: Erhard Eppler und Richard von Weizsäcker. Beide waren politische Quereinsteiger, der eine bei der SPD, der andere bei der CDU, beide hatten protestantische Württemberger Wurzeln und damit eine gute Bodenständigkeit, aber beide hatten auch einen weit darüber hinausführenden Blick für die Probleme der Welt, die im Zusammenhang mit unseren nationalen Problemen betrachtet und für die gemeinsame Lösungen gefunden werden mussten. Beide waren schließlich Präsidenten des Evangelischen Kirchentages, eines weltoffenen, die christliche Verantwortung für die Welt als Gottes Schöpfung bejahenden, alle zwei Jahre stattfindenden Christentreffens. Beide hatte ich bei Tagungen der Evangelischen Akademie in Tutzing kennengelernt und sie als glaubwürdige, sympathische, kompetente und eloquente, aber persönlich grundverschiedene Repräsentanten unseres politischen Systems wahrgenommen, die meine Achtung und Bewunderung fanden.

Die Würfel fielen durch einen sehr persönlichen Umstand zugunsten von Erhard Eppler: Ich hatte immer wieder über sein Stuttgarter Büro versucht, einen Termin bei ihm zu bekommen, aber es wollte einfach nicht klappen. Dann stand im August 1979 die Hochzeit meines Lieblingscousins Olaf im Elsass an, wohin der Weg über Stuttgart führte. Wieder rief ich Epplers Büro an, doch sie wollten mich aus terminlichen Gründen weder zu ihm durchstellen, noch seine private Telefonnummer herausgeben. Daraufhin war ich ziemlich frustriert: Erhard Eppler schien für mich unerreichbar zu sein. Immerhin hatte ich herausgefunden, dass er in Dornstetten am Rande des Schwarzwalds lebte. So machte ich mich von München aus auf den Weg zur Hochzeit in

das Elsass. Bei einem Zwischenstopp auf einem Rastplatz bei Stuttgart kam mir plötzlich die Idee, Erhard Eppler ganz einfach über die Telefonauskunft heraussuchen zu lassen. Ich hatte Glück, denn er stand wirklich im Telefonbuch. Ich notierte seine Nummer und rief ihn direkt danach an. Er war auch gleich am Apparat. Ich nannte ihm meinen Namen, erzählte ihm ein wenig von mir und meiner Arbeit als freier Journalist mit Schwerpunkt Dritte Welt, Ökologie- und Friedenspolitik, vor allem aber auch, dass er mich als geistiger Impulsgeber schon seit längerer Zeit begleitet hatte. Dann trug ich ihm meinen Wunsch vor, für ihn zu arbeiten, und fragte ihn, ob er in nächster Zeit für ein persönliches Gespräch Zeit hätte. Es war einen Moment still in der Leitung. Dann hörte ich ihn sagen: »Das trifft sich ja gut, ich stehe vor einem Landtagswahlkampf und da könnte ich einen persönlichen Mitarbeiter ganz gut gebrauchen. Ich habe heute Nachmittag etwas Zeit. Wenn Sie wollen, kommen Sie einfach vorbei, damit wir uns kennenlernen und ein paar Einzelheiten besprechen können.« Das war mehr, als ich zu hoffen gewagt hatte, und daher sagte ich gleich zu. Ich war gut in der Zeit, sodass ich meinen

ersten Besuch bei Erhard Eppler mit der Hochzeit von Olaf verbinden konnte. Nach einer guten Stunde erreichte ich das Eppler'sche Haus. Er empfing mich persönlich an der Eingangstür und geleitete mich an einen runden Holztisch im Garten, auf dem eine kleine Brotzeit vorbereitet war.
»Schön, dass Sie so schnell vorbeikommen konnten, lieber Herr Fricke. Ich habe mir dieses Wochenende viel Zeit für einige Überlegungen zur Wahlkampfvorbereitung eingeplant. Wir haben am 16. März 1980 in Baden-Württemberg Landtagswahlen. Ich muss mich nicht nur mit dem bisherigen Ministerpräsidenten der CDU, Lothar Späth, sondern auch mit den bei uns immer stärker werdenden Grünen auseinandersetzen, die das erste Mal den Sprung in den Landtag schaffen wollen. Das ist eine große persönliche Herausforderung für mich, denn vor allem der traditionelle Arbeitnehmerflügel meiner Partei betrachtet meine ökologisch ausgerichtete Politik mit großer Skepsis, weil sie angeblich Arbeitsplätze gefährden und kaum neue Wähler bringen würde. Ich muss also den Beweis erbringen, dass eine ökologisch ausgerichtete Politik auch vom Wähler honoriert wird. Ich kann nur hoffen, dass die von meiner Partei enttäuschten ökologisch sensibilisierten Wähler nicht gleich auf den grünen Zug aufspringen werden.« Er habe sich inzwischen überlegt, ob ich nicht für ihn eine Wählerinitiative für seine nicht in der SPD organisierten Sympathisanten aus dem ökologischen, kirchlichen und Dritte-Welt-Bereich organisieren und ihn ansonsten im Wahlkampf als eine Art persönlicher Assistent unterstützen könnte. Diese Art von Unterstützung konnte ich ihm sofort zusagen. Dann durfte ich ihn noch bei einem kleinen Gartenrundgang begleiten, und er verriet mir, dass er beim Gärtnern am besten entspannen könnte. Danach musste ich gehen, denn ich konnte das Brautpaar keinesfalls warten lassen. Wir verabredeten für die nächste Woche einen Folgetermin zusammen mit seinem Geschäftsführer, und ich verabschiedete mich.
Dann fuhr ich beflügelt in das Elsass. Auf dem Weg dorthin gingen mir viele Gedanken zu Erhard Eppler durch den Kopf. Ich wusste, dass er als junger Mann u. a. mit Johannes Rau in die von

Gustav Heinemann gegründete Gesamtdeutsche Volkspartei (GVP) eingetreten war, die für ein neutrales, entmilitarisiertes Deutschland als Konsequenz aus dem Zweiten Weltkrieg eintrat. Nachdem die GVP beim Wähler nicht die erhoffte Zustimmung fand, wurde sie aufgelöst, und ein Großteil des Vorstandes und der Mitglieder, unter ihnen Erhard Eppler, fand in der SPD nach sorgfältigen Vorbereitungen eine neue politische Heimat. Als die SPD 1968 in eine Koalitionsregierung unter Kurt Georg Kiesinger eintrat, wurde Erhard Eppler Entwicklungshilfeminister, ein Amt, das er auch im Kabinett von Willy Brandt beibehielt. Im Laufe seiner Amtszeit konzipierte er einen neuen entwicklungspolitischen Ansatz, der sich mehr an den Bedürfnissen und Interessen dieser Länder orientierte und deutsche Entwicklungshilfe nicht, wie bisher, primär als Instrument zur Förderung deutscher Exporte ansah. Seine Erkenntnisse aus dieser Zeit hatte er in den Büchern *Wenig Zeit für die Dritte Welt* und *Ende oder Wende* zusammengefasst, die eine umfassende und nachhaltige Welt-Innenpolitik forderten. Diese sollte mit gezielter finanzieller Unterstützung in den von Armut und Gewalt zerrissenen Ländern der Dritten Welt zu politischer Stabilität und zu einer wirtschaftlich und sozial eigenständigen Entwicklung führen, um den dort lebenden Menschen ein Leben in Würde und mit konkreten Zukunftsperspektiven im eigenen Land zu ermöglichen. Diese neue Welt-Innenpolitik sollte vor allem auch dazu beitragen, die sonst aus persönlicher und beruflicher Perspektivlosigkeit zu erwartenden Flüchtlingsströme in den »gelobten Kontinent« Europa gar nicht erst entstehen zu lassen. Diese neu ausgerichtete Entwicklungspolitik fand die persönliche Unterstützung von Willy Brandt, sodass der Entwicklungshilfeetat kontinuierlich bis auf immerhin vier Milliarden DM erhöht wurde. Das war zwar noch weit von der Selbstverpflichtung, dass die Entwicklungshilfe 0,7 Prozent des Gesamtetats betragen sollte, entfernt, aber doch eine deutliche Verbesserung. Diese Aufstockung der Mittel eröffnete der Eppler'schen Politik neue Gestaltungsspielräume – und es war sicher kein Zufall, dass die konservative Presse, die seine Arbeit mit wachsender Kritik verfolgte, ihm den von Herbert

Wehner einstmals verliehenen, ironisch gemeinten Ehrentitel »Pietcong«, eine Verbindung aus Pietist und Vietcong, bewusst diffamierend und hämisch gemeint anhängte. Nach Brandts überraschendem Rücktritt als Bundeskanzler wurde er als einziger Minister aus dem Kabinett von Brandt in das Kabinett von Helmut Schmidt übernommen. Nach nur zwei Monaten trat er aufgrund eines Eklats von seinem Amt zurück, nachdem Schmidt seinen Entwicklungshilfeetat erheblich gekürzt hatte. Die dadurch entstandenen menschlichen Verletzungen in Verbindung mit einem sehr unterschiedlichen Politikansatz führten zu einem bis zuletzt anhaltenden Zerwürfnis dieser beiden großen politischen Führungspersönlichkeiten, die in der Folge nichts ausließen, sich das politische Leben schwer zu machen. Eppler blieb Mitglied des Präsidiums der SPD und Vorsitzender der Grundwertekommission. In dieser Eigenschaft brachte er bei einem Kongress der IG Metall den von ihm kreierten Begriff der »Lebensqualität« als ergänzenden qualitativen Bewertungsmaßstab für die Leistungsfähigkeit des wirtschaftlichen Systems neben dem bisher allein gültigen rein quantitativen Maßstab des Bruttosozialproduktes als die Summe aller Güter und Dienstleistungen in die öffentliche Diskussion ein.

Für Erhard Eppler, diesen *Homo politicus* erster Güte, einen erfahrenen und zugleich wertorientierten Politiker, sollte ich nun, wie ich es mir gewünscht hatte, arbeiten und ihm bei dem bevorstehenden Wahlkampf gegen Lothar Späth zur Seite stehen. Das Folgetreffen fand zwei Wochen später statt, allerdings nur mit dem Geschäftsführer Claus Weyrosta, einem künstlerisch ambitionierten Architekten mit Temperament und Visionen. Wir wurden uns schnell über alle zu klärenden organisatorischen Fragen einig und fassten sie in einer kurzen Vereinbarung zusammen. Arbeitsbeginn sollte in knapp vier Wochen sein. Dann fuhr jeder seiner Wege, der eine nach München, der andere nach Stuttgart.
Am selben Abend telefonierte ich mit Erhard Eppler. Er sagte, dass er inzwischen ein positives Feedback von seinem Geschäfts-

führer über unser Treffen erhalten hätte, und dass ich sicher eine gute Verstärkung für sein Team sei. Eppler teilte mir bei diesem Telefonat aber auch mit, dass er wegen einer unaufschiebbaren Operation ab Anfang Oktober für etwa drei Wochen nur telefonisch erreichbar sein werde, und in dieser Zeit sein Geschäftsführer Claus Weyrosta mein Ansprechpartner sein würde.

Dann packte ich meine Sachen und traf an meinem ersten Arbeitstag rechtzeitig an meinem neuen Arbeitsplatz im Stuttgarter Landtag ein. Der Geschäftsführer stellte mich in der wöchentlichen Mitarbeiterbesprechung als neuen persönlichen Mitarbeiter von Erhard Eppler vor. Dann bekam ich eine Führung durch den Landtag und die Fraktionsräume. Im Anschluss lud mich Claus Weyrosta zu einem Mittagessen in das Landtagsrestaurant ein und nahm sich viel Zeit, mir einige wichtige Hintergrundinformationen zu geben. Dann wurde sein Miene plötzlich sehr ernst: »Herr Fricke, Sie sind ganz neu hier, kennen noch keinen Menschen und wissen sicher auch nicht so recht, was auf sie zukommen wird. Seien Sie vorsichtig und lassen Sie sich von niemandem vereinnahmen. Hier haben Sie meine private Telefonnummer. Wenn es Probleme gibt, bin ich immer für Sie erreichbar. Jetzt muss ich aber gehen, ich bin schon zu spät dran für meinen nächsten Termin.« Wir verabschiedeten uns herzlich voneinander, und ich spürte eine wachsende Verbundenheit mit diesem aufrechten und äußerst sensiblen Menschen. Ich blieb noch einige Zeit in großer Nachdenklichkeit sitzen. Plötzlich tauchte Claus Weyrosta wieder an meinem Tisch auf: »Ich musste nochmals zurück, weil ich meine Brille liegen gelassen habe. Ach ja – wir werden ja künftig doch viel miteinander zu tun haben. Es ist vielleicht einfacher, wenn wir uns ab jetzt duzen. Ich heiße Claus«. Ich schaute ihn einen Moment verblüfft an – damit hatte ich noch nicht gerechnet. Dann schlug ich in die ausgestreckte Hand ein, und schon war er wieder verschwunden. Am nächsten Morgen wurde ich sehr früh von einem Anruf von Claus Weyrosta geweckt. Ich musste mich sehr anstrengen, um seine schwache Stimme überhaupt zu verstehen: »Hallo Bernhard, ich wollte dir nur schnell mitteilen, dass ich heute Nacht mit einer extrem schmerzhaften Gallenkolik ins Krankenhaus gekommen bin und gleich operiert werde. Pass gut auf dich auf und mach es gut.« Bevor ich auch nur ein Wort sagen konnte, hörte ich ein Knacken in der Leitung, und das Gespräch war beendet.

Das war ein Schock am Morgen. Ich zog mich schnell an und machte eine kleine Spazierrunde durch das noch menschenleere, von leichten Nebelschwaden eingehüllte Stuttgart, um wieder einen klaren Kopf zu bekommen. Mit einem Mal war eine ganz neue Situation entstanden, die nicht mehr das Geringste mit meinen anfänglichen Vorstellungen zu tun hatte: meine beiden Chefs und wichtigsten Ansprechpartner im Krankenhaus und eine zerstrittene Fraktion mit wenig motivierten Mitarbeitern. Einen Moment überlegte ich sogar, in dieser desolaten Situation meine Zelte in Stuttgart abzubrechen und wieder nach München zurückzukehren. Aber diesen Gedanken verwarf ich sofort wieder. Das konnte ich dem ans Krankenbett gefesselten Erhard Eppler nicht antun, der sich fest auf meine Mitarbeit verlassen hatte. Ich beschloss, diese Herausforderung anzunehmen. So nahm ich an allen Fraktions-, Partei- und Wahlausschusssitzungen teil. Ich verfolgte bei meiner Arbeit keinerlei persönliche Interessen, sondern war als »der Mann von Eppler«, wie ich in meiner Abwesenheit genannt wurde, immer bemüht, bei vielen Gesprächen auf die Vorteile seiner ökologisch ausgerichteten Politik, gerade auch im Hinblick auf die Schaffung neuer Arbeitsplätze, hinzuweisen. Ich wurde nicht müde, immer wieder zu betonen: Ökologie und Ökonomie sind keine Gegensätze, sondern eine natürliche, sinnvolle Ergänzung. Die größte Nachdenklichkeit löste ich aber mit dem Argument aus, dass die widersprüchliche und inkonsequente Haltung der SPD in der Umwelt-, Energie- und Friedenspolitik das Aufkommen der immer stärker werdenden Grünen überhaupt erst möglich gemacht habe. Diese intensive, rein sachbezogene Kommunikationsarbeit im Hintergrund trug langsam, aber spürbar zu einer deutlich verbesserten Stimmung in der gesamten Fraktion bei. Nun war es wieder denkbar, Kontroversen sachlich und ohne persönliche Häme auszutragen. Das machte es möglich, dass sich beide Lager wieder mehr auf das Gemeinsame, vor allem auf den gemeinsamen politischen Gegner (die CDU und auch die Grünen), besannen und ihre Energie nicht mehr wie bisher in parteiinternen Richtungskämpfen vergeudeten. Im Zuge meiner Arbeit kam ich in den allerdings völlig unverdienten Ruf, Spezialist für die Abwehr der grünen Parteikonkurrenz zu sein. Unvergessen geblieben ist mir das Gespräch mit einem älteren Abgeordneten aus dem Gewerkschaftsflügel, aus dem es völlig verzweifelt herausbrach: »Herr Fricke, bei mir gibt es jetzt auch die Grünen. Können Sie mir helfen? Was soll ich bloß machen?« Leider konnte ich weder ihm noch den anderen in gleicher Weise Rat suchenden Abgeordneten helfen. Meine Antwort lautete: »Jetzt leider gar nichts mehr. Sie hätten in den letzten Jahren selber eine glaubwürdige, überzeugende ökologische Politik machen müssen. Dann hätten die Grünen keine Chance gehabt, aber jetzt ist es dazu zu spät. Der Zug ist abgefahren.« Daraufhin blickte er mich traurig an und verließ mein Büro.

Die Grünen entwickelten sich wirklich. Sie kamen mit ihrem unkonventionellen Politikstil vor allem bei den jungen Wählern gut an. Die Grünen waren vor allem aber auch für einen größer werdenden Kreis enttäuschter SPD-Anhänger, die mit der Fortsetzung der bisherigen Atompolitik und dem geplanten Nato-Doppelbeschluss zur Aufrüstung mit neuen Mittelstreckenraketen nicht einverstanden waren, zu einer wählbaren Alternative geworden. Erhard Eppler genoss zwar als grüner Vordenker und somit »geistiger Vater« der Grünen bei den ökologisch interessierten Wählern nach wie vor ein hohes Ansehen. Das konnte aber immer weniger die wachsende Unzufriedenheit mit seiner Partei und der Regierung von Helmut Schmidt ausgleichen. Hier setzte nun meine Aufgabe an. Ich sollte aus dem Kreis seiner ihm als Person, aber nicht seiner Partei verpflichteten Anhänger aus dem ökologischen, kirchlichen und entwicklungspolitischen Bereich eine Wählerinitiative organisieren. Das Ziel war, durch gemeinsame politische und kulturelle Veranstaltungen, Infostände und unterstützende Zeitungsanzeigen den drohenden Abwanderungsprozess von ökologisch orientierten Wählern von der SPD zu den Grünen aufzuhalten, zumindest aber zu verlangsamen.

Ich bezog zur Organisation dieser Wählerinitiative ein Büro in der Stuttgarter Innenstadt und begann meine Arbeit. Zunächst musste ein plakativer Name gefunden werden. Wir einigten uns schnell auf den Slogan »Entscheiden, was wachsen soll: für Erhard Eppler«. Dieser Slogan fand seine bildliche Umsetzung in einem Grashalm, der durch eine dicke Betondecke an die Oberfläche bricht. Damit sollte für eine Politik des qualitativen statt des bisher rein quantitativen Wachstums, also eines Wachstums in ausgewählten, z. B. in sozialen, kulturellen und die Bildung betreffenden, Bereichen geworben werden.

Zu meinen Aufgaben gehörte auch eine umfangreiche Reisetätigkeit. Bei meinen Reisen quer durch Deutschland traf ich in der nächsten Zeit mit vielen Wissenschaftlern, Umweltaktivisten und Künstlern zusammen und diskutierte mit ihnen ihre Bereitschaft, sich im anstehenden Wahlkampf in der Wählerinitiative für Erhard Eppler zu engagieren. Es waren viele anregende Begegnungen, bei denen die Sorge um die wachsende Umweltzerstörung, um eine perspektivenlose Energiepolitik mit Kohle und Atom und um eine zunehmende Entsolidarisierung unserer Gesellschaft im Mittelpunkt unserer Gespräche stand. Die Resonanz war erfreulich positiv, und so konnte ich in allen größeren Städten Baden-Württembergs sogenannte Ökoforen und kulturelle Veranstaltungen u. a. mit den Professoren Hans Günter Altner, Hans-Peter Dürr, dem Zukunftsforscher Robert Jungk, dem Journalisten Dr. Christian Schütze und den bekannten Umweltaktivisten Jo Leinen und Hans Günter Schumacher organisieren. Höhepunkt dieser Arbeit war ein Öko-Wochenende in Freiburg mit vielen politischen und kulturellen Veranstaltungen. Eine symbolträchtige Baumpflanzung auf dem Gelände, wo einstmals nach den Plänen der CDU-Landesregierung das Atomkraftwerk Wyhl entstehen sollte, war für die Presse der wichtigste Termin. Der Bau wurde durch vehemente grenzüberschreitende Proteste der badisch-elsässischen Bürgerinitiative unter dem Motto »Lieber aktiv als radioaktiv« verhindert. Das war ein eindrucksvoller

Beweis dafür, dass keine Regierung gegen den entschlossenen Widerstand der Bevölkerung ein lebensgefährliches Großprojekt wie ein Atomkraftwerk durchsetzen kann.

Parallel zu diesen Aktivitäten nahm ich mir die Zeit, um einige zentrale Veranstaltungen der Grünen in ihrer heißen Gründungsphase als Partei u. a in Karlsruhe, Frankfurt und Dortmund zu besuchen. Ich wollte mir für mich selber und für Erhard Eppler einen persönlichen Eindruck von den inhaltlichen Diskussionen, vor allem aber auch von dem atmosphärischen Rahmen und von der Art des persönlichen Umgangs machen und mich mit alten Freunden aus der Umweltbewegung austauschen. Die Atmosphäre war einzigartig, locker und gelöst, eine Mischung aus Volksfest und Almabtrieb, viele Menschen in farbenprächtigen Gewändern wie in Goa am Hippiestrand, dazwischen auch einige Anzugträger, viele vollbärtig eingerahmte Männergesichter und spielende Kinder. Der Klang von sphärischer Musik und der Duft von Räucherstäbchen durchzogen die Räume. Fernab der perfekt durchorganisierten, in langweiliger Routine erstarrten Regie der Parteitage der »Alt-Parteien« tobte hier das wirkliche Leben: Es herrschte Aufbruchsstimmung, und der Wille, die Welt zum Besseren zu verändern, war überall spürbar. Die Heerscharen von Rednerinnen und Redner hatten bei ihren meistens mit großer Leidenschaft vorgebrachten, oft viel zu langen und immer wieder von Zwischenrufen unterbrochenen Beiträgen Mühe, sich bei einer dauerhaft starken Geräuschkulisse verständlich zu machen. Sie kritisierten unisono die zu große Kompromissbereitschaft der Alt-Parteien, vor allem der SPD, beim Atomausstieg, bei der Umsetzung einer radikal-pazifistischen Friedenspolitik und bei einer auf einen fairen Ausgleich mit den Ländern der Dritten Welt ausgerichteten Handels- und Entwicklungspolitik; vor allem kritisierten sie die visionslose, von vermeintlichen und echten Sachzwängen bestimmte, allein am Machterhalt und persönlichen Karrierevorteilen ausgerichtete Politik der Alt-Parteien. Tosenden Beifall erhielt ein jugendlicher Redner in Latzhosen und Afrolook, als er ausrief: »Wir wollen niemals so werden wie die erstarrten und abgenutzten anderen Parteien. Wir

sind eine antiautoritäre Anti-Partei. Unsere wichtigsten Ziele sind der sofortige Atomausstieg, eine konsequente pazifistische Abrüstungspolitik, eine gleichmäßige Ämteraufteilung zwischen weiblichen und männlichen Mitgliedern und natürlich eine regelmäßige Ämterrotation, um Machtmissbrauch zu verhindern.«
Auf den Wandelgängen traf ich einige »grüne Promis« wie Petra Kelly, Herbert Gruhl, Jo Leinen und Baldur Springmann, die in lebhafte Diskussionen mit Parteitagsbesuchern verwickelt waren. Erwartungsgemäß waren auch eine Reihe von Alt-68-Politikprofis aus den unterschiedlichsten kommunistischen, trotzkistischen oder anarchistischen Splittergruppen auf dem Parteitag präsent, die ein neues Aktionsfeld witterten, nachdem ihre eigene klassenkämpferische Arbeit ohne Resonanz geblieben war. Sie waren wie Wölfe ausgeschwärmt, um kreidefressend im Kreise von so vielen gutwilligen, idealistischen, aber politisch naiven und unerfahrenen Menschen ihr eigenes Süppchen zu kochen, d. h., eigene Ziele durchzusetzen und eigene Kandidaten durchzubringen.
Zufällig bekam ich mit, dass der frühere CDU-Bundestagsabgeordnete Herbert Gruhl in Kürze eine Rede halten sollte; er war mit seinem aufrüttelnden Buch *Ein Planet wird geplündert* zu einem Leuchtturm der Ökologiebewegung geworden und hatte bereits vor kurzer Zeit mit seiner »Grünen Aktion Zukunft« (GAZ), einen allerdings bis dahin noch wenig erfolgreichen Parteigründungsversuch hingelegt. Diese Rede wollte ich mir unbedingt anhören und kehrte in den großen Versammlungsraum zurück. Gruhl war kein großer Redner, aber seine Anliegen brachte er mit großer Ernsthaftigkeit vor: Er warb für eine bedingungslose Zusammenarbeit seiner GAZ mit den Grünen und für eine baldige Zusammenlegung beider ökologischer Parteien sowie für eine wertkonservative ökologische Ausrichtung, ein faires menschliches Miteinander und für professionelle Arbeitsweisen. Seine Ausführungen wurden mit mäßigem Interesse aufgenommen und zum Schluss gab es neben magerem Beifall sogar einige Pfiffe. Es war damit schnell klar, dass diese ernst gemeinte und ernst zu nehmende Initiative gescheitert war und Herbert

Gruhl bei den Grünen als verdiente Gallionsfigur keine Rolle spielen würde. Einen »Promi-Bonus« gab es bei den Grünen also nicht. Das würde sicher auch für Erhard Eppler gelten; damit wurden alle Überlegungen für einen etwaigen Übertritt von Erhard Eppler zu den Grünen gegenstandslos. Er musste seine ökologischen Ziele innerhalb der SPD durchsetzen, und ich war nach Stuttgart gekommen, um ihm dabei zu helfen.

Wenn ich im Rückblick betrachte, was aus den Grünen seit ihren chaotischen, aber doch mit vielen Hoffnungen und Erwartungen erfüllten Anfängen mit vielen richtigen Zielen und ihrer berechtigten Kritik am inhaltlichen und persönlichen Politikstil der »Alt-Parteien« geworden ist, kann ich angesichts der fortschreitenden Zerstörungsprozesse auf unserem Heimatplaneten Erde eine große Enttäuschung nicht verhehlen. Die Grünen haben sich mit einer atemberaubenden, von keinem für möglich gehaltenen Geschwindigkeit von einer einstmaligen Anti-Partei zu einer gefälligen Allerwelts-Partei entwickelt, d. h., zu einer Partei, die alle schlechten Eigenschaften der anderen Parteien angenommen und nahezu alle Grundsätze aus der Anfangszeit über Bord geworfen hat. Der Anfang vom Ende der Grünen als basisdemokratisch ausgerichtete Anti-Atom und Anti-Kriegs-Partei war, als sich die Parteistrategen unter Führung des lustvollen Machtpolitikers Joschka Fischer einen grundlegenden Strategiewechsel auf die Fahne schrieben: Die Grünen sollten in völliger Abkehr vom bisherigen Kurs von der Oppositionsbank auf die Regierungsbank überwechseln, um als Regierungspartner und damit Teilhaber der Macht die eigenen Ziele besser durchsetzen zu können. Die irreversible Entscheidung auf diesem Wege war das Ja der Grünen zur Beteiligung der Bundeswehr am Kosovo-Krieg – das war der Preis für den Regierungseintritt der Grünen in eine rotgrüne Regierungskoalition unter Gerhard Schröder und seinem grünen Außenminister Joschka Fischer. Der lange Zeit von der Presse als Schlagzeilenproduzent gehätschelte und von den Wählern als Wahlkampflokomotive geliebte Joschka entwickelte sich immer mehr zu einem Öko-Caudillo vom Schlage des mexikanischen Revolutionsgenerals Pancho Villa, der sich die einstmals antiautoritäre Anti-Partei vollständig unterwarf und gekonnt nach seiner Pfeife tanzen ließ. Das Sein bestimmt eben doch das Bewusstsein: Jetzt waren bei den Grünen die gleichen Verhaltensweisen der Macht wie bei den anderen Parteien zu erleben: das gleiche staatstragende Outfit, die gleichen staatstragenden Worthülsen, das gleiche Gebaren von zur Schau gestellter Wichtigkeit. Die Macht war zum Selbstzweck verkommen. Inzwischen haben sich die Grünen an den Trögen der Macht gut eingerichtet, sie vertreten als Regierungspartner Kompromisse in zentralen Fragen der Energie-, Friedens- und Entwicklungspolitik, die sie früher als Opposition zu Recht auf das Schärfste kritisiert hatten. Meine erbitterte Kritik an dieser einstmals für unvorstellbar gehaltenen Entwicklung schleuderte ich den Grünen beim Wahlparteitag 2012 in Augsburg entgegen: Dort bewarb ich mich als freier Kandidat für ein Bundestagsmandat bei den Grünen. Mit einer Sonnenblume in der Hand und »We shall overcome« auf den Lippen machte ich den vorübergehend überraschten Delegierten in meiner Bewerbungsrede ein Angebot mit Alleinstellungsmerkmal: Ich wollte den Grünen als »Mahner der Macht« dienen und sie im Falle meiner Wahl immer wieder als notwendiges Korrektiv an ihre eigenen Grundsätze erinnern. Zum Schluss meiner Bewerbungsrede zitierte ich den Satz aus einem Interview, das ich mit dem langjährigen Rektor der Thammasat-Universität und späteren thailändischen Regierungschef, Sanya Dharmasakh, geführt hatte: »Ich wollte unbedingt an die Macht, um als Regierungschef die notwendigen Veränderungen herbeizuführen. Aber ich habe schon bald feststellen müssen, dass ich noch nie so weit von der Macht entfernt war wie in dem Moment, als ich glaubte, sie als Regierungschef zu besitzen.« Mit diesem Auftritt vor den inzwischen routinierten, visionslos gewordenen grünen Politprofis konnte ich nicht punkten. Ich war ihnen ähnlich fremd wie ein Außerirdischer, der sich zufällig zu ihnen verirrt hatte, und umgekehrt hätte ich mich auch bei einem Kongress der Zeugen Jehovas nicht fremder fühlen können als in diesem Kreis von machtberauschten Grünen. Meine alte ökologische Freundin Barbara Rütting hatte in ihrer Zeit als Landtagsabgeordnete im Bayerischen Landtag ähnliche Erfahrungen gemacht und war in gleicher Weise enttäuscht worden.

Doch zurück zum Wahlkampfgeschehen in Stuttgart im Jahr 1980. Bei einer Sitzung der Wahlkampfkommission wurden der nunmehr endgültige Wahlkampfslogan »Für ein bisschen mehr Menschlichkeit« und der vorläufige Terminplan von Erhard Eppler vorgestellt. Mir fiel sofort auf, dass bisher deutlich zu wenig Termine im klassischen Arbeitnehmerbereich eingeplant waren: Es war weder ein Termin mit dem machtvollen IG-Metall-Chef und gleichzeitig stellvertretenden SPD-Landesvorsitzenden Franz Steinkühler noch mit dem DGB-Landesvorsitzenden Lothar Zimmermann vorgesehen. Eppler musste natürlich bei seinen Wahlkampfauftritten bei den Anhängern beider Lager ähnlich präsent sein. Dieses Versäumnis würde sonst sicherlich früher oder später von der Presse aufgegriffen und als Beweis für die Zerrissenheit der Partei hochgespielt werden. Das durfte nicht passieren. Diese Planung ging mich zwar zuständigkeitshalber auch nichts an, konnte aber Erhard Eppler Schaden zufügen. So beschloss ich, auf dem kurzen Dienstweg Termine für Eppler mit den Arbeiterführern zu vereinbaren. Ich rief am nächsten Morgen das Büro von Franz Steinkühler an und bat in einer dringenden Wahlkampfangelegenheit um einen kurzfristigen Termin. Ich hatte Glück und bekam ihn schon am nächsten Tag eingeräumt. Pünktlich war ich zur Stelle und wurde direkt zu seinem großen, schlicht, aber sehr persönlich eingerichteten Arbeitszimmer geführt. Wenig später erschien der zu dieser Zeit mit Abstand bekannteste und profilierteste deutsche Arbeiterführer. Steinkühler schaute mich mit seinen sehr wachen Augen einen Moment prüfend, aber nicht unfreundlich an und gab mir dann seine ungewöhnlich große Hand, die mit schwarzen Rändern unter einigen Fingernägeln wirklich nach Arbeit aussah. »Hallo, ich bin der Franz, entschuldige, dass du einen Moment warten musstest, ich komme gerade von einem Gespräch mit Kollegen an deren Arbeitsplatz. Ich habe schon von dir gehört.

Du scheinst gute Arbeit zu leisten. Du sprichst mit den Menschen geradeheraus, kannst gut zuhören und sie so für dein Anliegen gewinnen. Ich habe nicht viel Zeit. Also leg los. Weshalb wolltest du mich so schnell sprechen?«
»Ich habe erst gestern die Terminplanung von Erhard Eppler für den Wahlkampf zu Gesicht bekommen. Dabei ist mir gleich aufgefallen, dass es bisher keinerlei gemeinsamen Termin zwischen euch und auch nicht mit dem DGB-Chef Lothar Zimmermann gibt. Das ist eine Steilvorlage für jeden Journalisten der Landespresse, der das mitbekommt. Der kann daraus sofort eine neue Geschichte über den Flügelstreit in der SPD machen, und das tut keinem gut – außer vielleicht Lothar Späth«, antwortete ich ihm. Das leuchtete ihm sofort ein.
»Danke für den Hinweis. Das habe ich bisher glatt übersehen. Ich habe später eine Bürobesprechung und werde meine kommenden Termine durchschauen. Ich werde dir morgen in jedem Fall ein paar Terminvorschläge durchgeben lassen. Grüße Erhard und richte ihm meine Genesungswünsche aus. Wenn es irgendwelche Probleme gibt, kannst du mich jederzeit anrufen. Viel Erfolg auch bei deiner Arbeit. Ich muss schon wieder weiter zum nächsten Termin.« Von dieser konstruktiven Begegnung war ich angenehm überrascht. Ähnlich erfolgreich verlief mein Termin mit dem DGB-Chef Lothar Zimmermann. So konnte ich der überraschten Wahlkampfleitung schon wenige Tage später zunächst einmal jeweils drei Vorschläge für gemeinsame Wahlkampfauftritte machen, was meinem Ruf sicherlich nicht abträglich war.
Erhard Eppler war inzwischen aus dem Krankenhaus entlassen. Ich hatte ihn in der Zwischenzeit durch regelmäßige Telefonate und Besprechungsnotizen auf dem Laufenden gehalten. Jetzt ging es ihm wieder so weit besser, dass wir endlich nach langer Zeit einen persönlichen Gesprächstermin vereinbaren konnten. Am nächsten Tag empfing mich Erhard Eppler wieder an der Eingangstür. Er sah noch etwas blass und mitgenommen aus, aber seine Augen strahlten und seine Stimme klang fest. Eppler bedankte sich bei mir ausdrücklich für meinen eigenverantwort-

lichen Einsatz und schlug mir vor, dass wir uns künftig gerne zur Vereinfachung duzen könnten. Er schaute eine Weile gedankenverloren in den Himmel. Dann blickte er mich an: »Weißt du, Bernhard, wenn man längere Zeit im Krankenhaus liegt, ganz auf fremde Hilfe angewiesen ist und von keinen Terminen abgelenkt wird, hat man endlich einmal Zeit zum Nachdenken. Da wird einem auch die eigene Zerbrechlichkeit und Vergänglichkeit in einer Zeit zunehmenden Optimierungswahns schmerzlich bewusst. Bewusst wird einem gerade in solchen Phasen der Reflexion auch die Begrenztheit politischer Handlungsspielräume. Lass mich das an drei Beispielen aus wesentlichen Bereichen meiner Arbeit verdeutlichen: In meinem Arbeitsbereich als Fraktionsvorsitzender habe ich zum Beispiel auf die Auswahl der Fraktionsmitglieder und damit auf die Zusammensetzung der Fraktion keinerlei Einfluss. Ich kann nur immer wieder neu versuchen, die Mitglieder meiner Fraktion mit guten Argumenten zu überzeugen, dass meine ökologisch ausgerichtete Politik nach den Umfragen bei den Wählern immer mehr Zustimmung findet und wir damit gute Chancen bei den bevorstehenden Wahlen haben. Wie du weißt, gehört das sogar gesetzlich festgeschriebene wirtschaftliche Wachstum bisher zu den Kernzielen der deutschen Politik, weil es als Voraussetzung für die Schaffung neuer Arbeitsplätze angesehen wird. Dabei steht fest, dass dieser Zusammenhang schon lange nicht mehr besteht, weil durch eine zunehmende Konzentration und Automatisierung der Wirtschaft immer mehr Arbeitsplätze vernichtet als geschaffen werden und grenzenloses wirtschaftliches Wachstum zu einer wachsenden Umweltzerstörung führt. Diese nachprüfbaren Tatsachen werden von den Anhängern des Wachstumskurses schlicht geleugnet. Sie bekämpfen meinen Kurs nicht mit Argumenten, sondern mit dem gebetsmühlenartigen Wiederholen überholter Glaubenssätze von der Notwendigkeit wirtschaftlichen Wachstums, aber vor allem mit vielfältigen Störmanövern, weil sie um ihre Ämter und ihren Einfluss fürchten.
John le Carré, der bekannte Autor von Spionageromanen und frühere Diplomat, hat mir einmal bei einer persönlichen Begeg-

nung gesagt: ›Anfangs habe ich geglaubt, dass bei der politischen Arbeit der sachlich-rationale Faktor achtzig Prozent und der menschliche Faktor zwanzig Prozent beträgt. Heute bin ich aus langer Erfahrung überzeugt, dass es genau umgekehrt ist.‹ Das deckt sich mit meiner Erfahrung. Ich weiß natürlich, dass Bewusstseinsprozesse viel Zeit und viel Geduld erfordern. Das Problem besteht darin, dass unsere Probleme mit seiner solchen Geschwindigkeit wachsen, dass uns die Zeit davonläuft.

Der zweite Bereich betrifft die Mitarbeiter der Fraktion, die entscheidend bei der Vorbereitung von Beschlüssen, vor allem aber für die spätere Umsetzung der getroffenen Beschlüsse verantwortlich sind. Die Qualität der Fraktionsarbeit hängt deshalb sehr von der Qualität der Mitarbeiter und deren Engagement ab. Aber selbst auf die Auswahl des Mitarbeiterstabs der Fraktion habe ich nur einen sehr beschränkten Einfluss. Viele Mitarbeiter sind durch langfristige Arbeitsverträge oder, weil sie bereits unkündbar geworden sind, lebenslang an die Fraktion gebunden, auch wenn sie ihre Motivation schon längst verloren haben und einen inhaltlichen Kurswechsel nicht mittragen können oder wollen.

Und schließlich der dritte Bereich, der meine Arbeit entscheidend berührt, die Zusammenarbeit mit der Landtagspresse, auf deren Zusammensetzung und inhaltliche Ausrichtung ich natürlich gar keinen Einfluss habe. Unsere Medienlandschaft wird von wenigen Verlagen bestimmt, die überwiegend stark konservativ ausgerichtet sind. Dieser Trend wird dadurch noch verstärkt, dass Rundfunk und Fernsehen aufgrund der Personalpolitik einer langen CDU-Regierungszeit überwiegend regierungskonform ausgerichtet sind. Diese mediokre, für keine neuen Entwicklungen und für keine differenzierte Sachauseinandersetzung offene und noch dazu selbstgefällige Journalistenschar hat meine Politik von Anfang an bekämpft und mir durch eine oft unsachliche, persönlich verletzende Berichterstattung das Leben so schwer wie möglich gemacht: Sie haben geradezu eine Kunst entwickelt, Sätze aus dem Zusammenhang zu reißen, sie unzulässig zu verkürzen, alles, auch die ernsthaftesten Themen lächerlich zu machen und Politik oft auf Seifenopernniveau zu personalisieren. Einen ganz wichtigen, vielleicht den wichtigsten Bereich hätte ich fast vergessen, den persönlichen: Politiker sind keine rund um die Uhr tickenden Funktionsautomaten, sondern Menschen, die von ihren subjektiven Befindlichkeiten, also von Krankheit, wie ich sie jetzt gerade erlebt habe, von beruflichen und familiären Problemen stark beeinflusst werden. Mein politisches Leben war und ist für meine Familie eine einzige Zumutung, weil ich wegen terminlicher Verpflichtungen viel zu wenig zu Hause war und die Erziehung meiner Kinder überwiegend meiner Frau überlassen habe. In akuten persönlichen Problemsituationen hat man oft nicht mehr die Spannkraft und die Durchsetzungsfähigkeit, um heikle Entscheidungen in der nötigen Klarheit und Differenziertheit zu treffen. Und wenn man Schwäche zeigt, hat man verloren: Schonung darf man nicht erwarten, weder von den eigenen Leuten und schon gar nicht vom politischen Gegner. Das politische Geschäft ist also extrem herausfordernd: Die Ansprüche der Wähler steigen, während ihre Loyalität gleichzeitig abnimmt, die Presse erwartet eine permanente Verfügbarkeit, und die Parteifreunde erwarten Führung und vor allem persönliche Aufmerksamkeit. Hinzu kommt, dass die permanenten Wahlkämpfe auf Bundes-, Landes- und kommunaler Ebene sehr viel Kraft und Zeit kosten – genauso, wie die permanente Wettbewerbssituation innerhalb der eigenen Partei und bei Wahlen mit anderen Parteien. Erschwerend kommt aber noch ein besonders kräftezehrendes Strukturmerkmal demokratischer, politisch-parlamentarischer Arbeit hinzu: die Langwierigkeit von Entscheidungsprozessen. Ich bin, wie du weißt, Partei- und Fraktionsvorsitzender. Sehr oft muss ich die gleichen Themen in unterschiedlichen Gremien behandeln, also diskutieren und abstimmen lassen – bei der Fraktion im engeren und im erweiterten Fraktionsvorstand und dann in der Gesamtfraktion und bei der Partei im Präsidium und anschließend im Vorstand. Das erfordert sehr viel Zeit und Aufmerksamkeit. Die Handlungsspielräume, selbst eines Spitzenpolitikers, sind wirklich viel geringer, als ich mir das jemals vorgestellt habe. Das sieht im wirtschaftlichen Bereich ganz anders aus: Die Spitzenmanager sind nicht einem permanenten Wahlkampf-Marathon unterworfen, sie sind um ein Vielfaches besser bezahlt, und sie haben nur ein Ziel, auf das sie sich ganz konzentrieren können: den Gewinn des Unternehmens um jeden Preis zu steigern. Ich muss feststellen, dass in den letzten Jahren der Einfluss der Wirtschaft, vor allem durch die immer besser organisierten und hoch bezahlten Lobbyisten, immer stärker geworden ist.«

Das Telefon klingelte und beendete seine Ausführungen. Bei einem Tee berichtete ich ihm dann Einzelheiten über meine Arbeit der vergangenen Woche, und er lobte mich ausdrücklich, dass ich die Wahlkampftermine mit Steinkühler und Zimmermann zustande gebracht hatte. Dann klärten wir noch ein paar organisatorische Details für den in der folgenden Woche beginnenden Wahlkampf, bei dem ich ihn zunächst eine Woche quer durch das Land begleiten sollte.

Die Wahlkampftour startete morgens um acht Uhr in Stuttgart. Ich saß zusammen mit Erhard Eppler und einem Wahlkampfreferenten von der Landespartei in seinem von seinem Chauffeur Wolf Argo sicher gelenkten Dienst-Mercedes. Leibwächter und Polizeischutz waren glücklicherweise zu dieser Zeit nicht nötig. Vormittags stand meistens die Besichtigung eines Betriebes oder einer kulturellen Einrichtung auf dem Programm, in der Mittagszeit gab es in den größeren Städten zusammen mit dem örtlichen Landtagskandidaten auf dem Marktplatz eine öffentliche Kundgebung und anschließend ein Essen mit den örtlichen Parteihonoratioren, dem oft noch eine Pressekonferenz zu aktuellen örtlichen Problemen folgte. Wegen Epplers angeschlagener Gesundheit wurde, wenn möglich, eine einstündige Ruhepause im Hause von Parteifreunden oder einem Hotel eingeplant. Am Nachmittag gab es zwei weitere Besichtigungs-, Gesprächs- oder Aktionstermine, immer in anderen Städten oder Dörfern. Höhepunkt war immer die Abendveranstaltung in einer großen Halle mit oft einigen Hundert Besuchern. Zu Beginn spielte eine Band oder Kapelle, dann gab es zwei oder drei Reden von der örtlichen Prominenz und zum Abschluss die immer leicht variierte programmatische Wahlrede von Erhard Eppler. Er war ein begnadeter Redner. Es war immer wieder erstaunlich, wie sich seine zerbrechlich zarte Figur straffte, wenn er hoch aufgerichtet hinter ein Rednerpult trat. Er verzichtete auf alle Beifall heischende billige Rhetorik und erläuterte dann in einem messerscharf formulierten rhetorischen Feuerwerk anhand vieler Beispiele die Vorzüge seiner Politik und warum diese besser sei als die seiner politischen Gegner. Zum Schluss wies er immer wieder beschwörend darauf hin, dass bei dieser Wahl der Beweis erbracht werden müsse, dass der Wähler seine ökologisch ausgerichtete Politik mit einem guten Ergebnis honorieren würde. Nur ein Wahlerfolg könne seiner politischen Linie innerhalb der Partei einen entscheidenden Auftrieb geben.

Die Zuhörer, darunter immer erstaunlich viele junge Menschen, hörten seinen Ausführungen mit großer Aufmerksamkeit zu und verabschiedeten ihn mit starkem Beifall. Anschließend nahm er sich immer viel Zeit, den in einer großen Warteschlange anstehenden Besuchern auf persönliche Fragen oder Anliegen zu antworten und alte Freunde zu begrüßen. Der Abend klang dann bei einem Glas Wein oder Bier in kleiner Runde aus. Danach kehrten wir meist nach Stuttgart zurück, wo wir selten vor Mitternacht eintrafen. Eppler war dann meistens so erschöpft, dass er schon im Auto ein wenig zu schlafen versuchte.

Dieses Mammutprogramm sollte sich in den nächsten drei Monaten mit leichten Variationen wiederholen. Daneben mussten aber auch Zeiten für die Erledigung der Fraktionsarbeiten und die für das Presseecho wichtigen Auftritte in den Plenarsitzungen eingeplant werden. Welche körperlichen, geistigen und seelischen Anstrengungen das für den Spitzenkandidaten Erhard Eppler bedeutete, konnte ich am eigenen Leib miterleben. Was ich allerdings aus eigener Erfahrung noch nicht kannte, war, wie kraftspendend der energetische Austausch mit dem Publikum, der Beifall, das Gefühl von Wichtigkeit waren. Ich konnte eher nur die Mühsal wahrnehmen: Die wie bei einem Schauspieler immer gleichen Reden, der Zwang, Siegeszuversicht ausstrahlen und für jedes noch so banale Anliegen ein offenes Ohr haben zu müssen, und das enge zeitliche Korsett, in dem schon für einen Friseurtermin kaum Zeit war.

Die Wahlkampftour war also aus meiner Sicht zutreffender als Wahlkampftortur zu bezeichnen. Erschwerend kam hinzu, dass ein Wahlkampf in so einem großen Flächenstaat wie Baden-Württemberg allein schon aufgrund der großen Entfernungen, die alle mit dem Auto zurückgelegt werden mussten, mit einem enormen zusätzlichen zeitlichen Aufwand verbunden waren. Welch ein Glück hat dagegen doch ein Kandidat, der seinen Wahlkampf in Berlin, Hamburg oder am besten noch in Bremen dank der geringen Entfernungen mit dem Rad oder zu Fuß führen kann.

Der Wahlkampf war für mich aber trotzdem ein besonderes Erlebnis, weil ich die ganze SPD-Prominenz aus nächster Nähe miterleben und oft auch noch ein paar persönliche Worte mit ihnen wechseln konnte. Besonders in Erinnerung geblieben sind mir drei Persönlichkeiten: Willy Brandt, der für Erhard Eppler, auch emotional, die wichtigste Bezugs- und Leitfigur in der SPD war. Mit einer großen persönlichen Ausstrahlung, seiner visionären Ostpolitik und seinem an Siegen und Niederlagen reichen Leben hatte er die SPD für viele bürgerliche Schichten und auch für mich selbst wählbar gemacht. Sein Händedruck war fest, sein Blick klar und seine Worte bei meiner Vorstellung freundlich interessiert. Seine Stimme war noch rauchiger, sein Gesicht von noch mehr Falten durchzogen und sein Blick schweifte in unbeobachteten Momenten noch weiter in die Ferne als vorgestellt. Auch der Fraktionsvorsitzende Herbert Wehner, der von einem langen, phasenweise existenziell kämpferischen Leben sichtbar gealterte, persönlich unnahbare »Zuchtmeister der SPD« mit seiner knarzigen, keinen Widerspruch duldenden Stimme, bleibt mir unvergesslich. Ebenso wie Johannes Rau, der mit Eppler vor zwei Jahrzehnten aus der Gesamtdeutschen Volkspartei in die SPD übergewechselt und mit ihm freundschaftlich verbunden war, in seiner ungemein einnehmend herzlichen Art, die ihm zu Recht den Ehrentitel »Bruder Johannes« eingebracht hatte.

Trotz des Wahlkampfes musste Erhard Eppler als Präsidiumsmitglied der SPD immer wieder auswärtige Termine wahrnehmen, bei denen ich ihn oftmals begleiten durfte. Besonders in Erinnerung geblieben ist mir ein Termin beim WDR in Bonn, bei dem er zu einem halbstündigen Liveinterview eingeladen war. Kurz vor Sendebeginn kam er plötzlich auf mich zu: »Bernhard, ich muss dir etwas Wichtiges sagen.« Ich war sehr gespannt und sicher, dass er mir vertraulich eine ganz wichtige politische Erkenntnis mitteilen wollte. Doch dann fuhr er fort: »Könntest du bitte dein Kaugummi aus dem Mund nehmen, ich vertrage den Pfefferminzgeruch nicht.« Ich war heilfroh, dass im Studio nur noch ein Dämmerlicht an war und so keiner meinen roten Kopf sehen konnte.

Unvergesslich ist für mich auch die Rede von Erhard Eppler im Dezember 1979 beim SPD-Parteitag in Berlin: Nach einer immerhin mit vierzig Prozent ehrenvollen Abstimmungsniederlage über seinen Antrag für eine alternative Energiepolitik schleuderte er unter dem tosenden Beifall vieler Delegierter Helmut Schmidt den inzwischen zum geflügelten Wort gewordenen Satz entgegen: »Nicht jeder Sieg ist ein Gewinn.«

Höhepunkt des Wahlkampfes war die gemeinsame Abschlusskundgebung von Erhard Eppler mit Bundeskanzler Helmut Schmidt vor dreitausend Zuhörern in Crailsheim. Das Verhältnis zwischen diesen beiden vom Typ, Charakter und politischen Ansatz her völlig unterschiedlichen Spitzenpolitikern war spätestens seit dem erzwungenen Ausscheiden Epplers aus dem Kabinett heillos zerrüttet. Während Schmidt nach dem Motto »der Schornstein muss rauchen« den Schwerpunkt seiner Arbeit auf den Erhalt und Ausbau guter wirtschaftlicher Rahmenbedingungen legte und negative Auswirkungen im ökologischen und sozialen Bereich in Kauf nahm, lautete Epplers Credo: »Eine Fortschreibung des Bestehenden ergibt keine Zukunft mehr«. Für ihn waren die Auswirkungen einer Politik des grenzenlosen Wachstums auf die Umwelt und auf das soziale Klima bei einer immer größer werdenden Kluft zwischen Arm und Reich nicht hinnehmbar. Beide waren sich in inniger Feindschaft verbunden und wirkten aufeinander wie ein rotes Tuch. Eine fatale Folge daraus war, dass Helmut Schmidt in diesem wichtigen Richtungswahlkampf über eine stärker ökologische und weniger wachstumsorientierte Politik nur drei Termine in Baden-Württemberg wahrnahm und Erhard Eppler für alle spürbar demonstrativ wenig unterstützte. Wie oft hatte Eppler bei den nächtlichen Heimfahrten seinem immer wieder neu aufkommenden, grenzenlosen Ärger über dieses unsolidarische, seine Position schwächende Verhalten freien Lauf gelassen. Davon war aber bei diesem Wahlkampffinale nichts mehr zu spüren. Beide schmetterten gemeinsam Hand in Hand das alte Parteilied »Brüder, zur Sonne, zur Freiheit«, und beide begeisterten die Zuhörer mit ihren fulminanten Reden. Wie anders hätte der Wahlkampf verlaufen können, wenn diese Veranstaltung am Anfang des Wahlkampfes gestanden hätte und nach außen eine alle Gräben überwindende gemeinsame Eppler-Schmidt-Linie sichtbar geworden wäre. Es war eine wirkliche menschliche und politische Tragödie, dass beide nichts unterließen, einander zu schaden, statt sich in achtungsvoller Weise in ihrer Unterschiedlichkeit als brillanter Macher und brillanter Vordenker zu unterstützen.

Das Wahlergebnis am 16. März 1980 spiegelte diese Zerrissenheit wider: Erhard Eppler verlor mit einem Ergebnis von 32,9 Prozent etwa drei Prozent der Stimmen, die Grünen zogen in den Landtag ein, und die CDU triumphierte mit einem neuerlichen Wahlsieg von Lothar Späth.

Für Erhard Eppler bedeutete diese auch persönlich sehr schmerzliche Niederlage das Ende seiner politischen Karriere. Er trat noch am gleichen Abend als Parteivorsitzender und wenig später als Fraktionsvorsitzender zurück. Ihm stand eine schwere Zeit mit vielen persönlichen Demütigungen durch seine alles andere als großherzigen innerparteilichen Gegner bevor.

Meine offizielle Zeit mit Erhard Eppler fand so ein abruptes Ende. Ich kehrte damals um viele Erfahrungen reicher und viele Illusionen ärmer nach München zurück. Ich hatte mir die durch viele

Faktoren bedingte Begrenztheit politischer Handlungsspielräume nicht annähernd so gering vorgestellt. Zu Erhard Eppler hat sich im Laufe der Jahre eine persönliche, immer wieder neu inspirierende Freundschaft entwickelt. Ich habe später in meiner eigenen politischen Arbeit seine Gedanken aufgenommen und auf meine Art weiterentwickelt. Erhard Eppler gehört heute zu den großen alten Politikern, dessen Stimme bei Fragen von grundsätzlicher Bedeutung immer wieder Gehör findet.

Lothar Späth musste später wegen eines Skandals von seinem Amt als Ministerpräsident zurücktreten und lebt heute, dement geworden, ein Leben unter Ausschluss der Öffentlichkeit.

Jahre später traf ich Helmut Schmidt nach einem Empfang im kleineren Kreis. Dabei ergab sich die Gelegenheit zu einem kurzen persönlichen Gespräch. Ich stellte mich ihm als ehemaligen persönlichen Mitarbeiter von Erhard Eppler im Landtagswahlkampf 1980 in Baden-Württemberg vor und sagte: »Herr Schmidt, ich habe Ihren pragmatischen und sehr effizienten Regierungsstil und Ihre ausstrahlende persönliche Autorität bewundert. Ich habe es aber immer sehr bedauert, dass Sie Erhard Eppler mit seinem richtungsweisenden ökologischen Ansatz damals bei der Wahl so wenig unterstützt haben. Das schlechte Ergebnis hat Ihnen beiden geschadet. Was wäre das für ein Gewinn für die deutsche Politik gewesen, wenn sich der politische Ansatz von Helmut Schmidt mit dem Primat der Ökonomie mit dem politischen Ansatz von Erhard Eppler mit dem Primat der Ökologie ergänzt hätten. Das wäre ein Segen für Sie beide und für unser Land geworden.« Helmut Schmidt hatte aufmerksam zugehört. Nach einer längeren Pause antwortete er: »Da mögen Sie recht haben, Herr Fricke, aber daran ist leider nichts mehr zu ändern.«

■ David gegen Goliath: klein, aber erfolgreich

Der 26. April 1986, ein Dienstag, war ein strahlend schöner Tag. Ich lebte zu der Zeit in München, hatte aber in Bad Endorf ein Zimmer und verbrachte dort viel freie Zeit. In der einzigartigen Landschaft des Chiemgaus mit einer Vielzahl von Seen und Bergen vor der Haustür hatte ich meinen Platz auf dieser Erde, meine Wahlheimat gefunden, in der ich mich von Anfang an zu Hause gefühlt habe. Vielleicht hängt das damit zusammen, dass der Chiemgau, wie es mir eine weise Kräuterfrau einmal flüsterte, »das Auge des Kosmos« sei. An diesem Morgen frühstückte ich mit Freunden. Bei unseren Gesprächen erwähnte Reinhard, ein Physiker aus München, eher beiläufig, dass er auf der Herfahrt in den Nachrichten eine kurze Meldung gehört habe, dass es in der Ukraine einen Unfall in einem Atomkraftwerk gegeben habe. Wir gingen jedoch nicht weiter auf das Thema ein und starteten bald zu einer kleinen Bergtour auf den Hochries. Als wir nachmittags zurückkamen, waren bereits dunkle Regenwolken am Himmel aufgezogen. Es waren gewaltige, fast schon beängstigende Formationen, die der aufkommende Wind zu immer neuen Bildern formte. Zwischendurch brach die Sonne durch die Wolkendecke und hüllte Wiesen und Felder für Momente in ein überirdisch schönes, geradezu magisch helles Licht. Als die ersten Regentropfen fielen und schon bald darauf ein besonders großer, leuchtstarker Regenbogen am Himmel erschien, verspürte ich einen starken Impuls, dem Regenbogen entgegenzulaufen. Schnell hatte ich meine Trainingssachen angezogen und lief voller Freude im Herzen und mit ausgebreiteten Armen dem Regenbogen, diesem unmittelbaren göttlichen Gruß aus himmlischen Regionen, entgegen. Ich wurde bis auf die Haut nass, wie ich es zuvor nur einmal in dieser bewussten Form erlebt hatte, als ich bei einer Wanderung zum tiefsten Punkt des Grand Canyons aus heiterem Himmel vom einem heftigen Regenguss überrascht wurde. Zuerst versuchte ich mich damals noch reflexartig mit einem Regencape zu schützen, merkte aber schon bald, dass es keinen Sinn machte, weil der Regen zu stark war. Als ich meinen Widerstand aufgab und mich den Wasserströmen ergab, wurde ich mit einem Mal Teil des Wassers und erlebte ein berauschendes Glücksgefühl. Etwas Ähnliches erlebte ich an diesem denkwürdigen Tag im Chiemgau, als die Welt für mich noch in Ordnung war. Nach einer heißen Dusche schlief ich völlig entspannt ein.

Mitten in der Nacht wachte ich jedoch von Albträumen geplagt auf, wie ich es selten zuvor erlebt hatte. Ich konnte mich nicht mehr an alle Einzelheiten erinnern, aber doch an eine erdrückend große, schwarze Wolke, die nur wenige Meter über mir schwebte und mich mit Hunderten auf einmal ausgefahrenen Tentakelarmen zu verschlingen drohte. Ich war wie gelähmt vor Entsetzen, konnte keinen Hilfeschrei herausbringen, sondern mich nur noch mit aller Kraft am Boden festkrallen und ein Stoßgebet zum obersten Schutzengel, zu Erzengel Michael, schicken. Als ich schon am Ende meiner Kräfte war und aufgeben wollte, wurde ich mit einem Mal in ein helles Licht getaucht und von starken, aber gleichzeitig ungewöhnlich zarten Händen aufgehoben. Die dunkle Wolke hatte sich wie ein geplatzter Luftballon aufgelöst. Ich saß mit klappernden Zähnen auf meinem Bett und konnte mich erst nach einem heißen Tee langsam wieder beruhigen. Lange Zeit konnte ich keinen Schlaf finden, wälzte mich unruhig hin und her und schlief erst im Morgengrauen wieder ein.

Am nächsten Morgen wachte ich viel zu spät auf und musste überstürzt nach München aufbrechen, weil ich dort einen wichtigen Gerichtstermin hatte. So verdrängte ich vorübergehend meinen Traum, da das Tagesgeschäft meine volle Aufmerksamkeit erforderte. Auf der Fahrt hörte ich das erste Mal selbst in den Nachrichten von dem Atomunglück in der Ukraine. Im Laufe des Tages sollte es die Top-Nachricht mit immer dramatischeren Meldungen werden. Inzwischen war klar, dass der vierte Reaktorblock eines der größten ukrainischen Atomkraftwerke bei einer Explosion zerstört und große Mengen an Radioaktivität freigesetzt worden waren. Nun war das Ereignis eingetreten, vor dem Erhard Eppler und die Freunde aus der Anti-Atomkraftbewegung immer gewarnt hatten: Atomkraftwerke sind extrem fehlerunfreundlich, sie dürften deshalb überhaupt nicht betrieben werden, da es keine hundertprozentig sichere Technik geben kann, weil sie von strukturell fehlerhaften Menschen konstruiert worden ist. So gibt es nie auszuschließende Produktionsfehler oder Materialverschleiß – bei der Nähmaschine wie beim Auto und erst recht bei einer so komplexen Großanlange wie einem Atomkraftwerk. Hinzu kommen Bedienungsfehler durch menschliches Versagen. Aus einer unglücklichen Verbindung von menschlichem und technischem Versagen war in den frühen Morgenstunden des 26. April 1986 der erste atomare GAU, also der größte anzunehmende atomare Unfall, ausgelöst worden. Es war eine weltgeschichtliche Premiere der besonderen Art: Einundvierzig Jahre zuvor waren die ersten beiden Atombomben in Hiroshima und Nagasaki gezündet worden, und die dadurch freigesetzte Strahlung hatte, wie beabsichtigt, Tod und Verderben über Menschen, Tiere und Pflanzen gebracht. Jetzt hatte auch die zivile Nutzung der Atomenergie, die ein Kind der militärischen Nutzung war und die kollektiven Vernichtungsfantasien machtbesessener Führer von Anfang an angeregt hatte, ihre tödliche Fratze gezeigt.

Inzwischen verdichteten sich durch Bekanntwerden privater Messergebnisse die Gerüchte, dass die freigesetzte Radioaktivität nicht nur große ukrainische und weißrussische Gebiete verseucht hatte, sondern radioaktiver Fallout, von Wind und Wolken transportiert, bereits größere bayerische Gebiete wie auch den Chiem-GAU kontaminiert hatte. Eine offizielle behördliche Bestätigung stand noch aus. Die atombesessene Bundesregierung wie auch die Bayerische Staatsregierung hüllten sich längere Zeit in Schweigen und lösten dadurch eine große Vertrauenskrise bei der zunehmend beunruhigten Bevölkerung, vor allem bei Familien mit Kleinkindern, aus. Als der damals zuständige, als »Old

Schwurhand« bekannte CSU-Innenminister Friedrich Zimmermann endlich vor die Kameras trat und den atomaren GAU in der Ukraine sowie die radioaktive Verseuchung auch von deutschen Gebieten bestätigte, warnte er vor dem Verzehr möglicherweise radioaktiv belasteter Nahrung. Er riet, den Aufenthalt im Freien in belasteten Gebieten einzuschränken. Da er gleichzeitig aber nicht müde wurde zu betonen, dass für die Bevölkerung keine Gefahr bestünde, löste er wütende Proteste aus.

Bei mir hatte sich der zunächst unaussprechliche Name des ukrainischen Katastrophenreaktors Tschernobyl eingeprägt – dieser Name, der zu einem Schlüsselwort für mein weiteres Leben werden sollte. Auch die Bedeutung meines inzwischen wieder klar präsenten Traumes hatte sich mir erschlossen: Er war eine eindringliche Warnung vor den potenziell tödlichen Strahlungen der Atomenergie gewesen, die durch die dunkle, mich zu verschlingen drohende Wolke symbolisiert waren. Aber dieser Hinweis kam zu spät und die Warnung der Regierung war ausgeblieben. Im Nachhinein wurde mir klar, dass ich, wie auch viele andere Menschen, den Regen hätte meiden und lieber zu Hause bleiben sollen.

Eine unglaubliche Wut kam in mir hoch und mein Entschluss stand fest: Ich wollte nie wieder hilfloses Opfer der kriminellen Machenschaften der Atomenergie sein und mit aller Kraft für einen sofortigen Ausstieg aus der Atomenergie kämpfen. Mir war völlig klar, dass sich ein atomarer GAU jederzeit auch bei uns, in unseren dicht besiedelten Gebieten wiederholen könnte. Das wäre mit größter Wahrscheinlichkeit nicht nur mein persönliches Ende, sondern das Ende unserer Zivilisation.

Das war die Geburtsstunde von David gegen Goliath, einer Anti-Atom- und Umweltorganisation, die sich den entschlossenen Kampf gegen die lebensfeindlichen Atom-Goliaths und für eine lebenswerte Zukunft auf die Fahne geschrieben hatte. Damit die Geburt einer solchen Organisation reibungslos verlaufen konnte, musste zuvor jedoch sehr viel Abstimmungsarbeit geleistet werden. Als Landesvorsitzender der Humanistischen Union, einer Bürgerrechtsorganisation, übernahm ich die sehr herausfordernde Aufgabe, alle an einem sofortigen Atomausstieg interessierten Gruppen wie die eher im linken Spektrum angesiedelten Anti-AKW-Gruppen mit gewerkschaftlichen, kirchlichen und ökologischen Organisationen und der SPD und den Grünen in einer überparteilichen Widerstandsplattform zu organisieren. Diese Plattform musste natürlich einen aussagekräftigen Namen bekommen. Nach längerem Nachdenken fiel mir der symbolträchtige, Erfolg versprechende, aber im politischen Bereich ungewöhnliche Name David gegen Goliath durch einen Geistesblitz ein, der nach lebhafter Diskussion akzeptiert wurde.

Zunächst war geplant, ein landesweites Volksbegehren mit dem klaren Ziel des sofortigen Atomausstiegs durchzuführen. Mit diesem Volksbegehren sollte gleichzeitig aber auch ein sofortiger Baustopp für die in Wackersdorf geplante Wiederaufbereitungsanlage (WAA) gefordert werden. Zugleich sollte auf ein zusätzliches, auf Bayern beschränktes atomares Konfliktfeld hingewiesen werden. Ich hatte es übernommen, die juristischen Voraussetzungen zu überprüfen. Ich kam sehr schnell zu dem Ergebnis, dass ein Volksbegehren in Bayern rechtlich nicht möglich wäre, da der Problembereich Atomenergie nicht in Landes-, sondern in Bundesgesetzen lag. Auf der Bundesebene gibt es aber bis heute kein Volksbegehren. Die Verfassungsväter und -mütter trauten ihrem Volk als dem nach der Verfassung eigentlichen Souverän nicht zu, mit diesem machtvollen Instrument direkter Demokratie verantwortlich umzugehen.

So blieb nur die Möglichkeit, eine landesweite Unterschriftenaktion mit diesen Zielen zu organisieren. Da im Herbst 1986 eine Bayerische Landtagswahl anstand, war diese Aktion nicht von symbolischer Bedeutung wie die meisten Unterschriftensammlungen, sondern ein ernst zu nehmender Faktor in der bayerischen Landespolitik. Nun ging es darum, öffentlichkeitswirksame Unterstützer für diese schicksalsträchtige Kampagne zu organisieren. Dabei kamen mir meine während der Arbeit für Erhard Eppler gewonnenen persönlichen Kontakte zu prominenten Künstlern und Wissenschaftlern zu Hilfe. Ich konnte den weltbekannten, zu jeder fachlich differenzierten Argumentation

auf höchstem wissenschaftlichen Niveau befähigten Atomphysiker Professor Hans-Peter Dürr, den wortgewaltig-kampfeslustigen Schriftsteller Carl Amery und den einzigartig pointenreichen, politischen Formulierungskünstler und Kabarettisten Dieter Hildebrandt für die erste Pressekonferenz am 4. Juni 1986 im Hoch-Café Peterhof gewinnen. Bei dieser sollten die Ziele der gemeinsamen Ausstiegskampagne vorgestellt werden. Der große Gastraum war überfüllt, es herrschte eine gespannte, erwartungsvolle Stimmung. Ich hatte die Ehre, die Pressekonferenz eröffnen zu dürfen. Ich erläuterte kurz die Entstehungsgeschichte dieses ungewöhnlich breiten Bürgerbündnisses und den symbolträchtigen Namen David gegen Goliath: der Kleine, der eigentlich keine Chance hat und doch erfolgreich ist. Zum Schluss kündigte ich nach dem Motto »Think Big« an, dass wir bis zur Landtagswahl eine Million Unterschriften für unsere Ziele sammeln wollten. Dann hielt jeder der drei prominenten Teilnehmer, die alle unter der schockierenden Erfahrung der Atomkatastrophe von Tschernobyl standen, ein sehr persönlich gehaltenes, überzeugendes Plädoyer für den sofortigen Ausstieg aus der Atomenergie und für einen sofortigen Baustopp der Wiederaufbereitungsanlage in Wackersdorf. Als wesentliches Argument wurde vor allem die unlösbare Sicherheits- und Endlagerproblematik angesprochen und darauf hingewiesen, dass sich ein atomarer GAU jederzeit auch in Bayern ereignen könnte. Die Bevölkerung wurde zu aktivem Widerstand und zur Unterstützung der Unterschriftensammlung aufgerufen. Diese Pressekonferenz war eine Sternstunde besten bayerischen Geistes, die von verantwortlichem, bürgerschaftlichem Engagement durchdrungen war. Ungewöhnlich genug, wurde jeder Beitrag mit kräftigem Beifall bedacht. Zum Schluss machte sich eine richtige Aufbruchsstimmung breit, die ansteckend wirkte. Die Pressekonferenz war ein voller Erfolg und die darauffolgende Berichterstattung erfreulich positiv. Das führte dazu, dass sich unzählige Helfer meldeten, die uns bei der Unterschriftenaktion unterstützen wollten. Es musste jetzt in Windeseile eine provisorische Organisationstruktur aufgebaut werden, damit der reichlich vorhandene gute Wille kanalisiert werden konnte und nicht verpuffte. Durch einen glücklichen Zufall ergab es sich, dass die neben meiner Kanzlei in der Königinstraße liegenden Räume kurzfristig frei wurden und wir dort unsere Organisationszentrale einrichten konnten. Hier tagte der Koordinierungsausschuss von David gegen Goliath, der aus Vertretern des Deutschen Gewerkschaftsbundes, des Bund Naturschutz Bayern, der evangelischen und der katholischen Jugend bestand und in dem wichtige Entscheidungen beraten und getroffen wurden. In unzähligen Veranstaltungen, an diversen Infoständen und in vielen Zeitungsanzeigen wurde mit prominenten Unterstützern für die Unterschriftenaktion geworben. Ein Höhepunkt war der Auftritt bei dem längst zur Legende gewordenen Anti-WAA-Festival in Burglengenfeld, als ich vor hunderttausend Festivalbesuchern für unsere Unterschriftenaktion werben konnte. Dabei machte ich allerdings die ernüchternde Erfahrung, dass es vielen Festivalbesuchern, die ihre Energien offenkundig in schnell wieder verhallenden Beifallsstürmen verbraucht hatten, nicht der Mühe wert war, auch nur wenige Hundert Meter zu einem unserer Unterschriftenstände zurückzulegen.

Der wirkliche Höhepunkt war aber die Abschlusskundgebung unserer Unterschriftenkampagne im Rahmen unseres später zur Tradition gewordenen Energiefestivals im Circus Krone eine Woche vor der Bayerischen Landtagswahl. Das Erfolgsrezept unserer Energiefestivals bestand aus einer einzigartigen Mischung von hochkarätigen politischen und wissenschaftlichen Reden zur Energie- und Umweltpolitik, themenbezogenen Musik- und Kabarettbeiträgen und ausreichend Zeit, damit sich möglichst viele Besucher untereinander kennenlernen und sich gegenseitig Mut für ihre Arbeit machen konnten.

Das erste Energiefestival war ein ziemliches Risiko, da wir aufgrund des kurzen Terminvorlaufs nicht wussten, wie viele Besucher kommen würden. Diese Zweifel zerstreuten sich glücklicherweise sehr rasch, als wir am Abend unserer Veranstaltung sahen, dass große Menschentrauben in den Circus Krone strömten und sich von einem vierstündigen Programm inspirieren und ermutigen ließen. Ich musste in meiner Begrüßung zwar mitteilen, dass wir unser für die mediale Wirkung bewusst sehr hoch angesetztes Ziel von einer Million Unterschriften nicht erreicht hatten, aber unsere zweihundertfünfzigtausend quasi aus dem Stand gesammelten Unterschriften doch ein sehr deutliches Ausstiegssignal der politisch bewussten bayerischen Bevölkerung sei, an dem keine Regierung einfach vorbeigehen könne. Außerdem gab ich bekannt, dass die Unterschriften in der kommenden Woche in der Bayerischen Staatskanzlei übergeben werden sollten und uns jeder, der Lust und Zeit hätte, gerne begleiten könne.

Am Mittwoch vor der Wahl war es dann so weit: Wir hatten mit einiger Mühe alle Vorbereitungen für die Übergabe der in zweihundertfünfzig Leitzordnern sorgfältig verwahrten Unterschriften getroffen und statt eines Lastentaxis ökologisch vorbildlich einen großen Leiterwagen für den Transport vom Büro von David gegen Goliath zur etwa anderthalb Kilometer entfernt liegenden Staatskanzlei organisiert. Mit Hans-Peter Dürr und etwa dreißig Unterstützern zogen wir durch den Englischen Garten zur alten Bayerischen Staatskanzlei, dem Amtssitz des damaligen

Ministerpräsidenten Franz Josef Strauß, wo wir die letzten fünfhundert Meter auf der Prinzregentenstraße von einem größeren Polizeiaufgebot eskortiert wurden. In der Staatskanzlei herrschte bei unserer Ankunft ein völliges Durcheinander, weil unsere Korrespondenz mit dem vereinbarten Übergabetermin offenkundig verloren gegangen war. Dann luden fünf Angestellte der Staatskanzlei und fünf DaGG-Aktivisten in brüderlicher Eintracht die Leitzordner ab und verbrachten sie zunächst in einen größeren Kellerraum, wo noch viele andere Leitzordner mit Unterschriften aus anderen Unterschriftenaktionen lagerten – wahrscheinlich bis zum Jüngsten Tag. Diese Handhabung wollte mir gar nicht gefallen, ich empfand sie als grobe Missachtung des in Unterschriften zum Ausdruck gebrachten Bürgerwillens und bestand gegenüber dem amtierenden Amtschef darauf, dass jeder Ordner zunächst registriert und dann die Unterschriften nachgezählt werden sollten. Da dies vermutlich einige Stunden dauern würde, einigten wir uns dahingehend, dass eine David-gegen-Goliath-Delegation von fünf Leuten in der Staatskanzlei bleiben und die Zählung der Unterschriften überwachen sollte. Schnell waren die fünf freiwilligen Helfer ausgewählt – die zum Glück noch nicht wissen konnten, dass sich ihr »Opfergang« bis in die späteren Abendstunden hinziehen sollte. Sie kehrten erst um zweiundzwanzig Uhr und sichtlich erschöpft in die DaGG-Zentrale zurück und wurden mit einer guten Brotzeit für ihre Mühen ein klein wenig entschädigt.

Auch diese Übergabeaktion fand eine sehr positive Resonanz in den Medien, die den großen Einsatz der vielen ehrenamtlichen Helfer ausdrücklich lobten. Sie hatte einige Zeit später jedoch ein juristisches Nachspiel: Die zu der damaligen Zeit in ihrer Unabhängigkeit durch eine gezielte Strauß'sche Personalpolitik stark gefährdete bayerische Justiz hatte nichts Besseres zu tun, als den Transport der zweihundertfünfzigtausend Unterschriften in einem Leiterwagen von der David-gegen-Goliath-Zentrale als verbotene Demonstration zu bewerten und mir als dem verantwortlichen Leiter ein Strafverfahren anzuhängen. Dieses fand unter großer öffentlicher Anteilnahme mit Hans-Peter Dürr als wichtigstem Entlastungszeugen statt und war eine überaus geeignete Plattform, unsere Ziele und Motive in allen Einzelheiten darzulegen. In meinem ersten Plädoyer in eigener Sache wies ich darauf hin, dass für den Freistaat Bayern schon der Versuch schändlich sei, Akte demokratischer Willensbildung wie den Transport von Unterschriften in einem Leiterwagen zu kriminalisieren. Mein erstes Strafverfahren endete mit einem glatten Freispruch – ebenso wie weitere mir zur Einschüchterung angehängte Verfahren wegen ähnlicher Lappalien. Das hat mein Vertrauen in die Fairness und Unabhängigkeit der Bayerischen Strafgerichte gestärkt, mit denen ich in meiner Eigenschaft als Strafverteidiger im Laufe der Jahre überwiegend positive Erfahrungen gemacht hatte.

Hinsichtlich unserer Unterschriftensammlung blieb nun nur noch abzuwarten, ob unsere Aktion den erwünschten Einfluss auf die Landtagswahl am 12. Oktober 1986 haben würde. Die Fronten waren jedenfalls klar. Franz Josef Strauß, der der erste deutsche Atomminister war, hatte sich bei seiner Abschlusskundgebung, völlig unbeirrt von der Atomkatastrophe von Tschernobyl, klar für die Fortsetzung des bisherigen Atomkurses und den Weiterbau der WAA ausgesprochen.

Am Wahlwochenende erschien eine ganzseitige Zeitungsanzeige von David gegen Goliath in der Süddeutschen Zeitung mit der Überschrift: »Sie haben die Wahl zwischen Abschalten und Weitermachen – zwischen Leben und Tod. Und wenn euch eure Kinder fragen, was habt ihr dagegen getan, wollt ihr wieder sagen, ihr hättet nichts gewusst?«

Die Bayern hatten gewusst und mit vollem Bewusstsein den Tod gewählt: Franz Josef Strauß verlor nur 2,5 Prozent der Stimmen und wurde mit 55,8 Prozent und somit mit absoluter Mehrheit wiedergewählt. Die SPD verlor mit ihrem unklaren ökologischen Kurs sogar 4,4 Prozent der Wählerstimmen, die den Grünen zugutekamen und ihnen mit 7,5 Prozent das erste Mal den Einzug in den Bayerischen Landtag verschafften.

Die WAA wurde trotzdem nicht gebaut: Die deutsche Energiewirtschaft stieg wegen explodierender Kosten und aufgrund des anhaltenden Widerstands der Bevölkerung aus diesem größen-

wahnsinnigen und dauerhaft gefährlichen bayerischen Prestigeprojekt aus und ließ einen düpierten Ministerpräsidenten zurück.
Die Wahl war verloren. Der Schock von Tschernobyl war offenkundig immer noch nicht stark genug gewesen, um einen Politikwechsel auszulösen. Ich war von diesem niederschmetternden Ergebnis sehr ernüchtert und ein weiteres Mal der Illusion beraubt, dass politische Veränderungsprozesse auch durch noch so großen persönlichen Einsatz wesentlich beschleunigt werden können. Günter Grass, der sich immer wieder lautstark in die Politik eingemischt hatte, brachte seine Erfahrungen einmal in folgendem Satz auf den Punkt: »Fortschritt ist eine Schnecke«. Er scheint damit nicht Unrecht gehabt zu haben.
Die Zeit war also für den notwendigen Wandel immer noch nicht reif. Viele Unterstützer warfen aus Enttäuschung das Handtuch und zogen sich frustriert ins Privatleben zurück. Auch die bisherige Organisationsform von David gegen Goliath löste sich in der nächsten Zeit in freundlichem Einvernehmen auf. Die Enttäuschung, das gemeinsame Ziel nicht annähernd erreicht zu haben, war so groß, dass die beteiligten Gruppen ihre Bemühungen um den Atomausstieg verstärkt wieder innerhalb ihrer eigenen Organisationen durchsetzen wollten.
Dadurch wurde es notwendig, David gegen Goliath auf eigene organisatorische Beine zu stellen. So gründete ich im Dezember 1986 mit Freundinnen und Freunden aus dem Unterstützerkreis den gemeinnützigen Verein David gegen Goliath e.V., der bis heute besteht.
Der Kampf um den Atomausstieg ging in eine neue Runde, weil das Ziel noch nicht erreicht war. Unsere wesentliche Aufgabe bestand darin, für unser Ziel immer wieder neue Aufmerksamkeit in der Öffentlichkeit zu wecken und die Bevölkerung sowie politische Parteien und Organisationen als dauerhafte Unterstützer zu gewinnen. Dafür arbeiteten wir auf verschiedenen Ebenen: Wir organisierten Informations- und Diskussionsveranstaltungen, kulturelle Veranstaltungen sowie Zeitungskampagnen, Infostände und Demonstrationen.

Die öffentliche Wahrnehmung war in den ersten Jahren noch relativ einfach, weil Aktionen im Zusammenhang mit der Atomkatastrophe von Tschernobyl nach wie vor einen hohen Nachrichtenwert hatten und deshalb in der Regel als Termin besetzt wurden. Uns ging es dabei vor allem darum, nicht einfach nur an Tschernobyl zu erinnern, sondern darauf hinzuweisen, dass Tschernobyl jederzeit auch bei uns passieren konnte und wir deshalb aus der Atomenergie aussteigen mussten. Unsere Infostände waren umlagert, unsere Demonstrationen zu den Tschernobyl-Jahrestagen hatten viele Teilnehmer und unsere kulturellen Veranstaltungen viele Besucher.

Doch wir mussten feststellen, dass die Halbwertzeit des menschlichen Gedächtnisses auch vor den Auswirkungen von Tschernobyl keinen Halt machte. Irgendwann waren die Schrecken verflogen und durch andere Katastrophen überlagert worden, sodass die Resonanz spürbar abnahm und die Teilnehmerzahlen bei Demonstrationen so gering war, dass die Medien kaum noch darüber berichteten. Wir mussten uns also etwas einfallen lassen, um mit unserem Anliegen nicht in Vergessenheit zu geraten. So entwickelten wir eine für David gegen Goliath typische Protestform: die DaGG-Aktion. Diese besteht aus einem knackigen Motto, einem aufmerksamkeitsträchtigen Bildmotiv für die TV- und Fotoberichterstattung und einem Flugblatt, in dem die Aktion erläutert wird. Die meisten unserer Aktionen fanden auf dem Marienplatz im Herzen von München statt. Sehr oft wurden wir von befreundeten Sängerinnen und Sängern oder Musikgruppen bzw. befreundeten Rednern unterstützt. Dadurch war es leichter, die erwünschte Aufmerksamkeit zu erzielen. Wenn in unserer Nähe Clowns, Jongleure oder gar ein Feuerschlucker auftraten, um die Passanten ohne Ansprüche einfach zu unterhalten, waren wir mit unseren großen Ansprüchen nur zweite Wahl. Mit diesem aus der Not geborenen Kunstgriff und einer immer perfekteren Organisation und Inszenierung unserer Aktionen haben wir uns auch ohne große Teilnehmerzahlen lange Jahre eine dauerhafte mediale Aufmerksamkeit sichern können, wodurch unser Bekanntheitsgrad wuchs und unsere Stimme immer mehr Gehör bekam. Jedes Jahr wurde zum Tschernobyl-Jahrestag ein anderer thematischer Schwerpunkt gesetzt und das Thema öffentlichkeitswirksam umgesetzt. Themen waren zum Beispiel die unlösbare technische Sicherheitsproblematik (es gibt keine hundertprozentige Sicherheit), die unlösbare Endlagerungsproblematik (es gibt weltweit kein sicheres Endlager), die unlösbare medizinische Problematik bei einer starken medizinischen Verstrahlung (es gibt keine heilende, nur eine lindernde Therapie) und die unlösbare Problematik der schnellen Evakuierung Tausender radioaktiv kontaminierter Menschen nach einem atomaren GAU (es gibt weder Transportmittel noch vorbereitete Auffangplätze).

An zwei Tschernobyl-Gedenkaktionen erinnere ich mich noch besonders gut: Bei einer simulierten wir mit lautstarkem Sirenengeheul einen Atomalarm auf dem Marienplatz und formten mit unseren Aktivisten in weißen Overalls ein radioaktives Warnzeichen. Bei einer anderen Tschernobyl-Gedenkaktion inszenierten wir mit den Teilnehmern ein atomares Warnkreuz mit der Längsachse zwischen Marienplatz und Münchner Freiheit und der Querachse zwischen Hofgarten und dem Platz der Opfer des Nationalsozialismus. Mit beiden Aktionen wollten wir die latente atomare Gefahr in unserem Alltag sinnlich vorstellbar und präsent machen, was uns gut gelang.

Wir konkurrierten jedoch in einer zunehmenden Spaß- und Vergnügungsgesellschaft mit vielen anderen, professionell mit großen Werbeetats arbeitenden Anbietern um öffentliche Aufmerksamkeit und mussten uns jedes Mal etwas Neues einfallen lassen. Dazu wählten wir auch das Mittel der sogenannten paradoxen Intervention: So forderten wir in einer Aktion vor dem Bayerischen Umweltministerium zusätzlich zur geplanten Wiederaufbereitungsanlage in Wackersdorf den Bau von weiteren Wiederaufbereitungsanlagen für jeden der sieben bayerischen Regierungsbezirke, damit die dortige Bevölkerung aus Gründen der Chancengleichheit an dem durch den Bau prognostizierten enormen wirtschaftlichen Aufschwung teilhaben könne. Ein andermal forderten wir ein Atommülllager im Hofgarten vor der Bayerischen Staatskanzlei, weil die Bayerische Staatsregierung immer wieder die Ungefährlichkeit der Lagerung von radioaktivem Müll betont hatte. Die Polizei bekam erst nach dem Fototermin im Hofgarten vor der Bayerischen Staatskanzlei Wind von der Aktion, als wir schon vollbepackt mit unseren Aktions-Utensilien den Hofgarten verlassen wollten. Sofort wurden unsere großen, an Holzstangen befestigten Transparente und Großbehälter für den Atommüll als Beweismittel beschlagnahmt. Damit schaffte sich die Polizei ein echtes Problem, denn die Utensilien waren so groß, dass sie trotz aller Bemühungen nicht in den wartenden Einsatzfahrzeugen verstaut werden konnten und erst in einem großen, extra angeforderten Lkw der Polizei abtransportiert werden mussten.

Neben unseren provokant-aufklärerischen Aktionen haben wir von Anfang an eine Vielzahl kultureller Veranstaltungen mit befreundeten Künstlerinnen und Künstlern unter dem Motto »Für Atomausstieg, Toleranz und Lebensfreude« organisiert, die uns zusätzliche öffentliche Aufmerksamkeit bescherten. Dazu gehörten sowohl klassische als auch Rock- und Popkonzerte in der Philharmonie, im Circus Krone, in der Residenz oder in der Theaterfabrik. Besonders berührend war die Aufführung »Die Schöpfung« von Joseph Haydn mit Mitgliedern aller großen Münchner Orchester unter der Leitung von David Shallon in der Münchner Philharmonie zum dritten Tschernobyl-Jahrestag. Nur zwei Wochen später wurde die von unserem Freund Guntram Pauli unter dem Namen »Cosmogenia« komponierte Schöpfungsgeschichte in einer zeitgemäßen musikalischen und textlichen Form mit großem Sinfonieorchester und Rockband im Circus Krone aufgeführt.

Weitere Höhepunkte unserer kulturellen Veranstaltungen waren die Aufführung des »Requiems« von Mozart durch das Bach-Orchester und den Bach-Chor unter Leitung von Hanns-Martin Schneidt zum fünften Tschernobyl-Jahrestag in der Philharmonie, die von Cathérine Miville für uns organisierte Kabarett-Veranstaltung »Strahlende Weihnacht« u. a. mit Dieter Hildebrandt und Werner Schneyder und unsere kostenlosen Open-Air-Konzerte auf dem Marienplatz, wo u. a. »Boléro« und »Carmina Burana« unter Leitung von Heinrich Klug aufgeführt wurden. Mit diesen im besten Sinne Volkskonzerten wollten wir einen bewussten Kontrapunkt zu den hochpreisigen Klassik-Open-Air-Konzerten setzen und nicht nur die Erinnerung an Tschernobyl wach halten, sondern auch aktives Bürgerbewusstsein und Gemeinsinn stärken.

Eine weitere Säule, um die Öffentlichkeit für unser atomares Ausstiegsziel wach zu halten und zu aktivieren, waren unsere in dieser Form einzigartigen DaGG-Anzeigenkampagnen: Unser Artdirector Frank Fischer entwickelte ein geniales Geschick, die von uns mit der Zeitungsanzeige an die Öffentlichkeit zu vermittelnde Botschaft grafisch gut aufzubereiten und mit einem Aufmerksamkeit erweckenden Bildmotiv zu versehen. Dann wurde die Anzeige durch einen zumeist von mir verfassten analytischen, zum Nachdenken und zum Handeln auffordernden Text komplettiert. Diese Anzeigen veröffentlichten wir über zwanzig Jahre in allen Tages- und Wochenzeitungen, vor allem aber in der Süddeutschen Zeitung, der größten und wichtigsten deutschen Tageszeitung, die in unserer unmittelbaren Nachbarschaft produziert wurde und unsere Arbeit mit einem freundlichen Wohlwollen und Sonderkonditionen unterstützte. Unsere Anzeigen wurden im politischen Teil an exponierten Stellen platziert, sodass wir mit ihnen ein Potenzial von einigen Hunderttausend Lesern erreichen konnten; sie wurden durch Spenden unserer Unterstützer finanziert, deren Namen unter der Anzeige aufgeführt waren.

Unsere Anzeigenkampagne war eine »Notwehrreaktion« auf eine sehr wechselhafte, teilweise willkürliche Berichterstattung der Medien. Quoten- und Karrieredruck, verbunden mit einem Trend zur Banalisierung, Skandalisierung und Personalisierung, erschwerten eine differenzierte fortlaufende Berichterstattung zu wenig schlagzeilenträchtigen Themen wie dem Atomausstieg, der Notwendigkeit eines solaren Marshallplans oder der konsequenten Umsetzung von festgelegten Klimazielen. So waren unsere DaGG-Anzeigen jeweils ein unübersehbares Manifest, in dem wir ein uns wichtiges Thema zusammenhängend und mit den sich daraus ergebenden Forderungen behandeln konnten.

Nach vier Jahren intensiver außerparlamentarischer Arbeit mussten wir feststellen, dass wir unserem Ziel, den sofortigen Atomausstieg als Konsequenz aus der Atomkatastrophe von Tschernobyl zu erreichen, immer noch nicht viel näher gekommen waren. In Deutschland waren nach wie vor achtzehn Atomkraftwerke am Netz und produzierten täglich neue Mengen tödlichen Strahlenmülls. Die Zusammenarbeit mit den eher ökologisch orientierten größeren Parteien wie der SPD oder den Grünen lief mehr schlecht als recht. Ob und inwieweit sie unsere Initiativen übernahmen und in der parlamentarische Arbeit umsetzten, lag allein bei ihnen. Regelmäßige Arbeitskontakte und verbindliche Absprachen gab es nicht.

Deshalb beschlossen wir, zusätzlich zu unserem bisherigen außerparlamentarischen auch noch den parlamentarischen Weg einzuschlagen. Vier Jahre nach unserer Gründung als Bürgerinitiative kandidierte ich im März 1990 bei den Münchner Stadtratswahlen und zog am 2. Mai 1990 als ein David unter achtzig Goliaths in den Münchner Stadtrat ein. Meine wesentliche Erkenntnis »Es geht nicht mehr weiter so, wir brauchen einen grundlegenden Politikwechsel jenseits von entwicklungshemmendem Anspruchs- und Besitzstandswahrungsdenken« wollte ich in die Praxis umsetzen und vor allem den Atomausstieg und die Förderung der Sonnenenergie vorantreiben. Nachdem ich das Glück hatte, auf meinen Reisen so viel von unserer Welt sehen und kennenlernen zu dürfen, und David gegen Goliath inzwischen die Weltkugel als Symbol gewählt und in sein Logo integriert hatte, wollte ich in München, »der Weltstadt mit Herz«, Lokalpolitik mit Blick auf die vielfältigen Interdependenzen als Globalpolitik betreiben. Wir waren fest entschlossen, bei einem erfolgreichen Verlauf des parlamentarischen Experiments auf lokaler Ebene auch bei anderen Wahlen anzutreten und damit Menschen der neuen Zeit eine Plattform für einen anderen Politik- und Lebensstil zu geben.

Mein Einzug in den Münchner Stadtrat ist mir unvergesslich geblieben: Ich fuhr mit unserem David-gegen-Goliath-Solarmobil-Cabrio bis direkt vor die Eingangstür des Rathauses, entrollte vor den wartenden Fotografen unser Transparent »Pro Sonne – Contra Atom« und ging mit einer ledernen Fliegermütze auf dem Kopf und einer Sonnenblume im Arm in den festlich geschmückten Saal des alten Rathauses, wo die Eröffnungssitzung und die Vereidigung stattfanden. Als ich mit diesem Outfit eintrat, verstummten sofort alle Gespräche, und ich wurde mit einer Mischung aus freundlicher Neugier und blankem Entsetzen wie ein frisch von der Milchstraße ankommender außerirdischer Abgesandter angesehen. Vor meiner Vereidigung entschloss ich mich, meiner inneren Stimme gehorchend, die Fliegermütze abzunehmen, um den Kulturschock bei meinem offiziellen Amtsantritt abzumildern und nicht zu sehr in eine Außenseiterrolle abgedrängt zu werden. Beim anschließenden gemeinsamen Mittagessen hatte ich nur eine Sorge, mich nicht aus Versehen an einen Tisch mit fünf ebenfalls in den Stadtrat eingezogenen Republikanern zu setzen. Die Republikaner bescherten mir wenig später bei der Eröffnungssitzung meine erste Bewährungsprobe: Das Direktorium, also die zentrale Verwaltungsstelle im Rathaus, die für den geordneten Ablauf aller Stadtratssitzungen zuständig war, hatte einen Sitzplan ausgearbeitet, nach dem ich in der unmittelbaren Nachbarschaft der republikanischen Stadtratsfraktion sitzen sollte. Dieses Ansinnen wies ich voller Empörung zurück und weigerte mich, den für mich vorgesehenen Platz einzunehmen. Ich begann meine Arbeit als Stadtrat gleich mit einem »Steh-Streik« im Eingangsbereich des Sitzungssaals. Nach zwei Stunden bat mich der Chef des Direktoriums um ein Gespräch. Dabei sagte er, dass er zwar für meine Haltung volles Verständnis habe, bat mich dann aber, eine Überlegung zu bedenken: »Herr Fricke, Sie sind vielleicht der einzige Stadtrat, der mit den Republikanern auf der menschlichen Ebene ein gewisses persönliches Verhältnis aufbauen kann. Ich fände es ganz wichtig, wenn man sie nicht ganz isolieren würde, weil man sie damit unauflöslich auf ihre alten Positionen festlegt. Wenn man ihnen die Hand reicht und sie menschlich fair behandelt, haben sie die Möglichkeit, neue Erfahrungen zu machen und sich vielleicht sogar zu ändern.« Aus diesem Blickwinkel hatte ich die Situation bisher nicht betrachtet. Diese Überlegung machte Sinn;

so beendete ich meinen Streik und nahm meinen vorgesehenen Platz neben einem republikanischen Handwerksmeister ein. Meine ab diesem Moment beginnende »Integrationsmission« war insoweit erfolgreich, dass die Republikaner während ihrer vierjährigen Stadtratsepisode weder auf der persönlichen noch auf der sachlichen Ebene intolerable Grenzen überschritten. Außerdem machte ich mit ihnen die erfreuliche Erfahrung, dass sie sich im Gegensatz zu ihren roten, grünen und schwarzen Stadtratskollegen vollständig an einer von mir initiierten Spendenaktion zugunsten von Tschernobyl-Opfern beteiligten. Jenseits aller wohltönenden Grundsatzerklärungen kommt es entscheidend darauf an, wie wir unsere Werte gerade im Umgang mit Andersdenkenden in den Alltag, also auch in das politische Tagesgeschäft integrieren. Das führt zu der entscheidenden Frage der politischen Glaubwürdigkeit. Es sollte in diesem Zusammenhang sehr nachdenklich stimmen, dass das Ansehen der Politiker am untersten Ende einer Beliebtheitsskala angesiedelt ist.

Politik wäre im besten Sinne Arbeit von Menschen für Menschen und für eine bessere Welt. In der Realität ist Politik ein permanenter Konkurrenz- und Machtkampf nach innen und nach außen, wo menschliche Beziehungen auf einen reinen Nützlichkeitsfaktor reduziert werden. Das erlebte ich hautnah in meinem von Anfang an sehr ambivalenten Verhältnis zu den Stadtratskollegen von der SPD und den Grünen. Einerseits sahen sie in mir einen Konkurrenten, andererseits waren sie bei den knappen Mehrheitsverhältnissen auf meine Unterstützung angewiesen. Sobald ich abweichende Positionen vertrat und dafür natürlich auch abstimmte, drohte mir jedes Mal ein umfassender Liebesentzug. Wenn dann aber für eine wichtige Personalentscheidung meine Stimme gebraucht wurde, war das Buhlen um meine Stimme grenzenlos peinlich.

Die Ausgangsbedingungen für meine Stadtratsarbeit waren trotz allem nicht schlecht. Die knappen Mehrheitsverhältnisse machten es für die schon seit einiger Zeit bestehende rot-grüne Mehrheitsfraktion erforderlich, sich um eine Zusammenarbeit mit mir zu bemühen.

Ich hatte das große Glück, in meiner zwölfjährigen Stadtratsarbeit mit zwei Oberbürgermeistern, Georg Kronawitter und Christian Ude, zusammenarbeiten zu können, die zwei völlig unterschiedliche Persönlichkeiten waren und jeweils einen anderen Politikstil praktizierten. Sie akzeptierten mich als Menschen und als einen nicht in das übliche Raster hineinpassenden Kollegen mit einem ernsten Anliegen, der sein politisches Handwerk wie sie verstand und der im Zweifel in der Lage war, sich Respekt zu verschaffen. Beide dominierten den Stadtrat, das achtzigköpfige Parlament der Landeshauptstadt München, in einer bisweilen atemberaubenden Weise: Sie drängten den Stadtrat über weite Strecken in eine Statistenrolle und degradierten ihn zu einer Zustimmungsmaschinerie, die bereits getroffene Entscheidungen nur abzunicken hatte. Dazu benutzten sie als wirkungsvolles Instrument die Abhaltung von Pressekonferenzen einen Tag vor der monatlichen Vollversammlung, sodass der Stadtrat die wesentlichen Ergebnisse bereits in der Zeitung lesen konnte. Im Übrigen waren die zu treffenden Entscheidungen lange vorher innerhalb der Fraktion und im Koalitionsausschuss abgestimmt worden, sodass es bei den Beschlüssen so gut wie keine Überraschungen gab. Die parlamentarischen Entscheidungen fallen also in nichtöffentlichen Sitzungen im kleinen Kreis und nicht als Ergebnis großer Redeschlachten, in denen mit guten Argumenten um die beste Sachentscheidung gerungen wird, in der Vollversammlung. Überrascht hat mich dann aber doch, dass etwas neunzig Prozent der Beschlüsse einvernehmlich gefasst werden. Dabei fiel mir auf, dass die Tagesordnungspunkte, bei denen es um überschaubare Sachverhalte und noch vorstellbare finanzielle Größenordnungen ging, besonders lebhaft diskutiert wurden. Je komplexer der Sachverhalt und je größer das finanzielle Volumen, desto geringer war in den meisten Fällen die politische Auseinandersetzung, da der persönliche Bezug und das Vorstellungsvermögen der Politakteure fehlten.

Und doch sind immer wieder Überraschungen möglich, die schon als sicher geltende Entscheidungen aus der plötzlich unkontrollierbar werdenden Dynamik einer Situation heraus völlig über den Haufen werfen können. Diese beglückende Erfahrung habe ich bei der Erhaltung des symbolträchtigen Olympiastadions machen können. Das ist mir zusammen mit meinem Kollegen Helmut Steyrer gelungen. Ich hatte über zwei Jahre mit der mir bei wichtigen Angelegenheiten eigenen Intensität ein Hearing zur geplanten Umgestaltung des Olympiastadions in eine Fußballarena gefordert und dieses Ziel schließlich auch erreicht. Bei diesem Hearing passierte die absolute Sensation in der Stadtgeschichte. Die in den internen Machtzirkeln von Politik, Verwaltung und Wirtschaft bereits durchgewunkene Entscheidung, das Olympiastadion umzubauen, platzte, weil der damit beauftragte Stararchitekt im Rahmen seiner Anhörung mitteilte, dass die Umbaupläne in der vorgesehenen Form nicht durchführbar seien. Damit war der Umbau vom Tisch und das Olympiastadion als architektonisches Denkmal eines anderen, transparenten, farbenfrohen und leichten Deutschlands gerettet.

In diesem Zusammenhang konnte ich noch einen weiteren überraschenden Erfolg verbuchen: Es gelang mir, »Fußballkaiser« Franz Beckenbauer zu einer seiner wenigen öffentlichen Entschuldigungen zu zwingen: Er hatte zuvor in seiner bisweilen unbedachten Art zur Umbaudiskussion des Olympiastadions geäußert, dass es das Beste wäre, einen Terroristen zu finden, der das Olympiastadion in die Luft sprengen würde. Ich konnte ihn mit Presseerklärungen, Briefen und der Androhung einer Strafanzeige so unter Druck setzen, dass er mich vor Ablauf meines Ultimatums anrief und sich entschuldigte. Bei dem längeren, sehr offenen und einsichtsvollen Telefongespräch wies ich ihn sehr freundlich darauf hin, wie groß sein Einfluss gerade bei jungen Menschen sei und wie leicht sich jemand dazu aufgefordert fühlen könnte, diese wohl eher flapsig gemeinten Worte in die Tat umzusetzen. Das leuchtete ihm ein und er versprach, künftig sorgfältiger mit seinen Äußerungen umzugehen. Längst vorher hatte ich gelernt, dass politische Arbeit nicht nur Idealismus, sondern wie jeder andere Beruf auch professionelle Voraussetzungen für ein erfolgreiches Arbeiten erfordert: solide Grundkenntnisse über historische, politische, soziologische, wirtschaftliche und psychologische Zusammenhänge, eine rasche Auffassungsgabe, rhetorisches Geschick, Teamfähigkeit, differenziertes Urteilsvermögen, einen wertebezogenen Pragmatismus, Ausdauer, Humor, berufliche Praxis, möglichst wirtschaftliche Unabhängigkeit, einen realitätsbezogenen, visionären Idealismus und Durchsetzungsvermögen für den ausdauernd-unbeirrbaren Wunsch, unsere Welt Stück für Stück zum Besseren zu verändern. Ein solcher Politiker wäre mit einem kompetenten Mitarbeiterstab in der Lage, seine verantwortungsvolle Aufgabe gut zu erfüllen: Regierung und Verwaltung zu kontrollieren, eigene Impulse in den politischen Entscheidungsprozess mit einzubringen und dem Druck der Lobbyisten-Heere standzuhalten. Soweit der Wunsch – die Realität ist Lichtjahre davon entfernt. Diese Stellenbeschreibung würden die allerwenigsten Politiker erfüllen. Verschiedene Faktoren erschweren die ordnungsgemäße Erfüllung der Aufgaben eines verantwortlichen Politikers; dazu gehören zum Beispiel die permanente zeitliche Überlastung durch zu viele terminliche Verpflichtungen, eine zu kurze Wahlperiode von vier bis sechs Jahren, eine permanente Konkurrenzsituation innerhalb der eigenen Partei und gegenüber anderen Parteien sowie eine im Verhältnis zur Wirtschaft und zur Verwaltung unzulängliche finanzielle Ausstattung. Das führt dazu, dass viele Spitzenleute lieber in die Wirtschaft oder in die Verwaltung gehen statt in die Politik.

Diesem vielfältig fragilen politischen Bereich steht eine Verwaltung mit schwer oder gar nicht kündbaren Beamten und Angestellten auf Lebenszeit mit einem unglaublichen, auf Wahrung ihres Besitzstandes fixierten Beharrungsvermögen gegenüber, deren generelles Motto lautet: »Politiker kommen und gehen – wir bleiben!« Außerdem die Wirtschaft, repräsentiert von hoch bezahlten, immer einflussreicher werdenden Lobbyisten, die immer früher zugunsten ihrer Auftraggeber manipulativ in Gesetzgebungsprozesse eingreifen, sowie die Presse, die immer mehr auf Personalisierung und Skandalisierung ausgerichtet und immer weniger an einem sachlich differenzierten Diskurs über kontroverse Sachthemen interessiert ist.

So sind die realen Handlungs- und Gestaltungsspielräume in der Politik sehr viel geringer als vorgestellt: Selbst wenn ich im Zuge meiner Kandidatur bei der Oberbürgermeisterwahl gewählt worden wäre, wäre ich vor der Situation gestanden, dass über neunzig Prozent der finanziellen Mittel langfristig *fest*gelegt und über fünfundneunzig Prozent der Mitarbeiterinnen und Mitarbeiter der Verwaltung *fest* angestellt sind. Unser politisches System ist erstarrt, hat sich durch Überregulierung bei gleichzeitig ins unermessliche wachsenden Ansprüchen ver*festigt* und seine Lebendigkeit schon lange verloren. Aber man hat sich in diesem System eingerichtet, seinen Platz gefunden und das Leiden an den immer deutlicher sichtbar werdenden Widersprüchen aufgegeben. Die Presse gibt sich mit Ankündigungen von Plänen und Projekten und politischen Absichtserklärungen zufrieden, ohne deren Realisierung zu kontrollieren. Und die Politik formuliert immer neue Ziele, um Handlungsfähigkeit zu demonstrieren, an deren Umsetzung sie jedoch selbst oft nicht glaubt.

Als bei einer Sitzung der Energiekommission der Tagesordnungspunkt »Bericht über Klimaziele« aufgerufen und bald deutlich wurde, dass die letzten Ziele hinsichtlich CO_2 und Energieeinsparung wieder nicht erreicht waren, führte das weder zu Aufschrei noch zu geharnischter Kritik, sondern es wurde einfach ein neues Ziel formuliert – ohne sicherzustellen, dass auch die für die Erreichung dieses Ziels notwendigen finanziellen und personellen Mittel zur Verfügung gestellt werden.

Die uns in erster Linie durch Michail Gorbatschow geschenkte Wiedervereinigung war nie ein Topthema der deutschen Politik; aber als sie schließlich doch als das größte Wunder der deutschen Nachkriegspolitik eintrat, an das ich immer geglaubt hatte, war sie eine Riesenchance, mit einer vom Volk verabschiedeten neuen Verfassung gemeinsam einen Schritt nach vorn in eine solare Zukunft zu gehen und einen für die Ressourcen unserer Erde, unser Klima und für die Dritte Welt verträglichen Lebensstil zu entwickeln. Diese Chance haben wir vertan und voller Arroganz und Ignoranz rückwärtsgewandt die Wiedervereinigung in erster

Linie als Sieg des kapitalistischen über das in der Tat marode staatssozialistische System fehlinterpretiert und damit alte Strukturen verfestigt, statt neue zu wagen.

Doch von der Global- zurück zur Lokalpolitik: Obwohl ich eine langjährige Politik- und Gremienerfahrung in meine Stadtratstätigkeit mit einbrachte, benötigte ich eine Anlaufzeit von zwei bis drei Jahren, bis sich mir die wesentlichen persönlichen und sachlichen Zusammenhänge im Zusammenspiel von Oberbürgermeister, Stadt, Verwaltung, Presse und Bürgerkontakten soweit erschlossen hatten, dass meine Urteils- und Handlungsfähigkeit immer mehr zunahm und meine Arbeit immer zielgerichteter werden konnte. So lernte ich besser auf der Klaviatur meiner Tätigkeit im Stadtrat zu spielen und als Stadtrat die oft parallelen außerparlamentarischen Aktionen von David gegen Goliath zu meinen parlamentarischen Initiativen synergetisch unterstützend zu nutzen. Wenn ich zum Beispiel im Stadtrat eine Anfrage stellte, wie viel Atommüll auf jeden Einwohner bei einem Atomstromanteil von sechsundfünfzig Prozent entfalle, wurde diese Thematik durch eine DaGG-Aktion zur unlösbaren Endlagerungsproblematik begleitet.

Kein anderer Stadtrat hat das wichtigste Instrument der parlamentarischen Arbeit, das Recht, Anfragen und Anträge zu stellen, die von der Stadtverwaltung beantwortet bzw. behandelt werden müssen, zur Umsetzung unserer Ziele so genutzt wie ich und dadurch den Atomausstieg und den Solareinstieg immer wieder neu auf die Tagesordnung gesetzt. So forderte ich immer wieder neu den Verkauf der fünfundzwanzig Prozent der städtischen Beteiligung am Atomkraftwerk Ohu 2; ich initiierte ein Hearing zum Katastrophenschutz für München im Falle eines atomaren GAUs, das die zu erwartenden katastrophalen Ergebnisse brachte. Weiterhin gelang es mir, den Stadtrat einstimmig dazu zu bewegen, ein Überflugverbot für das Atomkraftwerk Ohu zu fordern. Ich ließ keine Gelegenheit aus, mein weiteres Lieblingsprojekt »Wir machen München zur solaren Modellstadt« durch viele Initiativen voranzubringen. Zusätzliche Themenschwerpunkte waren die Situation von Tieren und Pflanzen,

der Umgang mit Minderheiten, die Stärkung bürgerschaftlichen Engagements sowie Fragen der Verkehrs- und Klimapolitik.
Vor jeder Vollversammlung überlegte ich mir, welchen besonderen inhaltlichen Akzent ich setzen wollte. Dazu nutzte ich sehr oft auch das Instrument des sogenannten Dringlichkeitsantrags zu einem aktuellen Thema, der gleich zu Beginn der Sitzung behandelt werden musste und die geschäftsmäßige Routine durchbrach. Bei einer Haushaltsdebatte, die ich immer zum Anlass nahm, mit ausgewählten Beispielen auf die Verknüpfung von Lokal- und Globalpolitik hinzuweisen, setzte ich mich zusätzlich mit der gravierenden Verschuldungsproblematik auseinander. Es war besorgniserregend, wie die Zinsspirale den Haushalt immer mehr belastete. Das war alles schon lange bekannt und auch daran hatte man sich gewöhnt. Meine einzige Möglichkeit, dieses wichtige Thema endlich mal wieder ins grelle Licht der Öffentlichkeit zu rücken, war ein einfacher Trick: In der Gemeindeordnung ist geregelt, dass eine Abstimmungspflicht durch Zustimmung oder Ablehnung besteht. Die Möglichkeit der Stimmenthaltung ist nicht vorgesehen und wird als Verstoß gegen die Gemeindeordnung mit einem Bußgeld geahndet. Also wählte ich bei der folgenden Haushaltsabstimmung diesen Weg und enthielt mich der Stimme. Das führte, wie beabsichtigt, zu einem Bußgeld und, weil ich dagegen Einspruch erhob, zu einer Gerichtsverhandlung. Das hatte es im Münchner Stadtrat noch nie gegeben und die Presse stürzte sich auf dieses Thema. So bekam ich die Gelegenheit, darauf hinzuweisen, dass wir mit diesen immensen Zinszahlungen die Zukunft unserer Kinder auf Spiel setzen.
Insgesamt habe ich in zwölf Jahren an drei Stadtratswahlen und einer Oberbürgermeisterwahl teilgenommen. Obwohl wir einen illustren Unterstützerkreis von Wissenschaftlern und Künstlern wie Hans-Peter Dürr, Frederic Vester, Will Quadflieg, Barbara Rütting, Konstantin Wecker, Ottfried Fischer und Klaus Peter Schreiner hatten, konnten wir mit unserem Credo »Es geht nicht mehr weiter so – wir brauchen einen Politikwechsel und einen umweltverträglichen Lebensstil« nicht annähernd in den ange-

strebten Fünf-Prozent-Bereich kommen. »Die Schlange sind wir« – dieses Plakat prangte von einer Berliner Autobahnbrücke und wies mit aller Deutlichkeit darauf hin, dass wir selber Teil des Problems sind, das wir gerne geändert haben wollen. Der indische Weisheitslehrer Jiddu Krishnamurti drückte diesen Sachverhalt etwas anders aus: »Die Welt sind wir – wir sind ein Teil der Welt.« Damit sind wir gleichzeitig Teil und Lösung des Problems, dass wir nur zu gerne im Außen beklagen, ohne unseren Anteil daran erkennen zu wollen: Unser Energieverbrauch, unser Konsum- und Mobilitätsverhalten, unsere Geldanlagen führen in der Summierung zu den großen Problemen, an denen unsere Welt zu zerbrechen droht.

Meine Wahlplakate »Tiere würden Fricke wählen« und »Bäume würden Fricke wählen«, mit denen eine über den Menschen hinausführende Verantwortlichkeit für die Schöpfung als Ganzes ausgedrückt werden sollte, überstieg den Bewusstseinsstand der meisten Wahlbürgerinnen und -bürger bei Weitem; sie wollten im Zweifel lieber doch so weitermachen wie bisher und keine wirkliche Kurskorrektur vornehmen. Das war das Resultat vieler Gespräche. Deshalb zögerte ich bis zum letztmöglichen Moment, ob ich im März 2002 an der dritten Stadtratswahl teilnehmen sollte, weil alles, was möglich und nötig war, bereits längst gesagt worden war. Außerdem fand ich im immer gleichen Adressatenkreis längst nicht mehr die Aufmerksamkeit für meine sich naturgemäß wiederholenden Warnungen und Mahnungen und war somit zu einem kalkulierbaren Faktor geworden. Ich entschloss mich dann aber Ende des Jahres 2001 doch zu einer erneuten Kandidatur, um die Arbeit von David gegen Goliath in vielen Bezirksausschüssen, in denen wir vertreten waren, fortzusetzen und den Stab bei Halbzeit an einen Nachfolger abzugeben. Dazu sollte es aber nicht mehr kommen: Mit der gleichen Anzahl von Stimmen wie bei der letzten Wahl, die aber für mich als Person und nicht für unsere Liste abgegeben und somit nach dem bayerischen Wahlrecht, bei dem jeder achtzig Stimmen hat, aber dem einzelnen Kandidaten nur drei Stimmen geben kann, verschenkt wurden, wurde ich nicht mehr wiedergewählt.

Ich habe die Möglichkeiten, die dieses Amt mir gab, voll ausgeschöpft, aber vor allem auch die Grenzen kennengelernt, die bei größeren wirtschaftlichen Interessen auftraten. Ich musste voll Schrecken erkennen, wie unglaublich stark die Selbstbeharrungskräfte eines jeden Systems und aller mit ihm verbundenen Handlungs- und Entscheidungsträger sind, zumal, wenn sie sich durch die spürbarer werdenden atomaren, ökologischen, ökonomischen und sozialen Gefahren in ihren Privilegien bedroht fühlen.
Bei meiner Verabschiedung waren jedenfalls sehr viele Kolleginnen und Kollegen und Vertreter der Verwaltung anwesend. Die Worte der von mir menschlich sehr geschätzten Zweiten Bürgermeisterin Gertraud Burkert hatten mich sehr erfreut: »Herr Fricke, Sie haben aus Ihrer Meinung nie einen Hehl gemacht, aber immer auch andere Meinungen gelten lassen und sich immer um eine menschlich angenehme Zusammenarbeit bemüht.«
Das Fazit meiner zwölfjährigen Stadtratstätigkeit als »ein David unter achtzig Goliaths« war in meinem Abschlussinterview in der Süddeutschen Zeitung in der Überschrift zutreffend zusammengefasst als »Lauter kann ich nicht mehr schreien«.
Die Arbeit der Umwelt- und Bürgerrechtsorganisation David gegen Goliath ist bis heute, allerdings in anders akzentuierter Form und ohne die frühere intensive mediale Präsenz, weitergegangen, da die Probleme weitgehend gleich geblieben sind. Aber unsere Stimme findet immer noch Gehör, wenn wir uns zu unseren Themenschwerpunkten Atomausstieg, Solareinstieg, Umgang mit Tieren und Pflanzen und einer notwendigen wertorientierten gesellschaftlichen Ausrichtung äußern.
Alles hat jedoch seine Zeit: Irgendwann war die Zeit der großen Zeitungskampagnen, der wöchentlichen Infostände, der kulturell politischen Veranstaltungen zu Ende. Virtuelle Kampagnen, die man bequem und meist folgenlos vom Lehnstuhl aus führen kann, haben heute eine viel größere Attraktivität gewonnen. Bei einem Infostand zum achtundzwanzigsten Tschernobyl-Jahrestag in der Fußgängerzone sind wir uns schon fast wie die Zeugen Jehovas vorgekommen, weil viele der durch Münchens größte Konsummeile, die Fußgängerzone, hetzenden Passanten einen

großen Bogen um uns machten, als sie unseren Infostand und unsere Transparente entdeckten. Die Gefahren der Atomkatastrophe von Tschernobyl sind längst verdrängt und auch durch die folgende, in ihren Auswirkungen noch viel schlimmere Atomkatastrophe im Hightechland Japan erstaunlich wenig aktiviert worden. Bei uns und in anderen Ländern laufen immer noch Atomkraftwerke mit den gleichen Sicherheitsproblematiken, produzieren täglich giftigen Atommüll und sind längst im Visier von terroristischen Kommandos. Die Energiewende ist auf halbem Weg stecken geblieben, die deutsche, für kurze Zeit weltweit führende Solarenergie ist durch unsinnige Gesetzesänderungen in destruktiv sinnloser Weise zerstört worden.

Ich war in einem Akt unglaublicher Vermessenheit und Selbstüberschätzung der Überzeugung, dass wir durch unseren hundertprozentigen Einsatz im Zusammenwirken mit vielen anderen gesellschaftlichen Kräften hätten bewirken können, vollständig aus der Atomenergie aus- und gänzlich in die Solarenergie einzusteigen. Das war ein großer Irrtum. Die Atomkatastrophe von Tschernobyl und die realistisch nüchterne Prognose, dass sich ein atomarer GAU in ähnlicher Form und mit ähnlich fatalen Folgen jederzeit auch bei uns ereignen kann, waren als Warnung noch immer nicht ausreichend. Wenn wir nicht aus Einsicht zu lernen bereit sind, werden wir eben aus Schmerzen als Folge weiterer bevorstehender Katastrophen lernen und zu einer überfälligen Kurskorrektur gezwungen werden.

Ich persönlich und meine Davidsfreunde haben die Lektionen von Tschernobyl gelernt. Die Aufgabe besteht darin, dieses Ziel auch ohne die erhoffte breite gesellschaftliche Zustimmung weiter zu verfolgen. Ich habe die erkenntnisreiche und durchaus schmerzliche Lektion lernen müssen, meine Arbeit unabhängig von Erfolg und Anerkennung fortzusetzen, weil der Weg das Ziel ist.

Individuelle und gesellschaftliche Bewusstseinsprozesse brauchen Zeit und lassen sich nur wenig beschleunigen. Erhard Eppler sagte immer wieder als eine Art »Enttäuschungsprophylaxe«: »Ich muss die Welt und die Menschen so nehmen, wie sie sind –

eine Alternative gibt es nicht.« Und meine Mutter pflegte bei unseren Diskussionen über die Diskrepanz zwischen Wunsch und Wirklichkeit den trostspendenden Satz zu sagen: »Ich bin kein ausgeklügelt' Buch – ich bin ein Mensch mit seinem Widerspruch.«

Als Platon, der große griechische Philosoph und Moralist, für einige Zeit ein politisches Amt in Syrakus übernahm, ist er an dieser Aufgabe so kläglich gescheitert, wie es Politikern heute auch ergeht. Es bleibt uns offenkundig nur die Möglichkeit, diese Spannung auszuhalten und, wo es möglich ist, sie Stück für Stück zu verringern.

Nach drei Jahrzehnten exzessiver, geradezu hyperaktiver politischer Arbeit ist in mir die Erkenntnis gewachsen, dass die notwendigen Veränderungen nicht allein auf der politischen Ebene, sondern zusätzlich und vor allem auf der persönlichen Ebene stattfinden müssen. Deshalb gehören für mich die Verbindung von Politik und Spiritualität, also die Übernahme von Verantwortung für mich selbst und für die Gesellschaft, untrennbar zusammen.

Unser »Davidsweg der kleinen Schritte mit großer Perspektive« ist eine konkrete Anleitung für eine andere, bessere Welt, die heute schon möglich ist.

■ Ortstermin am Höllenfeuer von Tschernobyl

Igor und Nadesha, lange Zeit ein glückliches Paar, das kurz vor seiner Hochzeit stand, lagen sich weinend in den Armen. »Wir haben gestern Abend nach nächtelangen Diskussionen beschlossen, uns zu trennen. Wir wollten so gerne gemeinsam viele Kinder haben, aber wir sind beide von dem Atomunfall in Tschernobyl stark radioaktiv verseucht worden. Letzte Woche hat uns unser Arzt nach der Abschlussuntersuchung im Hinblick auf unseren Kinderwunsch mitgeteilt, dass das Risiko, kranke oder gar verkrüppelte Kinder zu bekommen, sehr groß ist. Wenn jeder von uns sich einen Partner aus einer weit von Tschernobyl entfernt liegenden Region sucht, hat jeder eine doppelt so hohe Chance, gesunde Kinder zu bekommen.«
Ich war sprachlos und von einer geradezu lähmenden Hilflosigkeit erfüllt. Das war eine Situation ohne Hoffnung, die der vierte Engel mit einem Trompetenstoß in der Apokalypse des Johannes angekündigt hatte: »und viele Menschen starben von den Wassern, weil sie waren so bitter geworden« – ungenießbar, vergiftet. Mit einem Schlag war ich mittendrin in den apokalyptischen Wehen von Tschernobyl: Diese hatten auch mich sechs Jahre zuvor durch eine über dem Chiemgau abregnende radioaktive Wolke beim Joggen, allerdings in viel schwächerer Form, gestreift und als Notwehrreaktion zur Gründung der Umweltorganisation David gegen Goliath geführt.
Ich war gerade erst zusammen mit einer fünfzehnköpfigen Delegation von David-gegen-Goliath-Aktivisten nach einer achtundvierzigstündigen Busfahrt in Kiew angekommen und von Wladimir Schowkoschitny, dem Vorsitzenden unserer Partnerorganisation »Sojus Tschernobyl«, seiner Dolmetscherin und Assistentin Ludmilla Golibardova und einem großen Empfangskomitee begrüßt worden. Wir hatten den vierten Tschernobyl-

Jahrestag zum Anlass genommen, von München aus in unsere eintausendachthundert Kilometer entfernte Partnerstadt Kiew aufzubrechen, um fünfzehn Tonnen medizinische Hilfsgüter, Büroausstattung, Kleidung und Nahrungsmittel zu überbringen. Diese hatten wir nach einem Spendenaufruf an unsere Unterstützer für notleidende Tschernobyl-Opfer gesammelt.

Bei dem folgenden Abendessen gab es viel zu erzählen, und es wurden kleine Geschenke als Zeichen der Freundschaft ausgetauscht.

Der Zufall wollte es, dass Nadesha und Igor meine Tischnachbarn waren. Sie nahmen die Gelegenheit wahr, mir ihre Geschichte, die zu der aktuellen Trennungsentscheidung geführt hatte, zu erzählen: Beide wuchsen in einer kleinen Stadt fünfzig Kilometer vom Atomkraftwerk Tschernobyl entfernt auf, besuchten die gleiche Schule, arbeiteten im gleichen Betrieb und entdeckten nach einiger Zeit Anfang 1986 ihre Liebe zueinander. Sie waren ein glückliches Paar, schwebten auf Wolke sieben und schmiedeten Zukunftspläne – bis zu jenem schicksalhaften 26. Apriltag im Jahre 1986. In der Nacht wurden sie durch einige explosionsartige Geräusche aus der Richtung des Atomkraftwerkes Tschernobyl aufgeweckt. Dann war es wieder still, und sie fielen nach einiger Zeit in einen unruhigen Schlaf. Am nächsten Morgen erfuhren sie durch den Anruf eines in Tschernobyl arbeitenden Freundes, dass der vierte Reaktor durch eine Explosion schwer beschädigt worden sei und brennen würde. Hunderte von Feuerwehrleuten seien im Einsatz, um das Feuer zu löschen. Nadesha und Igor war der Appetit auf das Frühstück vergangen; sie versuchten im Radio weitere Informationen zu bekommen, aber es lief nur das normale Programm – kein Wort über die Ereignisse in Tschernobyl. So fuhren sie wie immer mit dem Morgenbus zur Arbeit. Die Luft war voller Gerüchte, aber etwas Genaueres war nicht zu erfahren. Es gab keinen offiziellen Hinweis auf eine radioaktive Bedrohung. So arbeiteten sie beide nach der Arbeit für einige Zeit in ihrem Gemüsegarten im Freien; die Sonne erfüllte die Luft mit ihren wärmenden Strahlen, die Vögel zwitscherten vergnügt in den Hecken und Bäumen, und es wehte eine frische Brise. Nichts deutete auf eine lebensbedrohliche Situation hin. Am Abend füllte sich das Haus mit zunehmend beunruhigten Nachbarn, von denen jeder einen anderen Nachrichtensplitter über das Atomunglück mitbrachte, aus denen sich aber immer noch kein genaueres Bild ergab. Fest stand nur, dass das Feuer immer noch nicht gelöscht werden konnte und größere Mengen an Radioaktivität freigesetzt worden waren. Dann hörten sie gemeinsam die Abendnachrichten. Jetzt wurde das erste Mal von einem Unglück im Atomreaktor von Tschernobyl berichtet; es wurde aber darauf hingewiesen, dass keine Gefahr bestünde und alles unter Kontrolle sei, rein vorsorglich solle die Bevölkerung in der Region von Tschernobyl jedoch Türen und Fenster verschließen und sich nicht mehr lange im Freien aufhalten. Diese Nachricht löste mit einem Mal eine lastende Stille aus, durchdrungen von einer bangen Ahnung, dass nichts mehr so sein würde wie zuvor. Die Menschen umarmten sich und gingen schweigend auseinander. Nadesha und Igor konnten kein Auge zumachen; sie verbrachten die Nacht vor dem Radio, um weitere Informationen zu bekommen. Es wurde aber immer nur die gleiche Nachricht wiederholt.

Am nächsten Morgen erhielten sie vom Leiter des Betriebs, in dem sie arbeiteten, persönlich einen Anruf, dass sie die nächsten Tage nicht zur Arbeit kommen müssten und weitere Informationen abwarten sollten. Gründe gab er keine an, aber es war klar, dass dies mit dem Unfall in Tschernobyl zusammenhängen müsse. Inzwischen hatte sich bei ihnen eine innere Spannung aufgebaut, die sie fast zu zerreißen drohte; die Ungewissheit und Unsicherheit der immer mehr als lebensbedrohlich wahrgenommenen Situation war kaum mehr auszuhalten. Sie wagten nicht mehr, vor die Tür zu gehen, um nicht eine noch höhere Strahlendosis abzubekommen, und liefen wie gefangene Tiger durch die Wohnung. Den ganzen Tag klingelte das Telefon; Freunde aus anderen Landesteilen, die von dem Unglück gehört hatten, wollten sich nach ihrem Befinden erkundigen, und Nachbarn und Arbeitskollegen überschlugen sich inzwischen von Panik erfasst mit immer neuen Schreckensnachrichten. Kurzfristig hatten sie die

Idee, mit dem Auto zu Freunden in das nur zwei Stunden entfernt liegende Kiew zu flüchten, erhielten aber die Information, dass inzwischen alle Straßen in der Umgebung von der Polizei abgesperrt wurden und es kein Durchkommen mehr gäbe. So mussten sie mit ihrer zunehmenden Angst in der Wohnung ausharren.

Fast war es eine Erlösung, als sie am nächsten Tag per Lautsprecherwagen aufgefordert wurden, sich innerhalb von zwei Stunden für eine vorübergehende Evakuierung vorzubereiten. Jeder dürfe zwanzig Kilo Handgepäck mitnehmen, aber leider wäre in den wartenden Bussen kein Platz für die Haustiere, die zu Hause bleiben müssten. Das war die schlimmste Nachricht überhaupt. Ihren fünf Jahre alten Mischlingshund Ivanhoe und ihre kleine Katze Sonsa zurücklassen zu müssen war unfassbar. Nadesha bekam einen Weinkrampf und konnte sich einfach nicht beruhigen. Sie lag mit beiden Tieren in den Armen auf dem Boden und war völlig aufgelöst. Igor stand in hilfloser Wut neben ihr; es traf ihn im Kern seiner Seele, dass er seine geliebte Frau und seine Tiere nicht beschützen konnte. Aber es gab keinen Ausweg: In immer kürzeren Abständen fuhr der Lautsprecherwagen, jetzt in Begleitung von Polizeiwagen mit Blaulicht, durch die Straßen und trieb die Bewohner zur Eile an. Igor musste ihre Sachen allein zusammenpacken, weil Nadesha dazu nicht in der Lage war. Er übernahm es auch, alles vorhandene Futter und Wasser für die Tiere bereitzustellen. Im letzten Moment hatte er noch die Idee, die Katzenklappe so zu vergrößern, dass auch Ivanhoe problemlos raus- und reingehen konnte. Das würde seine Überlebenschance deutlich erhöhen. Damit hatte Igor alles getan, was in seiner Macht stand, um das Überleben ihrer beiden Tiere für die nächste Zeit zu sichern. Beide klammerten sich an die Hoffnung, dass die Evakuierung doch nur ein paar Tage dauern würde und sie dann wieder, wie all die Jahre zuvor, für ihre Tiere sorgen könnten. Erst lange nach Ablauf der Räumungsfrist, als die Polizei schon drohend an die Haustür klopfte, verließen sie ihre Wohnung und bestiegen als Letzte den abfahrbereiten Bus, der sie einer ungewissen Zukunft in einem stillgelegten Militärlager in den Außenbezirken von Kiew entgegenbringen sollte.

Überall auf den Straßen waren Polizei- und Militärfahrzeuge und alle paar Kilometer eine Straßensperre zu sehen. Der Atomunfall hatte der Region einen Ausnahmezustand beschert und das normale Leben zum Erliegen gebracht. Nach zwei Stunden Fahrt erreichten sie das heruntergekommene Lager und bekamen eine kleine, spärlich möblierte Wohnung zugewiesen. In einer improvisierten Kantine wurde Essen ausgegeben. Nadesha und Igor fielen die nächsten Tag in eine Art Schockstarre. Der einzige Antrieb, den sie in der nächsten Zeit hatten, bestand darin, eine legale oder illegale Möglichkeit zu finden, wenigstens auf einen Sprung in ihre Wohnung zurückzukehren, um ihre Tiere weiterhin zu versorgen. Doch keine Stelle fand sich bereit, ihnen eine Ausnahmegenehmigung zu erteilen, und die inzwischen zum militärischen Sperrgebiet erklärte Heimatregion war auf keinem Wege mehr erreichbar.

Nach wenigen Tagen stellten sich immer mehr Symptome wie ein juckender, sich großräumig ausbreitender Hautausschlag, Übelkeit, Erbrechen, Schwindel, Herzrasen und eine bleierne Müdigkeit ein, die auf eine schwere Strahlenerkrankung hindeuteten. Sie hatten in der kurzen Zeit seit dem Atomunfall eine viel zu hohe Strahlendosis abbekommen, da die Behörden sie nicht rechtzeitig vor dem massiven Austritt radioaktiven Materials gewarnt hatten und die Evakuierung viel zu spät vorgenommen wurde. Die medizinische Versorgung war katastrophal, es fehlte an allem, selbst Jodtabletten waren nicht vorhanden, mit denen die Schilddrüsen so vollständig hätten angereichert werden können, sodass für das bei der Explosion freigesetzte radioaktive Jod kein Platz gewesen wäre. Erst Monate später wurde bei beiden zusätzlich eine Anämie mit einer erschreckenden Reduzierung der weißen Blutkörperchen festgestellt.

Schleichend verging die Zeit ohne sinnerfüllende Lebensperspektive. Einige ihrer Nachbarn und Freunde, die in der Nähe der Reaktoranlage gearbeitet hatten, waren unter großen Schmerzen an der Strahlenkrankheit gestorben. Irgendwann wurden Igor und Nadesha in schnell hochgezogene Plattenbau-Hochhäuser umgesiedelt; sie fühlten sich immer mehr fremd und verlassen und konnten nur mit massiven Antidepressiva einen halbwegs geordneten Lebensrhythmus aufrechterhalten. Gedanken über das Schicksal ihrer beiden Tiere hatten sie verdrängt, die Wunde war zu tief und hatte sich nicht geschlossen.

Nach drei Jahren bekamen sie durch einen glücklichen Zufall von Freunden ein kleines Häuschen mit einem kleinen Garten am anderen Ende von Kiew vermittelt. Neuer Lebensmut keimte langsam auf. Beide fanden eine neue Arbeit, ihre Gesundheit stabilisierte sich und der Wunsch nach Kindern wurde wieder lebendig. Ihr neuer Arzt riet zu einer Spezialuntersuchung der Keimdrüsen. Dabei wurden bei beiden allerdings nur geringe Schädigungen im Chromosomensatz festgestellt, die in der Verdoppelung jedoch ein unkalkulierbares Risiko für die gemeinsam erwünschten Kinder darstellen würden.

Mit größter Aufmerksamkeit und Mitgefühl hatte ich ihrer bewegenden Geschichte zugehört – die sicherlich, natürlich in vielfachen Varianten, die Geschichte von Tausenden Opfern der Atomkatastrophe von Tschernobyl war.

Die besondere Eigenart der Strahlenkrankheit besteht darin, dass zwar ihre Symptome gelindert werden können, aber das Immunsystem dauerhaft geschwächt wird und es keine Aussicht auf Heilung gibt; sie schwebt bis zum Tod wie ein Damoklesschwert über dem Leben aller strahlengeschädigten Tschernobyl-Opfer. Schon der geringste Infekt wie eine jahreszeitlich bedingte normale Erkältung löst Panik aus, weil das strahlengeschädigte Immunsystem den Infekt nicht bekämpfen und daraus eine lebensbedrohliche Situation entstehen kann.

Wladimir und Ludmilla hatten uns drei Monate zuvor zum zweiten Mal in München besucht, wo wir gemeinsame Projekte besprachen. Ich hatte sie auf dem Rückflug von Kiew nach München kennengelernt, wo ich einige Hilfsprojekte besuchte, die ich als neu gewählter Stadtrat in meinem ersten einstimmig angenommenen Antrag auf den Weg gebracht hatte. Wladimir hatte als Ingenieur im Atomkraftwerk Tschernobyl gearbeitet und war ein bekannter Dichter und Liedermacher. Als Parlamentsabgeordneter, selbst strahlengeschädigt, hatte er die größte Hilfsorganisation und Interessenvertretung von Tschernobyl-Opfern, »Sojus Tschernobyl«, gegründet. Da wir auch gleich einen guten persönlichen Draht zueinander fanden, war der Grundstein für eine Projektpartnerschaft gelegt, aus der sich vielfältige freundschaftliche Beziehungen ergaben. Zum Abschluss seines damaligen Besuches bekam Wladimir im Münchner Volkstheater außerdem im Rahmen der Erstaufführung eines Requiems »Für die Opfer von Tschernobyl« die Ehrenmitgliedschaft von David gegen Goliath verliehen – eine kleine moralische Unterstützung und Anerkennung für seinen aufopferungsvollen Einsatz, dem er sein ganzes Leben untergeordnet hatte.
Im Mittelpunkt unserer Gespräche stand dieses Mal die Organisation von Ferienprogrammen für Tschernobyl-geschädigte Kinder. Bisher war es üblich, dass die Kinder zu Gastfamilien oder zum Aufenthalt in medizinisch betreute Kinderheime nach Deutschland kamen. Das war aufgrund der Flugkosten und der notwendigen ärztlichen Betreuung finanziell sehr aufwendig. Zudem hatte sich herausgestellt, dass die Kinder nach der Rückkehr in ihre ukrainische Heimat erhebliche Eingewöhnungs-

schwierigkeiten hatten: Sie wurden von ihren wohlmeinenden deutschen Gastfamilien unvorbereitet in eine überbordende Luxuswelt eingeführt, die sie vorher nicht kannten und danach nicht mehr hatten. Als Ergebnis unseres Erfahrungsaustausches entwickelten wir eine ganz neue Idee: Wir wollten versuchen, einige medizinisch betreute Kinderprogramme in unverstrahlten Regionen der Ukraine zu organisieren. Das hatte auch noch den weiteren Vorteil, dass aufgrund der extremen Kosteneinsparungen fünfzehn Mal mehr Kinder in den Genuss solcher Erholungsprogramme kommen könnten.

Das Besuchsprogramm von Wladimir fand meine volle Billigung. Die größte Überraschung war, dass Wladimir einen Hubschrauberflug zum Katastrophenreaktor in Tschernobyl für unsere Gruppe organisiert hatte. Anschließend besprachen wir noch einige Einzelheiten zu drei von uns vorbereiteten Benefizkonzerten mit unserem Freund Albert C. Humphrey und seiner international bekannten, inzwischen eingeflogenen Bluesband, die in drei großen Konzertsälen der ukrainischen Hauptstadt stattfinden sollten. Nachdem alles geklärt war, kehrten wir zu unserer Gruppe zurück. Wir stellten das Besuchsprogramm vor, und alle waren begeistert.

Am nächsten Morgen stand ein Besuch im Kinderkrankenhaus Nummer vier auf dem Programm, das sich auf die Behandlung von strahlengeschädigten Kindern spezialisiert hatte. Für die Ärzte hatten wir medizinische Geräte und Medikamente und für die Kinder Spielsachen und Süßigkeiten mitgebracht. Die Begegnung mit diesen unheilbar an Schilddrüsenkrebs erkrankten Kindern, die keine Überlebenschance hatten, ist für mich unvergesslich geblieben. In einem großen Krankensaal hatten die Kinder ein Willkommensplakat für uns gemalt und sich für ein Begrüßungslied aufgestellt. Da standen nun etwa dreißig Kinder mit kahl geschorenen Köpfen und ausgemergelten Gesichtern und Körpern in ihren wehenden weißen Krankenkittelchen und schauten uns mit unseren Geschenkkartons erwartungsvoll an. Auf ein Zeichen ihrer Betreuerin sangen sie uns ein dreistrophiges Lied mit einem uns ans Herz gehenden, sehr traurig klingenden Refrain, bei dem sie sich immer an den Händen fassten und sich nach links und rechts im Kreis wiegten. Ich konnte angesichts dieser so tapferen und noch immer lebensfrohen, aber dem Tod geweihten Wesen meine Tränen nicht zurückhalten. Bei meiner kleinen Begrüßungsrede gelang es mir nur mit Mühe, meine Fassung zu bewahren und ein paar aufmunternde Worte zu sagen. Der Moloch Tschernobyl würde auch diese unschuldigen, erst am Anfang ihres Lebens stehenden Kinder in Kürze verschlingen.

Aber nun stand erst einmal Freude auf der Tagesordnung, die Übergabe der mitgebrachten Spielsachen an die kleinen Patienten: von Stofftieren über Autos, Puppen, Taschenlampen und Taschenrechner, Flöten und Mundharmonikas. Damit es dabei möglichst gerecht und ohne Streit zuging, hatten sich die Betreuer ein inzwischen schon gut eingespieltes System ausgedacht. Die Kinder konnten aus einem Körbchen zwei Zettel mit einer Nummer zwischen eins und sechzig ziehen und sich dann, in der gezogenen Reihenfolge, zwei Spielsachen und eine Schokolade aussuchen. Das war eine Freude und der lautstarke Jubel wollte kein Ende nehmen. Dann wurde es Zeit für uns zu gehen, denn das Mittagessen war schon angerichtet. Noch lange winkten die Kinder aus den Fenstern ihres Krankenzimmers und die Ärzte und Schwestern von der Eingangstür der Klinik unserem Bus nach; das gab uns allen das Gefühl, dass sich die Strapazen der langen Reise gelohnt hatten. Beim folgenden Mittagessen hatten wir einen besonderen Gast, einen langjährigen, inzwischen im Streit ausgeschiedenen Mitarbeiter der für den Atomunfall von Tschernobyl zuständigen Katastrophenschutzbehörde, der seit dem Unglück selbst schwer strahlengeschädigt war. Er trug eine verspiegelte Sonnenbrille und eine schwarze Wollmütze und wollte unbedingt anonym bleiben. Er bat uns, ihn einfach Victor zu nennen. Sein Bericht war rundum schockierend: In seiner Behörde gab es keine fertig ausgearbeiteten, in Übungen zuvor erprobten Notfallpläne. Es gab nur wenige alte ABC-Schutzanzüge, keine ABC-Fahrzeuge, keine Jodtabletten, keine Spezialabteilungen in Kliniken für die Behandlung und den stationären Aufenthalt von verstrahlten Menschen. Der oberste Grundsatz der Katastrophenschutzbehörde, die nach seinen Worten selbst eine echte Katastrophe war, lautete, auf den Punkt gebracht: Unsere Atomkraftwerke, also auch das AKW von Tschernobyl, sind sicher, deshalb brauchen wir keine detaillierten, praxistauglichen Notfallpläne, keine Notfallübungen und keine spezielle Notfallausrüstung. Ein atomarer GAU, wie er sich in den frühen Morgenstunden des 26. April 1986 ereignete, war in keinem Plan vorgesehen. Das größte Tabu war, überhaupt über die Evakuierung von Menschen in größerer Anzahl aus radioaktiv verseuchten Gebieten nachzudenken. Er könne sich noch gut erinnern, dass bei einer Arbeitstagung von Katastrophenschützern einmal die Frage gestellt wurde, ob vorgesehen sei, die Bevölkerung von Kiew zu evakuieren, falls das Atomkraftwerk in Tschernobyl durch einen Unfall explodieren würde. Daraufhin habe zunächst eisiges Schweigen geherrscht, bis schließlich der Tagungsleiter antwortete, dass ein solch schwerer Unfall wegen der hohen Sicherheitsstandards auszuschließen sei, und sofort zur nächsten Frage überging.

Schlagartig kam mir an dieser Stelle das später verfilmte Buch *Die Wolke* von unserer Unterstützerin Gudrun Pausewang in den Sinn. Darin hatte sie hautnah die Folgen eines atomaren GAUs in Norddeutschland beschrieben und auf die Unmöglichkeit hingewiesen, Tausende, möglicherweise sogar Hunderttausende Bewohner, noch dazu in kürzester Zeit, aus radioaktiv verseuchten in unverstrahlte Regionen zu evakuieren. Deshalb war und ist die Evakuierungsproblematik die Achillesszene jeder Notfallplanung, und deshalb hatte der Tagungsleiter damals auf diese Frage so extrem abwehrend reagiert.

Victor sagte uns, dass er seine Vorgesetzten immer wieder auf die unzulängliche Planung und auf die mangelhafte Ausrüstung der staatlichen Katastrophenschutzbehörde hingewiesen habe, die für einen ernsten atomaren Unglücksfall in keiner Weise vorbereitet gewesen sei, aber er sei nicht ernst genommen und als Querulant ins Archiv versetzt worden.

Als dann der Reaktorblock vier am 26. April explodierte, große Mengen des radioaktiven Inventars freigesetzt wurden und zuerst die Luft und dann das Wasser und den Boden verseuchten, seien die Katastrophenschutzmaßnahmen, wie vorhersehbar, katastrophal-dilettantisch gewesen. Tausende Feuerwehrleute und freiwillige Helfer hätten versucht, den Brand ohne Schutzkleidung zu löschen, wurden radioaktiv verstrahlt und kamen nach qualvollen Leiden zu Tode. Die Bevölkerung sei viel zu spät informiert und nur unvollständig evakuiert worden. Diese Versäumnisse hätten bei vielen Menschen zu vermeidbarem Siechtum und Tod geführt, was er unverzeihlich fände. Auch er selbst habe bei Koordinationsarbeiten an dem Unglücksreaktor eine viel zu hohe Strahlendosis abbekommen, sodass er nach den Aussagen seiner Ärzte nie wieder gesund werden würde. Jetzt würde er mit »Sojus Tschernobyl« darum kämpfen, dass die Strahlenopfer wenigstens eine staatliche Entschädigung sowie eine dauerhafte und kostenlose gesundheitliche Betreuung bekommen würden. Nach seinen Ausführungen herrschte betroffene Stille. So viel Leid hätte vermieden werden können, wenn seine Warnungen ernst genommen worden wären. Jetzt war es nur noch möglich, die Folgen für die Opfer abzumildern.

Am Abend fand das erste unserer Benefizkonzerte in der Stadthalle statt. Die Veranstaltung begann mit einer Schweigeminute für die Opfer von Tschernobyl. In meiner folgenden Rede wies ich darauf hin, dass es nur eine Konsequenz aus dem Atomunglück geben würde: so schnell wie möglich aus der Atomenergie auszusteigen, da sie unbeherrschbar sei und sich ein atomarer GAU jederzeit wiederholen könne. Diese Forderung stieß auf die Zustimmung der Besucher.

Albert C. Humphrey gelang es, sich in die Herzen seiner Zuhörer zu spielen und zu singen. Unvergesslich, wie sich nach der letzten Zugabe auf seine Aufforderung alle Besucher von ihren Plätzen erhoben, und wir gemeinsam im Schein von leuchtenden Feuerzeugen und Wunderkerzen das altbekannte, immer wieder neu Mut spendende Protestlied »We shall overcome« sangen.

Beim anschließenden Empfang wurde mir nach einer sehr persönlich gehaltenen Laudatio von Wladimir Schowkoschitny, stellvertretend für die vielen deutschen Helfer, als erstem Auslän-

der die Ehrenmitgliedschaft bei »Sojus Tschernobyl« verliehen. Wir saßen noch lange mit den Musikern und ukrainischen Freunden bei einem Glas gutem Krimsekt zusammen und genossen in Dankbarkeit die entspannt-freundschaftliche Atmosphäre.
Am nächsten Tag machten wir eine Stadtrundfahrt durch die Drei-Millionen-Metropole und erfreuten uns an den gut erhaltenen Klöstern, Kirchen und Palästen. Am Nachmittag fuhren wir auf meinen Wunsch zu der Gedenkstätte von Babij Jar, einer alten Schlucht am Rande von Kiew. Dort hatten SS-Verbände 1943 mit Unterstützung der Wehrmacht und ukrainischen Hilfstruppen in einem der größten Massaker des Zweiten Weltkrieges dreißigtausend Juden ermordet und in die Schlucht gestürzt. Wir wollten uns unserer Geschichte stellen und uns gemeinsam an diese blutige deutsch-ukrainische Verbrechenskooperation erinnern, der Opfer gedenken und durch unseren Besuch dazu beitragen, die Leiden wenigstens ein kleines Stück zu transformieren und ein neues Kapitel in der deutsch-ukrainischen Geschichte aufzuschlagen. Schweigend standen wir im Kreis, ich sprach ein Friedensgebet und bat meine deutschen und ukrainischen Freunde, dass jeder auf seine Weise die unter und um uns ruhenden Opfer um Vergebung bitten möge.
Am nächsten Morgen wurden wir mit einem Bus zu einem Militärflugplatz gefahren, wo schon zwei ältere Lasten-Hubschrauber auf uns warteten. Wir teilten uns in zwei Gruppen, stiegen ein, bekamen einen Schutzhelm aufgesetzt und wurden so fest angeschnallt, dass wir uns kaum rühren konnten. Dann sprangen die Rotoren dröhnend an, der Hubschrauber stieg steil nach oben und die Reise zum Höllenfeuer von Tschernobyl konnte beginnen. Unter uns lag eine blühende Frühlingslandschaft, Felder, Wiesen und Wälder – ein scheinbar friedliches, aber in Wahrheit trügerisches Bild. Auch diese Gebiete waren seit der Atomkatastrophe radioaktiv verseucht und werden für Jahrzehnte nicht mehr nutzbar sein.
Ich hatte bei meinen Reisevorbereitungen im Internet über die Folgen von Tschernobyl recherchiert. Danach waren in der Ukraine und in Weißrussland 218 000 Quadratkilometer stark ra-

dioaktiv belastet worden. Außerdem wurden 3 900 000 Quadratkilometer, also vierzig Prozent der europäischen Fläche, durch den Fallout mit Caesium kontaminiert. Dabei stiegen die Wolken über Tschernobyl mit ihrer radioaktiven Fracht bis zu einer Höhe von zehntausend Metern. Welches Leid dadurch bei den kontaminierten Menschen, Tieren und Pflanzen ausgelöst wurde, lässt sich in keiner Statistik erfassen. Erfassen lassen sich, wenigstens ansatzweise, die durch den Atomunfall verursachten volkswirtschaftlich relevanten Schäden, die sich auf etwa vierhundertfünfzig Milliarden Euro belaufen und von keiner Haftpflicht- oder sonstigen Versicherung gedeckt sind. Bei einem atomaren Unglück gilt in besonders krasser Weise das asoziale Verhalten der Energiewirtschaft: die Gewinne werden eingestrichen, die Verluste und Schäden muss die Gesellschaft tragen. So wird die Gesellschaft zu einer Geisel der strukturell kriminellen Atomwirtschaft.

Nach einer halben Stunde Flugzeit tauchte die aus vielen Bildern bekannte Silhouette des Atomkraftwerks Tschernobyl am Horizont auf, nach weiteren zehn Minuten konnten wir den gewalti-

gen, als Sarkophag bezeichneten Schutzmantel über dem explodierten Reaktorblock vier erkennen. Wenig später waren wir auf einem kleinen Flugplatz, etwa einen Kilometer vom Atomkraftwerk entfernt, gelandet. Wir wurden sofort in weiße Strahlenschutzanzüge gesteckt und dann vom Leiter des Informationszentrums Tschernobyl begrüßt. Er führte uns zu einem kleinen, funktionell eingerichteten Vortragsraum. Dort wurde ein propagandistischer Dokumentarfilm über den ersten atomaren GAU in der Menschheitsgeschichte vorgeführt, der in geschönten Bildern diese Katastrophe zu verharmlosen versuchte, wo es nur ging. In die gleiche Kerbe hieb der Leiter des Informationszentrums, der als unbelehrbarer, sicherlich gut bezahlter Atom-Propagandist die Strahlengefahren herunterspielte und in den Mittelpunkt seiner Ausführungen die unter extrem schwierigen Rahmenbedingungen zustande gekommene Konstruktion des Sarkophags stellte. Es war schnell klar, dass dieser Mann für unsere Sorgen um die verstrahlten Menschen und die verstrahlte Natur keinerlei Verständnis hatte und so jede Diskussion sinnlos war. Deshalb kürzte ich diesen völlig unergiebigen Programmpunkt ab, damit wir mehr Zeit für den Besuch der von ihren Bewohnern zwangsweise verlassenen Geisterstadt Pripjat hatten.
In das Besuchergästebuch schrieb ich: »Tschernobyl – eine Menschheitskatastrophe. Unser Mitgefühl gilt allen Strahlenopfern. Ein atomarer GAU wie in Tschernobyl kann sich jederzeit an jedem Ort wiederholen. Deshalb fordern wir nicht nur in der Ukraine, sondern weltweit die Abschaltung aller Atomanlagen.« Unsere Dolmetscherin weigerte sich mit einem verlegenen Lächeln, diesen Eintrag zu übersetzen; sie hatte offenkundig Angst, ihren Job zu verlieren.
Dann brachte uns ein Minibus in die vier Kilometer entfernt liegende Stadt Pripjat. Hier hatten bis zu der Atomkatastrophe 45 000 Einwohner, darunter 16 000 Kinder, mit ihren Tieren und Pflanzen gelebt, die Ende April 1986 vollständig evakuiert wurden. In einem unbeobachteten Moment entfernte ich mich von unserer Gruppe und unseren offiziellen Begleitern und streifte ganz allein durch die Straßen und Gassen der verlassenen Stadt.

Der Putz bröckelte inzwischen von der Fassade vieler Häuser, viele Fensterscheiben waren zerbrochen, und in den Hausgärten und Parks blühten die wildesten und schönsten Pflanzengewächse in nie gekanntem ungehinderten Wachstum vor sich hin. An einer Straßenecke kam eine wilde Meute verschiedener Hunde aus der Deckung und stürzte auf mich zu. Ich blieb sofort ruhig stehen und redete freundlich mit den vom Schicksal geschlagenen, sicherlich vielfach seelisch traumatisierten Hunden; sie waren sicher ein anderes Leben gewohnt und waren völlig unvorbereitet in eine echte Überlebenskampf-Situation hineingeworfen worden. Ich drückte ihnen mein Bedauern aus und lobte sie, wie tapfer sie ihr Leben in die eigenen Pfoten genommen hatten. Nach einiger Zeit begannen manche Hunde freundlich mit ihren Schwänzen zu wedeln und ich durfte einige sogar streicheln. Ich ging weiter zu einem blühenden Apfelbaum, der mich mit seinem schon weithin vernehmbaren Vogelgezwitscher magisch anzog. Der ganze Baum war von Kolonien von Papageien und Wellensittichen bevölkert, die ihre Besitzer wohl noch kurz vor der Evakuierung aus den Käfigen gelassen hatten. Katzen strichen überall um die Häuser, aber sie blieben alle in gehöriger Entfernung. An einer anderen Ecke kamen mir plötzlich drei Kühe und vier Schafe entgegen; sie waren erstaunlich gut ernährt und hatten keinerlei Scheu. Es waren ansatzweise paradiesische Zustände. Die Tiere hatten sich offenkundig schon wieder an ein Leben ohne Menschen gewöhnt und brauchten keine Angst vor Schlägen und sonstigen Misshandlungen zu haben. Als ich einen Moment in den wärmenden Strahlen der Nachmittagssonne meditierte und die ungewöhnlich große Ruhe zu genießen begann, fiel es mir wie Schuppen von den Augen: Hatten nicht unsere Tier- und Pflanzengeschwister Tausende, manche sogar Millionen Jahre vor dem Auftreten von uns Menschen in einem weitgehend stabilen Gleichgewichtszustand auf unserem Heimatplaneten Erde gelebt, ohne uns auch nur einen Moment zu vermissen? Jetzt war durch den Atomunfall wenigstens für einige Zeit eine ähnliche Situation entstanden. Es war aber auch klar, dass die viel zu kurze Anpassungszeit vom Leben eines vom Menschen versorgten Haustieres hin zu einem sich wieder selber versorgenden »Wildtier« viele Opfer gefordert hatte und nur die fittesten und anpassungsfähigsten Tiere unter diesen völlig veränderten Bedingungen überleben konnten.

Ich hatte die Zeit völlig aus den Augen verloren und hätte meine Entdeckungstour durch das zwar menschenleere, aber doch in anderer Weise lebensvolle Pripjat noch stundenlang fortzusetzen können. Da hörte ich in einiger Entfernung meinen Namen rufen und eilte mit etwas schlechtem Gewissen zurück. Aber meine Abwesenheit war glücklicherweise erst vor Kurzem bemerkt worden, weil unsere Führerin immer wieder neue spannende, aber auch tragische Geschichten über die früheren Bewohner und ihre Evakuierung zu berichten wusste. Jetzt mahnte sie uns zur Eile, da wir pünktlich am Hubschrauberlandeplatz sein mussten. Ich hatte gerade noch Gelegenheit, sie nach dem Maß der vorhandenen radioaktiven Belastung in Pripjat zu fragen. Offenbar hatte sie schon auf diese Frage gewartet, denn sie zog gleich einen kleinen mobilen Geigerzähler aus der Tasche, der sofort zu ticken begann. Das Erstaunlichste bei ihrer kleinen Demonstration war, dass selbst innerhalb kurzer Entfernungen ganz unterschiedliche Werte gemessen wurden, abhängig davon, wie Wind und Regen die radioaktiven Substanzen verteilt hatten. Und mir wurde erschreckend bewusst, dass wir über kein Sensorium verfügen, dass uns vor den tödlichen radioaktiven Strahlen warnen könnte: Strahlen kann man weder riechen oder schmecken noch sehen, hören oder fühlen.

Nur durch einen Geigerzähler sind wir in der Lage, eine radioaktive Gefahr erkennen und sie abschätzen zu können.

Zum verabredeten Zeitpunkt konnten wir wieder in unsere beiden Hubschrauber einsteigen, die uns sicher nach Kiew zurückbrachten. Am Abend fand das letzte Benefizkonzert von Albert C. Humphrey und seiner Band statt. Dieses Mal konnte sich keiner von uns so richtig auf die Musik konzentrieren oder sich gar an ihr erfreuen. Zu tief und aufwühlend waren die Eindrücke, die wir bei unserem Besuch am atomaren Höllenfeuer aufgenommen hatten.

In meinem tiefsten Inneren wurde mir jetzt die apokalyptische Dimension dieser Atomkatastrophe mit dem symbolträchtigen Namen Tschernobyl bewusst – unüberhörbar verkündet im Buch der Apokalypse von dem vierten Engel mit der Posaune: »Und es fiel ein großer Stern vom Himmel. Und der Name des Sterns heißt Wermut. Und der dritte Teil der Wasser ward Wermut; und viele Menschen starben von den Wassern, weil sie waren so bitter geworden.«

Können wir uns eine noch eindringlichere Warnung aus der geistigen Welt vorstellen, endlich unseren zerstörerischen Atom- und Wachstumskurs zu verlassen? Tschernobyl ist eine Katastrophe, die kein Ende haben wird. Immer wieder kommt mir der Leitsatz der ersten großen Zeitungsanzeige von David gegen Goliath in den Sinn: Und wenn euch eure Kinder fragen, was habt ihr dagegen getan, wollt ihr wieder sagen, ihr hättet nichts gewusst?

Derzeit glauben immer mehr Menschen, wir hätten den formell beschlossenen Atomausstieg in Deutschland geschafft und die atomare Gefahr sei nun vorüber – ein großer, möglicherweise tödlicher Irrtum. Denn die immer noch am Netz befindlichen deutschen Atomkraftwerke produzieren jeden Tag weiter todbringenden Atommüll, für den es auf der ganzen Welt keine sichere Endlagerung gibt, sie sind weiter potenzielle Zielobjekte für terroristische Anschläge und können jederzeit durch einen atomaren GAU explodieren.

Die Gefahr ist noch nicht vorbei. Und deshalb ist auch unser Kampf noch nicht vorbei – bis das letzte Atomkraftwerk vom Netz ist.

Tschernobyl kann sich jederzeit an jedem Ort ereignen: Diese Botschaft haben wir immer wieder mit der größten uns möglichen Intensität in die Welt hinausgetragen. Keiner kann sagen, er hätte sie nicht gehört.

■ Meine Lehrzeit für die Erde: Sonnen-König trifft Sonnen-Bär

Sun Bear, Sonnen-Bär, welch wunderbarer Name. Mit dem Bären bin ich durch meinen Vornamen, Bernhard, der Bärenstarke, mit der Sonne als Quelle des Lebens mit meinem Herzen und Geist und mit meinem Ehrentitel »Sonnen-König« verbunden. So hatte ich mit Sun Bear schon eine doppelte Verbundenheit, bevor wir uns jemals gesehen hatten.

Unsere erste Begegnung fand in München im Frühjahr 1988 statt. Mir fiel damals eine Veranstaltungsankündigung sofort ins Auge: »Jedes Leben ist heilig – die Erde liegt in unserer Hand«. Referent sollte ein indianischer Medizinmann vom Stamm der Chippewa mit dem symbolträchtigen Namen Sun Bear sein. Im Internet konnte ich nachlesen, dass er eine Großmutter mit deutschen Ahnen hatte. Er hatte es sich deshalb zur Aufgabe gemacht, heiliges indianisches Wissen und die damit verbundenen Zeremonien wie das Medizinrad oder die Schwitzhütte im deutschen Sprachraum zu vermitteln.

Ich folgte der Stimme meines Herzens und fand mich schon wenig später in einem voll besetzten Vortragssaal wieder. Auf der Bühne saß eine kraftvolle männliche Person mit einem von der Sonne gegerbten Gesicht, ungewöhnlich wachen, freundlichen Augen und einem großen Lederhut auf dem Kopf.

Mit einfachen, aber eindringlichen Worten zog Sun Bear die aufmerksam lauschenden Zuhörer in seinen Bann. Er sprach von der Heiligkeit und der Verbundenheit aller Lebensformen miteinander. Alles sei von Manitu, dem indianischen Schöpfergott, der in allem wirkt und durch alles spricht, in höchster Vollkommenheit geschaffen worden. Alles Leben auf der Erde, bei den Mineralien angefangen, über die Pflanzen und Tiere bis zu den Menschen, die zuletzt auf die Erde gekommen sind, hätte den gleichen göttlichen Ursprung. Dabei hätten die Menschen wegen ihrer großen, ihnen vom Schöpfer verliehenen Intelligenz und der damit verbundenen Urteilsfähigkeit als »Hüter der Erde« eine besondere Verantwortung für alle anderen Lebewesen zu tragen.

Alles Leben auf der Erde würde aus dem Schoß unserer heiligen Mutter Erde kommen und am Ende unserer Lebensreise dorthin wieder zurückkehren. Manitu habe aber auch die Himmelskörper geschaffen, Sonne, Mond, Sterne und die vier uns tragenden Elemente Feuer, Wasser, Luft und Erde und die unzähligen Wesen der für unsere Augen unsichtbaren Welt: die Zwerge, Nymphen, Wichtel und Salamander. Auch sie seien mit uns verbunden und wir könnten immer mit ihrer Unterstützung rechnen, wenn wir den Pfad des Lebens mit Ehrfurcht und Bewusstheit beschreiten und mit unseren Gedanken, Gefühlen und Handlungen zum Wohlergehen aller, besonders aber zur Heilung unserer gequälten und ausgebeuteten Mutter Erde beitragen würden.

Sun Bear fuhr fort, dass bei den Indianern der Kreis das entscheidende Symbol sei und nicht die gerade Linie wie bei den Weißen. Der Kreis würde im unendlichen Zyklus von Leben und Sterben immer wieder zum Ausgangspunkt zurückkehren, die Linie dagegen würde sich wie bei unserem Wirtschaftssystem des grenzenlosen Wachstums immer weiter und immer schneller fortsetzen, bis sie allein im Zusammenbruch ihre Grenze finden würde. Er brachte zur Verdeutlichung der Folgen eines solchen Systems der grenzenlosen Expansion das Beispiel einer Krebserkrankung. Hier würde das unbegrenzte Wachstum der Tumorzellen in aller Regel den Tod zur Folge haben.

Eindringlich wies er darauf hin, dass er über den sich immer weiter verschlechternden Zustand von Mutter Erde zutiefst erschüttert und beunruhigt sei. Ihre Lebensadern, das Wasser in Flüssen, Seen und Meeren, würden immer mehr verschmutzt, die lebenspendenden Kleinstlebewesen, die Mikroorganismen im Erdboden würden durch Chemikalien vergiftet und die Erde könne deshalb schon bald die Menschen, Tiere und Pflanzen nicht mehr ernähren und die verunreinigte Luft, unser Lebensatem, würde unseren Lungen nicht mehr genügend frischen Sauerstoff zuführen können.

Dann war Sun Bear aufgestanden, um seine Schlussbotschaft mit großem Nachdruck an seine Zuhörer zu richten:
»Mutter Erde wird ihre fortschreitende Vergewaltigung und Ausplünderung durch ihre von Macht- und Geldgier verblendeten Menschenkinder nicht mehr länger stillschweigend hinnehmen. Es stehen gewaltige Reinigungsprozesse ihrer dann entfesselten Elemente bevor: Gewaltige Überschwemmungen, Erdbeben, Vulkanausbrüche und Wirbelstürme werden mit diesem faulen Menschenzauber ein schnelles Ende machen, die Erde reinigen und in ein neues Gleichgewicht bringen. Vier Fünftel aller Lebewesen werden diese Reinigungsprozesse nicht überleben, und nur jene Menschen haben eine Überlebenschance, die im Geist der Erde mitschwingen und sich in Liebe um ihre Heilung bemüht haben.«

Es war totenstill im Saal geworden. Die Wucht seiner Botschaft vom möglicherweise schon bald drohenden Untergang unserer alle göttlichen und natürlichen Gesetze missachtenden Zivilisation hatte die Zuhörer tief erschüttert. Was würde mit ihnen und ihren Lieben in diesen Reinigungsprozessen geschehen? Hatten sie eine Chance, zu den Überlebenden zu gehören?
Eine lange Schlange bildete sich vor Sun Bear, um Antworten auf diese Fragen und vielleicht etwas Trost zu bekommen.

Ich musste weit über eine Stunde warten, bis ich vor Sun Bear stand. Ich hatte ein sehr warmes Gefühl um mein Herz, als ich ihm meinen Namen Bernhard nannte, ihm dankte und sagte, wie sehr mich seine Worte berührt hatten.
Er schaute mir länger in die Augen und sagte dann: »Bernhard, Earth Mother needs people like you who understand with the bottom of their heart. If you like, come and see me again. There will be a festival in honor of Earth Mother near Berlin in about two weeks. I will celebrate some holy ceremonies and talk to the people. There we have time to talk a bit more. Anyway I would also like to invite you to my summer camp in Spokane in August.«
Wir umarmten uns und schüttelten uns lange und kräftig die Hände.

Noch lange schwang diese Begegnung in mir nach, und schon bald war ich mir sicher, dass ich seine Einladung zum Sommercamp in Spokane annehmen würde. Ich hatte das Gefühl, mit Sun Bear einem Seelenbruder begegnet zu sein, von dem ich noch sehr viel für meinen weiteren Weg zum Erd-Politiker lernen könnte.
Unsere zweite Begegnung bei dem Erd-Festival bei Berlin bestätigte mich in meinem Entschluss nur noch. Ich nahm mit Hunderten Besuchern an einer Medizinrad-Zeremonie teil und ließ mich von den positiven Schwingungen, die ein tiefes Gefühl der Verbundenheit zwischen allen Teilnehmern auslösten, mittragen.
Bei unseren Gesprächen ließ mich Sun Bear an seiner Vision teilhaben, möglichst vielen jungen Menschen aus westlichen Ländern zu einem tieferen, lebendigen Naturverständnis zu verhelfen, damit sie ihre Aufgabe als »Hüter der Erde« in ihren Heimatländern jenseits von Handy, Computer und Laptop besser erfüllen könnten.

Mitte August startete ich vom Münchner Flughafen, um mit dreimaligem Umsteigen nach vierzehn Stunden Reisezeit nach Spokane, der zweitgrößten Stadt im Bundesstaat Washington am Fuße der Rocky Mountains, zu gelangen. Dort stieg ich mit anderen, aus aller Welt angereisten Campteilnehmern in einen Pickup, und los ging es – immer höher, über Kies- und Feldwege, den Berg hinauf zu dem in den Wäldern versteckten Sommercamp unseres Freundes Sun Bear.
Wir verstanden uns sofort prächtig, tauschten unsere Reise- und Sun-Bear-Erfahrungen aus und erfreuten uns auf unserer Fahrt gemeinsam an der noch weitgehend unberührten Natur, vorbei an tosenden Wasserfällen, Baumriesen und schroffen Felswänden. Die Wege wurden immer enger und holpriger und manchmal konnten wir nur im Schritttempo fahren. Nach fast zweistündiger Fahrt erreichten wir endlich ein Hochplateau mit einem Hauptgebäude und einer Reihe von kleinen Holzhäuschen und Zelten.

Sun Bear begrüßte jeden von uns persönlich. Als ich an die Reihe kam, ging ein kurzes, freudiges Lächeln über sein Gesicht, wir nahmen uns herzlich, aber sehr respektvoll in die Arme und ich hörte ihn mit seiner sonoren, kraftvollen Stimme sagen: »Welcome Bernhard. Nice to have you with us here in the summer camp of the Bear tribe. Take your time, calm down and leave everything behind you. Here you can find a complete new space. Open your heart, your eyes and your ears. Be open for everything, but without any expectations.« Dieser herzliche Willkommensgruß ließ alle Müdigkeit der langen Reise verfliegen.
Zuerst stand die Wahl der Unterkunft an. Wir konnten zwischen einem Zimmer im Haupt- oder Nebenhaus oder einem Tipi, einem aus großen Stangen von Nadelbäumen aufgebauten und mit einer festen Stoffplane überdeckten traditionellen Indianerzelt, wählen. Klar, dass meine Wahl auf ein Tipi fiel. Ich hatte von Anfang an geplant, so tief wie möglich in die indianische Kultur und Tradition einzutauchen, deren oberste Prämisse der Schutz jeglichen Lebens im Einklang mit der Natur war, und dazu gehörte auch das Leben in einem Tipi. Ich wollte natürlich dadurch auch

so viel wie möglich über das Leben meiner indianischen Freunde erfahren. Der Innenraum war etwa vier Quadratmeter groß – völlig ausreichend für mich und das wenige Reisegepäck, das ich mitgenommen hatte.

Alle Mahlzeiten nahmen wir gemeinsam an hölzernen Tischen und Bänken im Freien ein. Bei der Vorbereitung des Essens sowie beim Abräumen und Geschirrspülen half jeder von uns mit.

Jeden Tag gab es ein volles Programm mit Workshops über Tiere, Bäume und Pflanzen, zur indianischen Geschichte und zu indianischen Traditionen. Täglich gab es Arbeitseinsätze im Garten- und Waldbereich oder wir machten Exkursionen zu besonderen Naturplätzen oder Sehenswürdigkeiten in der Umgebung. Nach dem Mittagessen hatten wir drei Stunden Freizeit. Diese Zeit nutzte ich für kleine Streifzüge in die Umgebung oder auch zu Meditationen in der absoluten Stille der uns umgebenden Wälder. Die Reiselektüre blieb eingepackt, die Natur war der bessere Lehrmeister.

Sun Bear war immer und überall präsent – auch, wenn er gar nicht so oft anwesend war. Er hatte immer ein freundliches Wort auf den Lippen und nahm sich Zeit, jede sachliche oder persönliche Frage zu beantworten. Einmal bat ich ihn um Rat, weil mich alte Beziehungsprobleme neu zu quälen begannen und all meine Gebete um Weisheit und Führung vergeblich schienen. Er hörte aufmerksam zu, schwieg eine Weile, schaute mich durchdringend an, und sein darauffolgender Rat war kurz und gut: »Pray harder and let things go. Thank God for everything, don't expect anything from others, but everything from yourself. Try as hard as you can to become a fountain of pure love and light.« Und schon war er seines Weges gegangen.

Jeden Abend saßen wir mit allen Campteilnehmern und dem Helferteam in großer Runde um das Lagerfeuer. Es wurde immer erst getrommelt und viel gesungen. Dann warteten wir gespannt auf Sun Bears Vortrag. Mit einfachen Worten und grenzenlosem Humor verstand er es, die kompliziertesten Zusammenhänge auf den Punkt zu bringen. Er sprach über alle großen Lebensthemen, von der Begrenztheit unserer Einsicht, unseren unbewussten

Vorurteilen, unserer Neigung, unsere Fehler auf andere zu projizieren, statt sie in uns selbst zu erkennen und zu bearbeiten, von unserer Bequemlichkeit und der mangelnden Konsequenz, das als richtig Erkannte auch in die Tat umzusetzen.

Oft kleidete er seine Botschaft in eine Geschichte – wie diese von der grenzenlosen, tödlichen Gier: Ein in elenden Verhältnissen lebender Mann beklagte sich immer wieder bitterlich bei Manitu über sein schweres Schicksal. Schließlich erbarmte sich Manitu und machte ihm einen Vorschlag: »So viel Land wird dir gehören, wie du von Sonnenaufgang bis Sonnenuntergang umwandern kannst. Aber achte darauf: Du musst bei den letzten Strahlen der Sonne wieder an deinem Ausgangspunkt angekommen sein.«

Der Mann war sofort einverstanden und machte sich sogleich auf den Weg. Er umwanderte eine schöne Blumenwiese, dann ein Eichenwäldchen, einen großen See – und sein Herz füllte sich immer mehr mit Jubel, da ihm dies alles einmal gehören sollte. Munter schritt er voran und entdeckte immer neue Wälder und Wiesen, die er auch noch unbedingt umwandern wollte, um sie seinem Besitz einzuverleiben. Er war dabei so vertieft, dass er die Zeit ganz aus den Augen verlor. Plötzlich schaute er zum Himmel und stellte mit Schrecken fest, dass die Sonne schon fast am Untergehen war. Jetzt nahm er die Beine in die Hand und rannte so schnell er konnte zum Ausgangspunkt zurück. Aber er konnte das Tempo nicht lange durchhalten: Die Beine wurden schwerer und der Atem immer hastiger. Immer öfter stolperte er, fiel zu Boden und rappelte sich immer mühsamer wieder hoch. Endlich konnte er den Ausgangspunkt und die letzten Strahlen der untergehenden Sonne sehen. Er nahm all seine Kraft zusammen, spurtete auf das Ziel los, erreichte es gerade noch und brach völlig erschöpft tot auf der Ziellinie zusammen.

Diese Geschichte hatte ich in unterschiedlichen Variationen schon oft gehört, aber in diesem Kreis um das knisternde Feuer, bei Vollmond und unter klarem Sternenhimmel war sie besonders eindrucksvoll. Wir schweigen eine Weile. Sun Bear brach das Schweigen: »Wir sind nackt auf die Welt gekommen und

werden sie zu dem Zeitpunkt, den der große Geist bestimmt hat, nackt wieder verlassen. Die Erfüllung materieller Wünsche schafft keine bleibende Befriedigung. Kaum ist der Wunsch erfüllt, bekommt er Junge. Schaut immer wieder in den Sternenhimmel, der euch Schönheit, Klarheit und Unendlichkeit lehrt oder geht mal wieder über den Friedhof. Schon nach kurzer Zeit bleibt nicht mehr viel von unserem Körper übrig, doch er dient noch den Kleinstlebewesen als Nahrung. Nehmt euch also nicht so wichtig. Lebt bewusst und tut Gutes, so lange ihr lebt und so lange ihr könnt. Die Erde liegt in eurer Hand.«
Ich war sehr bewegt: Diese Gedanken waren mir nicht neu, aber sie hatten bisher nichts ausgelöst. Dieses Mal war es anders: Jetzt war ich bereit, sie in meinem Herzen zu verankern.
Langsam löste sich der Kreis um das Feuer auf. Ich blieb noch länger sitzen, lauschte der Melodie des Feuers und des Windes und genoss voller Ehrfurcht die unendliche Weite des klaren Sternenhimmels. Diese außergewöhnliche, ja geradezu heilige Nacht wollte ich auf besondere Art erleben. Ich hatte mir schon länger vorgenommen, eine Nacht in der Wildnis, an einem schönen Platz in dem hinter dem Camp gelegenen Bergwald zu verbringen. Dazu schien mir heute der richtige Zeitpunkt zu sein.
Ich holte Schlafsack, Pullover, Wolldecke und Taschenlampe aus meinem Tipi und machte mich auf den Weg. Die erste Strecke kannte ich bereits und das Vollmondlicht leuchtete Wald und Weg voll aus. Ich hatte mir vorgenommen, so weit zu gehen, bis ich vom Camp nichts mehr sehen und hören konnte. Bald war der Mond hinter den Wolken verschwunden und die jetzt eingeschlagenen unbekannten Nebenwege konnte ich nur noch im Schein der Taschenlampe sehen. Nach etwa einer Stunde erreichte ich eine Lichtung, auf der einige uralt erscheinende Baumriesen in einem Halbrund standen. Dieser Ort strahlte eine starke Energie aus, und ich beschloss, hier mein Lager aufzuschlagen und die Nacht zu verbringen.
Sun Bear hatte uns einige Tag zuvor bei einer Exkursion in ein geschütztes, nahezu unberührt gebliebenes Waldgebiet gelehrt, wie man sich mit den Tieren, den Bäumen, mit den Naturwesen,

Wichteln, Zwergen, Feen, Nymphen und Salamandern und den Geistern von Sonne, Wind und Wasser verständigen, ja sogar mit ihnen reden kann. Das ist deshalb möglich, weil der Geist, der durch alles wirkt und durch alles spricht, in uns wie in jedem anderen Wesen zwischen Himmel und Erde in gleicher Weise vorhanden ist. Voraussetzung für eine gelingende Kommunikation ist, sich durch Gebet oder Meditation in einen Zustand reinen Herzens und tiefen inneren Friedens zu versetzen und dann über den großen Geist, wie über eine Telefonzentrale, mit dem anderen Wesen Verbindung aufzunehmen und ihm Wünsche oder einfach Dank zu übermitteln. Sun Bear wies aber gleich darauf hin, dass es wie beim Erlernen eines neuen Instrumentes viel Übung und Geduld brauchen würde, diese neue Fähigkeit zu entwickeln.

Der mächtige Stamm und die bis zum Boden hängenden, Windschutz bietenden Zweige einer Fichte zogen mich besonders an. Ich bat die Baum-, Erd-, Wind- und Wassergeister, hier meine Nacht verbringen zu dürfen, und rollte meinen Schlafsack aus. Doch bevor ich mich in die Wolldecke hüllte, nahm ich mir noch Zeit, meinen Gastbaum zu umarmen, seine Rinde zu streicheln, die Kraft seiner Wurzeln zu spüren und mich von seinem harzigen Duft betören zu lassen.

Ich atmete tief und spürte, dass ich mich immer mehr mit dem Baum verband und eins mit ihm wurde. In der Ferne hörte ich das Heulen von Kojoten, in der Nachbarschaft die Rufe einer Eule, ergänzt durch die Melodie des Windes, der mit sanfter Gleichmäßigkeit durch die Baumkronen strich. Von Frieden erfüllt schlief ich ein.

Nach einiger Zeit wachte ich durch ein knackendes Geräusch auf. Ich fuhr hoch und versuchte mit meinen Augen die tiefdunkle Nacht zu durchdringen. Adrenalinströme überfluteten meinen Körper und ich war hellwach. Obwohl sich meine Augen besser an die Dunkelheit gewöhnt hatten, konnte ich nur schemenhafte Umrisse meiner nächsten Umgebung erkennen, und zu allem Überfluss war die Taschenlampe weggerollt. Das Knacken kam näher – und vorbei war es mit dem Gefühl von Einheit und Frieden. Ich hatte gehört, dass es in diesem Waldgebiet Bären, Berglöwen und auch Klapperschlangen gab. Eine wachsende Angst stieg in mir hoch, und mit einem Mal kam mir alles fremd, ja feindselig vor. Mir wurde schlagartig bewusst, dass ich als Novize in der Wildnis kein Geräusch und keinen Geruch deuten, keine Spur lesen und keine Gefahr erkennen konnte. Ich kam mir sehr verlassen vor.

Auch mein Handy hatte ich in meinem Tipi liegen gelassen. So saß ich längere Zeit wie erstarrt unter meinem Gastbaum und bat meinen Schutzengel und Erzengel Michael um ihren Schutz. Immerhin hatte ich aber noch so viel Geistesgegenwart, einen neben meinem Schlafsack liegenden großen Ast zu meiner Verteidigung in die Hand zu nehmen. Langsam kehrten meine Lebensgeister zurück. Ich war auf alles gefasst und wollte keinesfalls ein wehrloses Opfer sein. Wilde Fantasien überfluteten mich, und die in den Medien groß aufgebauschten Geschichten von in Bergwäldern spurlos verschwundenen Besuchern waren mit einem Mal sehr präsent. Nach einer endlos erscheinenden Zeit waren keine Knackgeräusche mehr zu hören: die Gefahr war vorüber. Die Erstarrung löste sich, ich fiel in einen tiefen, traumlosen Schlaf und wachte erst am späten Vormittag wieder auf. Die Sonnenstrahlen fielen durch die Bäume, die Vögel zwitscherten, die Insekten summten und brummten. Die Lichtung hatte sich wieder in einen Ort des Friedens verwandelt. Mit einem Mal war ich unsicher, ob die nächtliche Gefahr real oder nur ein Albtraum gewesen war.

Noch ganz benommen wanderte ich gedankenvoll zum Camp zurück. Dort saß die Gruppe schon beim Mittagessen. Alle Augen richteten sich auf mich.

»Bernhard, wo kommst du denn her, wir haben uns schon Sorgen um dich gemacht.«

Ich zog es vor, keine Details von meinem nächtlichen Abenteuer zu erzählen, und sagte nur, dass ich die Nacht im Bergwald verbracht hatte.

Zum Mittagsessen gab es erstmals Fleisch, Hühnerfleisch. Meine Nachbarn erzählten mir, dass die Gruppe an diesem Morgen die

Aufgabe bekommen hatte, einige Hühner zu fangen, ihnen für ihr Dasein zu danken und sie um Verzeihung zu bitten, dass sie für das Mittagessen ihr Leben lassen mussten. In der indianischen Tradition gilt die Regel, dass man ein Tier nur essen darf, wenn man bereit ist, es zu töten. In dieser Tradition ist aber auch klar, dass der Tod kein Ende, sondern ein Übergang in eine andere, körperlose Form ist, aus der dann wieder eine neue Lebensform entstehen kann. Wichtig sei aber, dem Tier vorher zu danken und dessen Tod schnell und schmerzlos herbeizuführen. Im Ausgleich von Nehmen und Geben würden später einmal andere Tiere nach unserem Tod den menschlichen Leichnam verspeisen.

Ich hörte nachdenklich zu. Bisher hatte ich noch nie ein größeres Tier getötet. So war ich jetzt doch sehr erleichtert, dass mich mein siebter Sinn ausgerechnet in der vergangenen Nacht aus dem Camp in die Berge geführt hatte. Dadurch blieb es mir erspart, mich an der Tötung der Hühner zu beteiligen. Klar, dass ich auch bei diesem Mittagessen bei Salat und Gemüse geblieben bin und kein Huhn verspeiste.

Dann stand der Abschied bevor. Vor dem Abschiedsabend stand als ein Höhepunkt des Sommercamps eine Schwitzhüttenzeremonie auf dem Programm. Wir waren den ganzen Nachmittag mit dem Aufbau der Schwitzhütte beschäftigt. Dafür sammelten wir zunächst Weidenruten und Schilfgras in der ganzen Umgebung sowie große, wärmespeichernde Steine für den Feuerplatz in der Mitte der Schwitzhütte. Daraus bauten wir unter Anleitung von Sun Bears erfahrenem Team die Schwitzhütte auf. Sie war nur etwa hundertsiebzig Zentimeter hoch, hatte einen Durchmesser von etwa sechs Metern, und die Teilnehmer der Zeremonie konnten sich auf drei ansteigenden Ebenen im Kreis um den Feuerplatz mit den glühenden Steinen einen Platz suchen.

Nach dem gemeinsamen Aufbau hatten wir noch eine Stunde Zeit, uns im tiefsten Schweigen innerlich auf die Zeremonie vorzubereiten. Auf ein Trommelzeichen kamen wir vor der Schwitzhütte zusammen, legten unsere Kleider ab und suchten uns in der nur vom Feuerschein schwach erleuchteten Hütte unseren Platz.

Zu Beginn sprach Sun Bear, der als besondere Ehre für uns die Zeremonie selbst leitete, ein Gebet und lud die Ahnen und die Geister der vier Elemente, Feuer, Luft, Wasser und Erde, ein, an der Zeremonie teilzunehmen. Dann goss er nach seinem inneren Rhythmus viermal, jeweils aus einer anderen Himmelsrichtung auf, um so die speziellen Energien des Westens, des Nordens, des Ostens und des Südens für die Zeremonie zu aktivieren.

Im Dämmerlicht und der kaum auszuhaltenden Hitze dieses kleinen Raumes, Seite an Seite mit inzwischen vertraut gewordenen Menschen, fand nicht nur ein äußerer, einem Saunagang vergleichbarer, sondern vor allem ein innerer Reinigungs- und Klärungsprozess statt, bei dem unser Emotionalkörper von schmerzhaften Erinnerungen, Angst- und Minderwertigkeitsgefühlen befreit wurde.

Als ich nach fast drei Stunden die Schwitzhütte verließ und mich nackt und bloß auf den Grasboden legte, die Sterne über mir sah und die Erde unter mir spürte, fühlte ich mich, von Glücksgefühlen und neuer Energie überströmt, wie neugeboren.

In der mitternächtlichen Abschiedsrunde fasste Sun Bear seinen Rat für uns schon bald wieder in unsere westlichen, »zivilisierten«, Länder Heimkehrenden in wenigen Worten zusammen: »Was ihr zum Leben, besser gesagt zum Überleben in den bevorstehenden Reinigungsprozessen von Mutter Erde braucht, sind ausreichend Wasser sowie Erde zum Anbauen von Nahrung und Wärme. Sucht euch Plätze, wo ihr diese Grundbedingungen des Lebens findet. In den Städten habt ihr keine Chance, sie werden in der Krise nicht überlebensfähig sein. Liebt und achtet Mutter Erde und alle anderen Lebewesen, sie sind ein Teil von euch. Geht euren Weg in Frieden und in innerem Gleichgewicht, dann findet ihr zu eurer Kraft und seid immer geschützt.«

Am nächsten Morgen traf ich Sun Bear zu einem kurzen Abschiedsgespräch in seinem privaten Holzhaus, das aus einem einzigen, geradezu karg eingerichteten Raum bestand. Ein großer Holztisch, vier Stühle, ein kleiner Schrank, kein überflüssiger Schnickschnack – alles war auf das Wesentliche reduziert. Er saß in einem Schaukelstuhl, auf seinem Schoß lag ein Kranz aus Adlerfedern. Er schaute mich mit seinen großen Augen und einem alles durchdringenden Blick an und lächelte mir zu.

Dann durchbrach Sun Bear mit seiner tiefen, sonoren Stimme die Stille: »Bernhard, gut, dass du bei uns warst. Ich danke dir dafür. Ich habe dich oft beobachtet. Ich glaube, du hast viel aufgenommen und mit dem Herzen verstanden. Prüfe alles und behalte nur das Beste, was du wirklich ganz annehmen kannst, für dich. Eure materialistische Kultur ist am Ende und wird bald zusammenbrechen. Sie braucht die indianische Weisheit der Allverbundenheit und der Heiligkeit allen Lebens dringender denn je. Dafür kannst du ein guter Botschafter sein.«

Sun Bear gab mir die Erlaubnis zu Zeremonien mit der heiligen Pfeife, mit der er mich vorher vertraut gemacht hatte. In der indianischen Tradition ist der aus der heiligen Pfeife zum Himmel aufsteigende Rauch ein besonders wirkungsvolles Kommunikationsmittel mit Manitu, allerdings nur dann, wenn ihm auf diesem Wege selbstlose, dem Ganzen dienende Wünsche übermittelt werden.

Sun Bear riet mir, so lange zu warten, bis ich wirklich so gereinigt und gereift sei, sie gut und wirkungsvoll durchzuführen, und sehr behutsam damit umzugehen

Ich dankte Sun Bear mit den Worten: »Du hast mich all das wieder gelehrt, was ich schon immer in meinem tiefen Herzen gewusst habe, aber was verschüttet worden war. Es ist, als ob du mir einen Schleier von meinem Bewusstsein abgenommen hast und ich jetzt wieder klar sehen kann.«

Wir nahmen uns in die Arme.

»Walk in Balance, Bernhard.« Das waren seine letzten Worte an mich. Wir haben uns nie wiedergesehen, denn Sun Bear ist nur ein Jahr später in die ewigen Jagdgründe eingegangen.

Sun Bear ist mir mit seiner kraftvoll-integren, völlig unprätentiösen Männlichkeit, seiner praktischen Lebensweisheit, seiner Herzensgüte und seinem nie versiegenden Humor bis heute in lebendiger Erinnerung geblieben.

Die Begegnung mit ihm hat mir sowohl bei der späteren Baumbesetzung in München Kraft und Durchhaltevermögen gegeben, als mich auch zur Gründung der Sonnen-Arche im Chiemgau inspiriert, wo ausreichend Wasser, Erde und Wärme, also die wesentlichen Überlebensbedingungen für die bevorstehenden Zeiten des Umbruchs, zur Verfügung stehen.

Immer wieder taucht Sun Bear in meinen Träumen auf – und oft winke ich seinem leuchtenden Stern am grenzenlosen Nachthimmel zu. In meinem Herzen hat er einen festen Platz.

■ Seraphin: in tödlicher Maul- und Klauenseuchengefahr

Diesen Anruf werde ich mein ganzes Leben nicht mehr vergessen. An einem Montagmorgen im April wurde ich durch das laute Klingeln des Telefons aus dem Schlaf gerissen.
»Hier Müller von der dpa München. Haben Sie es schon gehört? Der Bauernverband fordert in einer aktuellen Pressemitteilung, dass Ihr Schaf Seraphin verbrannt werden soll. Was sagen Sie dazu?«
Mit einem Schlag war ich hellwach. Mir stockte der Atem. Für einen Moment war ich sprachlos und konnte keinen klaren Gedanken fassen.
»Hallo, sind Sie noch dran?«, tönte es nüchtern und mitleidlos aus dem Telefon. Ich sammelte mich, atmete tief durch und – weil ich aus Erfahrung weiß, dass man in solchen Momenten keine Schwäche zeigen darf – antwortete mit fester Stimme: »Wer mein Schaf Seraphin verbrennen will, muss mich mit ihr verbrennen« und knallte den Hörer auf.
Jetzt konnte ich meine Tränen der Wut und Erschöpfung nicht mehr zurückhalten. Die Anspannung der letzten Tage und Nächte machte sich bemerkbar. Die vergangenen drei Nächte hatte ich Seraphin und ihre Schafsfreundinnen Schneeweiß und Rosenrot bewacht, um sie mit meinem Leben vor Übergriffen von den durch die Medien aufgehetzten Bauern in der Umgebung zu schützen. Ich selbst hatte sie durch eine verbotene, aber ihr Leben rettende Schutzimpfung in diese lebensgefährliche Situation gebracht; es war deshalb für mich klar, dass ich verpflichtet war, ihr Leben unter allen Umständen zu schützen.

Dieses Telefonat war der vorläufige Höhepunkt einer eskalierenden öffentlichen Auseinandersetzung um die Wiederzulassung der seit Jahren von der EU verbotenen MKS-Schutzimpfung.

Diese Debatte hatte ich durch die illegale Schutzimpfung von Seraphin vor laufenden Kameras selbst ausgelöst – nicht ahnend, in welche Turbulenzen diese Aktion mein Leben und das von Seraphin stürzen würde. Ich hatte Seraphins Leben in Gefahr gebracht. Jetzt war meine größte Aufgabe, es zu schützen.
Auslöser für meine Initiative zur Wiederzulassung der MKS-Schutzimpfung war ein zu diesem Zeitpunkt besonders heftiger MKS-Seuchenzug, der vor allem England, Holland, Deutschland, aber auch andere EU-Länder durchzog und auch meine Schafe gefährdete. Millionen von MKS-infizierten Tieren waren inzwischen bereits gnadenlos gekeult, oder zutreffender ausgedrückt, durch die Staatsgewalt massakriert worden – eine gigantische Tötungsaktion mit unabsehbaren Auswirkungen für das feinstoffliche System von Mutter Erde.
Die Bilder aus England, die große Lastkräne mit hochgehievten und auf riesigen Scheiterhaufen abgeladenen Rinderkadaver zeigten, verstörten die Öffentlichkeit und führten zu anhaltenden Protesten aller großen Tierschutzorganisationen. Millionen Rinder und Schafe kamen in diesem gigantischen Tiermassaker ums Leben, das ich in einem Interview als eines der größten Schöpfungsverbrechen bezeichnete.
Lange Jahre war die MKS-Schutzimpfung das Mittel der Wahl, um Klauentiere wie Rinder und Schafe vor dieser oft tödlich verlaufenden Infektionskrankheit, die allerdings für Menschen ungefährlich ist, wirksam zu schützen. Das ein- bis zweimal jährlich zu verabreichende Serum hatte natürlich seinen Preis, war aber der einzige wirksame Schutz gegen die potenziell tödliche Infektion. Dann wurde die Schutzimpfung vor allem aus wirtschaftlichen Gründen 1992 von der EU verboten. Das sparte zwar kurzfristig Geld, hatte aber bei einem jederzeit möglichen neuen Ausbruch der hochinfektiösen MKS-Seuche für die betroffenen Tiere fatale Konsequenzen: Sie wurden mit dem gesamten Tierbestand auf den Höfen getötet, da es außer der Schutzimpfung keine Behandlungsmöglichkeiten gibt.
Tierärztliche Verbände und veterinärwissenschaftliche Fakultäten hatten sich angesichts dieser Konsequenzen schon seit länge-

rer Zeit für die Wiedereinführung der MKS-Schutzimpfung ausgesprochen, allerdings ohne jeden Erfolg.

Jetzt bedrohte die Seuche das Leben von Seraphin und meiner anderen Schafe, und ich sah mich zum Handeln gezwungen. Das Wichtigste war, ein Serum für die Schutzimpfung zu besorgen. Das erwies sich jedoch als weitaus schwieriger als gedacht, da dieses Serum aufgrund des EU-Impfverbotes weder legal noch auf dem Schwarzmarkt aufzutreiben war.

Da kam mir der Zufall zu Hilfe. Im Café Monopteros neben meiner Anwaltskanzlei, wo ich oft zu Gast war, lernte ich einen Gastprofessor für Tiermedizin kennen, der in der gegenüberliegenden Tierärztlichen Fakultät der Ludwig-Maximilians-Universität unterrichtete. Er teilte meine Besorgnis um das Leben von Seraphin, falls sich der MKS-Seuchenzug auch nach Oberbayern ausbreiten sollte, was nicht ausgeschlossen werden konnte und durch nichts zu beeinflussen war. Er war von meiner Erzählung über meine innige Freundschaft mit Seraphin so berührt, dass er sich zu einer absolut ungewöhnlichen Hilfe entschloss. Er rief noch am gleichen Tag einen in Dubai praktizierenden früheren Kollegen an, wo das Serum zugelassen war, und bat ihn um schnellstmögliche Übersendung des Serums an seine Dienstadresse. Dadurch war ein gefahrloser Transport möglich, da solche als dienstlich deklarierten Sendungen in der Regel nicht vom Zoll kontrolliert wurden.

Schon zwei Tage später traf das Serum in München ein. Der Professor rief mich an und wir verabredeten uns wieder im Café Monopteros. Dort übergab er mir ein Päckchen mit sechs tiefgekühlten Ampullen für meine drei Schafe, von denen drei das Serum und die anderen drei eine Desinfektionsflüssigkeit enthielten, und unterwies mich kurz im Gebrauch. Gerührt und voller Dankbarkeit nahm ich diesen irdischen Schutzengel von Seraphin in die Arme, der mich zum Abschied noch anwies, das hitzeempfindliche Serum sofort in einem Tiefkühlfach zu lagern. Dazu kam mir eine Idee: Ich fuhr sofort zu Mario, einem befreundeten italienischen Lokalbesitzer, und bat ihn, den Impfstoff einige Tage in seiner Tiefkühltruhe aufzubewahren, ohne ihn sonst mit zu vielen Details zu belasten. Diesen Gefallen tat er mir, und so gewann ich Zeit, um das weitere Vorgehen in dieser brisanten Angelegenheit sorgfältig vorzubereiten.

Vor allem durch die schockierenden Bilder von den massenhaft getöteten Rindern wurden in der Öffentlichkeit immer mehr Stimmen laut, die für eine Aufhebung des MKS-Impfverbotes eintraten. Gegner und Befürworter des Impfverbotes hielten sich allerdings bislang noch die Waage. Das schien mir genau der richtige Zeitpunkt zu sein, um über den überlebenswichtigen Schutz von Seraphin hinaus durch eine öffentliche, sinnvolle, aber illegale Impfaktion genau den noch fehlenden Impuls zu setzen, um das Impfverbot zu kippen. Ein gewaltiger Irrtum, der Seraphin fast das Leben gekostet hätte, wie sich herausstellen sollte.

Mit meinem alten Freund Christopher, einem erfahrenen und anerkannten Fernsehjournalisten, der rasch die Brisanz, aber auch die Zwischentöne einer ins Bild zu setzenden Problematik erkannte, verabredete ich einen Livetermin für die vorgesehene MKS-Schutzimpfung auf einem Reiterhof im Chiemgau, wo ich zum damaligen Zeitpunkt vorübergehend mit Seraphin und den beiden anderen Schafen lebte.

Zuvor holte ich bei Mario das Päckchen mit dem Impfserum ab und bereitete mit zunehmender innerer Spannung die Aktion vor; über mögliche Konsequenzen dieser gewaltigen Provokation der mächtigen EU-Agrar-Bürokraten im fernen Brüssel hatte ich mir nicht allzu viele Gedanken gemacht. Angesichts des entsetzlichen Tierleides war ich von der Richtigkeit meiner Aktion immer mehr überzeugt.

Christopher traf wegen eines Staus mit einiger Verspätung ein und hatte aufgrund eines nicht eingeplanten Folgetermins nicht viel Zeit. Dann musste ich auch noch einige angesichts der Fernsehkamera neugierig gewordenen Anwohner beruhigen und fortschicken, bevor der Dreh beginnen konnte.

Die sechs Ampullen hatte ich bereits in sechs Spritzen aufgezogen, wobei der Impfstoff deutlich heller und flüssiger als die Desinfektionslösung war. Ich hielt sie bereits richtig sortiert in meiner Hand, und wir machten ein paar Versuche für die beste

Kameraeinstellung. Seraphin war durch die ganze Hektik nervös geworden und wollte sich plötzlich ihrem Auftritt durch Flucht auf die nahe gelegene Weide entziehen. Dabei rempelte sie mich an, die Spritzen fielen mir aus der Hand und gerieten durcheinander. Ich hob sie sofort auf und versuchte, sie wieder richtig zu ordnen. Christopher drängte, dass wir umgehend mit dem Dreh anfangen müssten, weil er sonst seinen nächsten Termin nicht mehr schaffen würde. Und dann hieß es gleich darauf »Kamera läuft«, und ich gab Seraphin die lebensrettende Injektion mit dem MKS-Serum. Beim folgenden Interview hielt ich Seraphins Kopf in meinen Armen und erläuterte die Hintergründe dieser spektakulären Impfaktion. Im Schlusssatz drückte ich die Hoffnung aus, dass diese Aktion dazu beitragen möge, dass künftig auch andere Rinder und Schafe wieder eine lebensrettende MKS-Schutzimpfung bekommen würden.

Christopher brauste gleich danach Richtung München, und ich machte mit Seraphin und den anderen beiden Schafen, die wegen der knappen Zeit ungeimpft geblieben waren, einen längeren Spaziergang. Mit jedem Schritt fiel ein Stück Spannung von mir ab. Die Arbeit war getan, der Reiz gesetzt. Jetzt blieb nur noch abzuwarten, ob die Kugel in die richtige Richtung rollen und den kleinen, noch fehlenden Anstoß zum gewünschten Erfolg geben würde.

Am Abend lief unser Beitrag im Regionalprogramm von RTL und wurde über die Nachrichtenagenturen bundesweit verbreitet. Am nächsten Morgen folgte in den Münchner und regionalen Printmedien eine kurze, aber sachliche Berichterstattung, in der die wesentlichen Argumente für die Aktion genannt wurden. Das löste eine Reihe von Interview-Anfragen aus, bei denen ich Gelegenheit hatte, auf die widersinnige Sach- und Rechtslage hinsichtlich des von der EU erlassenen MKS-Impfverbotes und den dadurch verursachten Tod von Millionen Rindern und Schafen hinzuweisen und deshalb eine Aufhebung des Impfverbotes zu fordern.

Durch Anrufe, Briefe und E-Mails bekam ich viel Zuspruch, und alles schien in eine gute Richtung zu laufen. Jetzt fehlten nur noch unterstützende Erklärungen der tierärztlichen Organisationen und der tiermedizinischen Fakultäten. Das hätte den notwendigen Druck auf die Agrarpolitiker im Bundestag auslösen können, die sich dann gegenüber der Bundesregierung und gegenüber der EU für eine Aufhebung des MKS-Impfverbotes stark machen hätten können.

Doch dazu sollte es nicht kommen. Am nächsten Tag erschien ein großer Artikel im »Münchner Merkur«, in dem ich, ohne eine Gelegenheit zu einer Stellungnahme bekommen zu haben, auf das Schärfste als Gesetzesbrecher kritisiert wurde, der mit seiner unsinnigen Impfaktion auch noch den Export der bayerischen Fleischindustrie wegen eines Verstoßes gegen das EU-Impfverbot gefährden würde. Auf die Konsequenzen des Verbotes, die millionenfache Tötung unschuldiger Tiere, ging der mir bekannte Autor dieses unsachlichen Schmähartikels infamerweise mit keinem Wort ein.

Dieser Artikel brachte die bis dahin sachlich und neutral gebliebene öffentliche Meinung schlagartig zum Umkippen: Ein Münchner Stadtrat als Gesetzesbrecher – das war jetzt die Vorgabe für die folgende Berichterstattung der anderen Münchner Medien. Ich fand mich auf einmal auf der Anklagebank wieder und war zum gnadenlosen medialen Abschuss freigegeben. Das galt zu meiner großen Enttäuschung auch für die Journalisten, mit denen ich jahrelang persönlich, vertrauensvoll und angenehm zusammengearbeitet hatte; sie bliesen lautstark in das gleiche Horn, ohne meine sachlich begründeten Argumente für die Impfaktion überhaupt noch zu erwähnen. Für einen Journalisten auf der Jagd, der Blut geleckt hat, zählen keine Freundschaften, und es gibt keine Gnade, bis die Beute erlegt ist. Höhepunkt dieser Kampagne war die Forderung des Bauernverbandes, mein Schaf Seraphin zu verbrennen. Das führte zu meiner eingangs erwähnten Stellungnahme: Wer mein Schaf verbrennen will, muss mich mit verbrennen.

In dieser aufgeheizten Atmosphäre legte mir meine Vermieterin nahe, Seraphin und die beiden anderen Schafe so schnell wie möglich an einem anderen Ort unterzustellen, da ihr schon einige hysterisch gewordene Mieter von Stellplätzen mit Kündigung gedroht hatten. Jetzt war ich gezwungen, innerhalb kürzester Zeit einen neuen Platz zu suchen. Das war nahezu unmöglich, denn keiner wollte mit der Aufnahme meiner inzwischen überall bekannten Schafe ein Risiko für seinen Tierbestand eingehen. Nach einer eintägigen Irrfahrt mit meinen Schafen im Pferdehänger fand ich schließlich bei einer alten Bekannten in einem abgelegenen Waldgrundstück ohne andere Tiere eine vorübergehende Aufnahme.

Inzwischen hatte ich längst mit den bayerischen Veterinärbehörden Kontakt aufgenommen. Auf meinen Anruf hin bekam ich noch am gleichen Tag einen Termin beim Leiter der Veterinärabteilung im Bayerischen Landwirtschaftsministerium in München. Er hatte die ganze Angelegenheit in der Presse verfolgt und war bestens informiert. Als ich ziemlich aufgelöst sein Amtszimmer betrat, kam er gleich zur Sache.

»O je, Herr Fricke, da haben Sie sich ja auf was eingelassen. Ich kann Ihre Beweggründe gut verstehen und halte sie für sehr bedenkenswert. Aber einen solchen Frontalangriff auf die Linie des Kommissariats für Landwirtschaft in Brüssel könnte dort als nicht hinnehmbare Provokation missverstanden werden. Ich kann für Sie nur hoffen, dass dort nicht ein wildgewordener Beamter auf die Idee kommt, ein Exempel an Ihrem Schaf zu statuieren, damit diese Aktion keine Nachahmer findet. Unsere Einflussmöglichkeiten sind sehr gering, da die gesetzlichen Zuständigkeiten in dieser Angelegenheit allein in Brüssel liegen.«

Er schaute mich sorgenvoll an. Als er mein bekümmertes Gesicht sah, versank er einen Moment in tiefe Nachdenklichkeit. Dann blickte er mich an: »Ich sehe Ihre Verzweiflung. Ich habe mir gerade überlegt, dass ich einen früheren Kollegen, der jetzt im Kommissariat für Landwirtschaft arbeitet, kontaktieren und ihm die Besonderheiten Ihres Falles erklären werde. Für Sie spricht vor allem, dass Ihre Schafe nicht in einer kommerziellen, sondern in einer kleinen, abgeschlossenen Privatherde gehalten werden. Ich kann Ihnen nichts versprechen und schon gar nichts garantieren, aber ich will wenigstens versuchen, Ihnen zu helfen, damit Ihre Seraphin keinen Schaden nimmt.« Zum Schluss riet er mir noch, mich dringend mit dem örtlich zuständigen Veterinäramt Rosenheim in Verbindung zu setzen, wo er die Kollegen über unser Gespräch informieren wollte, und legte mir nahe, bis zu einer Klärung einstweilen keine weiteren öffentlichen Erklärungen in dieser Angelegenheit abzugeben. Das versprach ich ihm, bedankte mich sehr für seine freundliche Hilfe, und schon stand ich wieder etwas verloren im lärmenden Münchner Verkehr.

Mir war nach diesem Gespräch klar, dass mir eine längere Zeit der Ungewissheit bevorstand.

Dann rief ich beim Veterinäramt in Rosenheim an, wo mein Anruf schon erwartet wurde. Wir vereinbarten gleich einen Termin für eine Blutabnahme von Seraphin.

Doch die Situation wollte einfach nicht zur Ruhe kommen. Durch eine Indiskretion eines Familienmitglieds meiner Bekannten war der neue Platz von Seraphin bekannt geworden. Die Folge war, dass auf meinem Anrufbeantworter, aber auch beim Veterinäramt in Rosenheim einige wüste Drohanrufe eingingen. Die Situation drohte wieder außer Kontrolle zu geraten. Am jetzigen abgelegenen und geländemäßig völlig unübersichtlichen Standort war ein wirksamer Schutz ausgeschlossen. Ich wusste nicht, wie und wo ich einen sicheren Platz für meine Schafe finden konnte, zumal ich in meinem Handlungsspielraum deutlich eingeschränkt war: Ich musste damit rechnen, dass meine Telefone abgehört wurden und wahrscheinlich auch ich selbst verdeckt überwacht wurde. So verwarf ich den aufblitzenden Gedanken, mit Seraphin über die Grenze nach Österreich und Italien zu fliehen, gleich wieder, zumal ich dort auch über keine persönlichen und in dieser brisanten Situation tragfähigen Kontakte verfügte. Ich war ratlos und streckte mich erschöpft auf der Wiese aus, wo meine Schafe friedlich wie immer, ohne Kenntnis der lebensgefährlichen Turbulenzen, grasten, und schlief bald in der wärmenden Sonne ein. Ich hatte mich in meine Situation ergeben; mir blieb nur, mich ganz der göttlichen Führung anzuvertrauen,

die mir schon so oft aus scheinbar ausweglosen Situationen geholfen hatte.

Die Lösung kam am nächsten Morgen ganz unverhofft in Gestalt des ausgesprochen sympathischen Leiters des Rosenheimer Veterinäramtes, der persönlich zur Blutabnahme kam und sich ein Bild von der Situation machen wollte. Wir kamen gleich in ein offenes Gespräch, nachdem ich ihm meinen Standpunkt und meine wachsende Besorgnis erläutert hatte. Er hörte aufmerksam zu und erwiderte: »Herr Fricke, wir nehmen die Drohungen sehr ernst, und hier können die Schafe keinesfalls länger bleiben. Wir haben gestern in unserer Dienstbesprechung ausführlich über die Situation gesprochen und nach Lösungen gesucht. Das Beste wird sein, wenn ich Ihre drei Schafe gleich mitnehme und wir sie für einige Zeit in den Stallungen der veterinärmedizinischen Fakultät in Unterschleißheim einstellen. Dort sind sie in jedem Fall vor jedem Übergriff sicher, weil dieser Ort rund um die Uhr besetzt ist.«

Ich bat um einen Moment Bedenkzeit, ging zu Seraphin und setzte mich neben sie, um sie auf der meditativen Ebene in diese lebenswichtige Entscheidung mit einzubeziehen. Mir war schnell klar, dass sie in Unterschleißheim meinem unmittelbaren Zugriff entzogen war und ich dort eine nicht auszuschließende Tötungsanordnung der EU nur schwer verhindern könnte. Aber sie hierzubehalten, würde unter diesen Umständen ihr baldiges Todesurteil bedeuten, und eine andere, ihr in gleichem Maße Schutz bietende Alternative gab es nicht. Es blieb mir keine andere Wahl, als diesen Vorschlag für eine Art »sichere Schutzhaft« für meine Schafe als die immer noch beste unter allen schlechten Alternativen anzunehmen. Diese Entscheidung teilte ich dem inzwischen schon ungeduldig auf meine Rückkehr wartenden Amtsveterinär mit, aber nur unter der Voraussetzung, dass ich Seraphin jederzeit besuchen könne. Das sicherte er mir zu. Dann galt es keine Zeit mehr zu verlieren, und wir verluden die Schafe gemeinsam in den Dienstkombi, der wenig später Richtung Unterschleißheim abfuhr.

Es war gerade Osterzeit. In einem ständigen Wechselbad der Gefühle, zwischen Hoffen und Bangen, zwischen Tod und Auferstehung war ich nur unter äußerster Anstrengung in der Lage, meine beruflichen Verpflichtungen zu erfüllen. Ich schlief schlecht, hatte immer weniger Appetit, keine Lust auf Freunde oder Freizeit – kurz: Mein Leben kann nahezu vollständig zum Erliegen. Alle Gedanken kreisten um Seraphin, die ich in bester Absicht für eine dringend nötige Verbesserung des Wohls aller Klauentiere in unmittelbare Lebensgefahr gebracht hatte.

Immer wieder kamen mir die Worte meines Lehrers und Freundes Sun Bear in den Sinn: »Bernhard, vergiss nie: Du darfst niemals das Leben eines dir anvertrauten Wesens für einen auch noch so guten Zweck in Gefahr bringen. Das darfst du nur, aber auch nur ausnahmsweise, mit deinem eigenen Leben machen.«
Es half Seraphin und mir wenig, wenn ich mir zu meiner Entschuldigung sagte, dass ich diese Situation niemals gewollt hatte und dass die ganze Aktion ohne den brandstiftenden Zeitungsartikel im Merkur auch ganz anders hätte verlaufen können: Die öffentliche Impfaktion hätte durchaus auch, wie beabsichtigt, der letzte Impuls sein können, der die angesichts der Schreckensbilder von massenhaft verbrannten Rindern in Bewegung geratene öffentliche Meinung zugunsten der Wiedereinführung der MKS-Schutzimpfung hätte beeinflussen können. Doch ob die Kugel auf Rot oder Schwarz fällt, liegt nicht in unserer Hand.
Zwei- bis dreimal die Woche besuchte ich Seraphin, Schneeweiß und Rosenrot. Nur diese Besuche, bei denen ich mich von ihrem Wohlergehen überzeugen konnte, waren eine freudige Abwechslung. Einmal unternahm ich in einem Moment der Verzweiflung den Versuch, in Brüssel im Kommissariat für Landwirtschaft anzurufen, doch ich blieb in diesem bürgerfernen Europa schon in der Warteschlange und dann in der Telefonzentrale hängen und wurde gar nicht erst in die für Seraphins Schicksal zuständige Fachabteilung durchgestellt.
Mit Beten, Meditieren und Fasten und durch die Anteilnahme guter Freunde konnte ich diese Lebenskrise überstehen.
Als ich vom Warten zermürbt schon alle Hoffnung aufgeben wollte, geschah Seraphins Rettung auf ganz wundersame Weise durch himmlische, den irdischen Irrsinn aufhebende Fügung: An einem Freitagnachmittag bekam ich einen Anruf vom Veterinäramt Rosenheim.
»Herr Fricke, halten Sie sich fest. Das ist eine wirklich gute Nachricht. Wir haben gerade die Ergebnisse der Blutuntersuchung bekommen, und es konnten keine Antikörper im Blut festgestellt werden. Offenkundig ist die Impfung fehlgeschlagen. Wenn Sie

wollen, können Sie Seraphin und die anderen Schafe heute Nachmittag wieder abholen.«

Der Stein, der mir vom Herzen fiel, war sicher noch kilometerweit zu hören. Dann fuhr ich los, um Seraphin abzuholen. Als ich sie wenig später in die Arme schloss, war ich der glücklichste Mensch auf dieser Erde. Offenbar hatten alle Schutzengel für ihre Erzengel-Kollegin beste Arbeit geleistet.

Offenkundig war die beabsichtigte und lebensrettende, aber wohl eher den Tod bringende Impfung dadurch nicht zustande gekommen, dass ich beim Aufheben der mir aus der Hand gefallenen unbeschrifteten Ampullen das Desinfektionsmittel mit dem Serum verwechselt hatte.

Ob Seraphin auch bei einer erfolgreichen Schutzimpfung durch einen Gnadenakt von Brüssel überlebt hätte – diese Frage kann glücklicherweise ohne Antwort bleiben, denn alles wäre möglich gewesen.

Als ich der Presse diese neue Entwicklung mitteilte, kam es bei einigen Medien zu einem Aufschrei, und ich wurde beschuldigt, dass die ganze Aktion von Anfang an ein Fake gewesen wäre. Paradoxerweise kamen die heftigsten Vorwürfe von den Journalisten, die Seraphin und am liebsten auch mich selbst als ihren guten Hirten ins Grab geschrieben hätten.

Dieser Aufschrei hat mich und Seraphin, wen wundert es, erstaunlich wenig berührt.

Und wie sieht die Situation heute aus? Hat sich irgendetwas zum Besseren verändert?

Die EU hat nichts dazugelernt. Sechs Millionen massakrierte Tiere beim letzten Aufkommen der Maul-und Klauenseuche waren noch nicht genug.

Eine Indianerweisheit besagt: »Wie die Bäume (Brandrodung im Urwald), so die Tiere (Scheiterhaufen für getötete MKS-Tiere) und schließlich wir Menschen.« Und eine Kinderweisheit lautet bei uns: »Wer nicht hören will, muss fühlen.« Der nächste Ausbruch von MKS kommt bestimmt. Die Scheiterhaufen können also schon einmal vorbereitet werden.

Es kann nicht deutlich genug gesagt werden: Schuld an der Situation ist die industrialisierte Massentierhaltung, bei der ein Tier auf die Funktion eines Produktes ohne Würde und Respekt vor dessen artgerechten Bedürfnissen reduziert wird, dessen einziger Zweck darin liegt, so schnell und so billig wie möglich schlachtreif gemacht zu werden. Schuld daran ist aber auch der Verbraucher, der in einer irregeleiteten »Geiz ist geil«-Mentalität so viel und so billig wie möglich Fleisch einkaufen und essen will. Dieser ignorante Verbrauchertyp macht sich durch dieses Einkaufsverhalten der Beihilfe zur staatlich geförderten Tierquälerei schuldig. Wer sich diesen Vorwurf ersparen möchte, sollte Bio-Fleisch aus der Region kaufen, dafür einen fairen Preis bezahlen und sich bei dem Tier mit einem Gebet bedanken, dass es sein Leben für einen kurzen Genuss gelassen hat.

■ Baum-Massaker im Herzen Münchens

Vierzig Lindenbäume im Zentrum Münchens lagen auf meinem Lebensweg. Täglich ging ich auf dem Weg zu meiner Kanzlei am Viktualienmarkt an ihnen vorbei, freute mich an ihren jahreszeitlich veränderten Formen und am Gesang der Vögel, die dort für eine Zeit ihren Lebensraum gefunden hatten. Wenn ich etwas Zeit hatte, ging ich zu ihnen, umarmte sie, streichelte ihre Rinde und bedankte mich für ihre Schönheit und ihren lebenswichtigen Beitrag für unsere Luftqualität und die Wasserspeicherung durch ihr großes Wurzelwerk – wie es mich mein Freund Sun Bear, ein indianischer Medizinmann, gelehrt hatte.
Jetzt war ihr Leben in höchster Gefahr: Es lag ein mehrheitlich gefasster, allerdings sehr umstrittener Stadtratsbeschluss vor, dass sie für ein höchst unsinniges Prestigeprojekt, den Wiederaufbau der Schrannenhalle, einem alten, vor fünfzig Jahren abmontierten Industriebau, gefällt werden sollten. Als Stadtrat hatte ich alle mir zur Verfügung stehenden Möglichkeiten ausgeschöpft, um diese Entscheidung zu verhindern, doch es war vergeblich – gegen eine schwarz-rot-grüne Mehrheit bestand keine Chance. Not kennt kein Gebot: Jetzt konnten nur noch die Mobilisierung der Öffentlichkeit und eine entschlossene Schutzaktion das Leben der Bäume retten.
Mir wurde die Information zugespielt, dass die Fällaktion am nächsten Morgen zwischen sechs und sieben Uhr beginnen sollte. Es blieb gerade noch Zeit, ein Flugblatt mit einem Hilferuf zur Rettung der Schrannenbäume an alle Nachbarn zu verteilen: »Kommt bitte alle rechtzeitig um 5:45 Uhr, damit wir gemeinsam das Leben der Linden schützen können.« Dieser Hilferuf wurde parallel per Fax und E-Mail an alle Münchner Umwelt- und Naturschutzgruppen versandt.
Ich hatte gehofft, auf diesem Wege mindestens hundert Baumschützer mobilisieren zu können, denn das bevorstehende Massaker an vierzig ausgewachsenen Lindenbäumen im Stadtzent-

rum hätte jede handlungsbereite Empörung verdient gehabt. Dann hätten meine Helfer von David gegen Goliath und ich Gruppen von jeweils zwei bis drei Personen eingeteilt, die sitzend oder stehend einen Schutzkreis um einen Baum hätten bilden sollen. Dieser friedliche Protest hätte nur durch ein großes Polizeiaufgebot beendet werden können – und das wäre durch den zu erwartenden medialen Aufschrei zu verhindern gewesen. So wenigstens war unser Plan. Einen Plan B gab es nicht.

Spätabends fuhr ich noch einmal bei »meinen« Lindenbäumen vorbei. Ich stellte fest, dass sie inzwischen von einem kurzfristig aufgebauten, etwa zwei Meter hohen Bauzaun umgeben waren. Offenkundig hatte die Bauleitung von zu erwartenden Protesten Wind bekommen und wollte den Zugang zu den Bäumen unmöglich machen. Zum Glück entdeckte ich zwei Lücken im Zaun, durch die man ohne Probleme zu den Bäumen gelangen konnte. So war ich schnell bei meinen Bäumen, deren Unruhe, ja Angst, deutlich zu spüren war. Ich umarmte jeden meiner totgeweihten Baumgeschwister und gab ihnen mein Versprechen, alles mir Mögliche für ihre Rettung zu tun.

Der Mensch denkt, Gott lenkt – zumeist etwas anders, als von seinen Menschenkindern gedacht. So sollte auch alles ganz anders kommen: Obwohl ich nicht der klassische Frühaufsteher bin und nur wenige Stunden geschlafen hatte, gebot mir meine innere Stimme, schon viel früher bei meinen schutzbefohlenen Bäumen zu sein. So schwang ich mich in der Morgendämmerung auf mein Fahrrad und traf bereits um 5:30 Uhr am oberen Teil des Bauzauns gegenüber dem Traditionshotel »Blauer Bock« ein. Das Gelingen dieser Rettungsaktion hing entscheidend von einer guten Kommunikation ab. Deshalb hatte ich mir mein leistungsstarkes Megafon umgehängt und zwei frisch aufgeladene Handys dabei.

Weit und breit war keine Menschenseele zu sehen, nur ein kleiner Hund zog sein Herrchen energisch um den Bauzaun, den er anstelle der abgesperrten Bäume anpinkelte. Dann entdeckte ich Andrea und Günther, zwei besonders zuverlässige Mitstreiter, die ebenfalls angeradelt kamen. Ich winkte sie zu mir, und wir hielten einen kurzen »Kriegsrat« ab. Jetzt war jede Minute wichtig, denn das Leben der schlafenden Stadt begann spürbar zu erwachen und das Fällkommando konnte jeden Moment eintreffen. Einen Holzfäller hatten wir schon am anderen Ende des Bauzauns entdeckt, der bereits mit den Vorarbeiten begonnen hatte. Zu unserer großen Enttäuschung mussten wir feststellen, dass unser flammender Aufruf weder die Nachbarn der Bäume noch die Umwelt- und Naturschützer aus den warmen Betten gerissen hatte. Länger warten konnten wir nicht mehr. So blieb uns keine andere Wahl, als nun doch noch den nicht geplanten Plan B in Kraft zu setzen: Jeder von uns sollte versuchen, einen möglichst weit von den anderen entfernten Baum zu besetzen und so hoch wie möglich in die Krone zu klettern. So könnten wir wenigstens diese drei Bäume mit unseren Körpern vor einer schnellen Abholzung schützen.

Ich hatte mir meine Linde, die später als »Fricke-Linde« in die Stadtgeschichte eingehen sollte, bereits am Vorabend ausgesucht. Es war ein besonders großer Baum, knapp zwanzig Meter hoch, mit kräftigen, bis in den höchsten Teil der Krone führenden starken Ästen, der als »Kommandozentrale« gut geeignet zu sein schien.

Auf mein Zeichen schlüpften wir durch das Loch im Zaun und rannten los. Andrea verlor etwas Zeit, weil sie mir noch das Megafon hochreichen musste. Diese Zeit fehlte ihr, um ganz an ihrem Baum hochzukommen. Denn inzwischen hatte uns der schon herumwerkelnde Holzfäller entdeckt und kam wie ein wutschnaubender Stier angerannt. Er riss Andrea gewaltsam vom Baumstamm herunter, den sie gerade bis zur Hälfte erklommen hatte. Zum Glück blieb sie unverletzt. Günther hatte dadurch genug Zeit, auf seine Linde hochzuklettern.

Der wichtigste Teil der Aktion war geschafft. Wenigstens unsere beiden Bäume waren jetzt für einige Zeit sicher. Ich kletterte bis an den höchstmöglichen Punkt, wo mich die Äste gerade noch trugen, aber hier konnte ich nicht lange bleiben, es war einfach zu unsicher. Im mittleren Teil entdeckte ich zwei größere, dicht ineinander übergehende Astgabeln, etwa sechs bis sieben Meter

über dem Boden. Mir war sofort klar: Das war mein Platz, hier konnte ich mich sicher für einige Zeit niederlassen. Natürlich hatte ich noch keine Ahnung, dass ich hier sechsunddreißig Stunden aushalten sollte.
Inzwischen hatte der wütende Holzfäller – wie sich später herausstellte, der verantwortliche Vorarbeiter – längst meinen Baum erreicht und brüllte mich immer wieder an: »Komm sofort herunter, du behinderst meine Arbeit. Ich rufe sonst die Polizei. Oder ich hole dich selber runter.«
Es war ein kritischer Moment, denn zu dieser Zeit, etwa 6:15 Uhr, waren wir noch fast unter uns, keine Menschen, keine Presse, keine Polizei. Ich versuchte, auf Zeit zu spielen und den Mann zu beruhigen: »Wir sind hier, um diese Bäume zu schützen, notfalls mit unserem Leben, daran werden Sie uns nicht hindern. Diese Aktion richtet sich nicht gegen Sie, nehmen Sie es nicht so persönlich. Diese vierzig gesunden Bäume im Zentrum unserer Stadt, wo es viel zu wenige Bäume gibt, zu fällen, also zu töten, ist ein unverzeihliches Schöpfungsverbrechen. Sie kennen doch sicher die Indianerweisheit: Erst stirbt der Baum, dann stirbt der Mensch.«
Solche Worte hatte er wohl noch nie gehört, und er schien einen Moment beeindruckt zu sein.
Aber dann brüllte er wieder los: »So einen Schwachsinn habe ich noch nie gehört. Komm sofort runter, sonst bekommst du einen Riesenärger.«
Zu meiner großen Erleichterung sah ich, dass inzwischen mein alter Freund Christopher, ein routinierter, aber für jede ungewöhnliche Aktion offener TV-Journalist, eingetroffen war und die Auseinandersetzung mit einer kleinen Kamera aufnahm. Ich hatte ihm noch spätabends eine Info auf seinen Anrufbeantworter gesprochen und ihn gebeten, zu kommen. Jetzt gab es Zeugen, und ich war vor gewalttätigen Übergriffen besser geschützt. Über mein Handy hatte ich inzwischen die vier größten privaten Radiostationen über die Aktion informiert. Um 7:30 Uhr kam die erste Reporterin, eine junge Journalistin mit einem großen Herzen für Bäume, vorbei, machte ein Liveinterview und

gab einen glühenden Bericht von der ungewöhnlichen Situation am Viktualienmarkt: Der Stadtrat und bekannte Umweltschützer hatte einen Baum besetzt, um ihn vor dem Abholzen zu bewahren. Das war der mediale Durchbruch: Ab diesem Moment war die Baumbesetzung ein Topthema auf allen Münchner Radiosendern, und immer mehr Menschen kamen bei den besetzten Bäumen vorbei.

Mittlerweile hatte ich meiner Mitarbeiterin Irmhild im nur zweihundert Meter entfernten »David gegen Goliath«-Büro auch einen Brief an den damaligen Münchner Oberbürgermeister Christian Ude diktiert, in dem ich ihm die Situation schilderte und um eine Aussetzung der Baumfällaktion bat. Dieser Brief wurde an sein persönliches Fax abgesandt. Der Oberbürgermeister konnte oder wollte offenkundig nicht so schnell auf meinen Brief antworten, vielleicht dachte er sich auch, abwarten und Tee trinken, manche Dinge erledigen sich am besten durch Zeitablauf.

Wenig später kam bereits der erste Streifenwagen der Polizei vorbei. Die Polizisten fragten mich neugierig, was ich denn da oben auf dem Baum machen würde. Ich erklärte es ihnen, sie schienen soweit zufrieden und fuhren wieder ab. Inzwischen war mit den Baumfällarbeiten begonnen worden. In ohnmächtiger Wut musste ich mit ansehen, wie ein in vierzig Jahren gewachsener Baum mit den modernen Harvest-Geräten in kaum einer Minute gefällt, von Ästen und Blättern befreit, wieder zu einem bloßen Stück Holz wurde. Die Baumfäller rückten langsam, aber stetig immer weiter in meine Richtung vor. Mein Baum zitterte heftig, und ich konnte seine Todesangst förmlich spüren. Ich umarmte seinen Stamm ganz fest, streichelte seine Zweige und Blätter und spürte, dass ich immer mehr eins mit ihm wurde.

Mir war bald klar, dass unsere in dieser Form nicht geplante Aktion nicht einfach so weiterlaufen konnte. Mein Freund Günther hatte tapfer vier Stunden auf seiner Linde ausgehalten, musste aber wieder zurück an seinen Arbeitsplatz, da er mittags eine wichtige Besprechung hatte. Also handelte ich mit dem Vorarbeiter eine Art »Waffenstillstand« aus: Wenn Günther die Besetzung beendet, wird im Gegenzug sein Baum nicht gefällt.

Auch in meiner Kanzlei warteten Mandanten auf mich, denn ich hatte höchstens mit drei bis vier Stunden bis zum Abschluss dieser Aktion gerechnet. Ich beschloss deshalb eine dramatische Zuspitzung, um eine rasche Entscheidung herbeizuführen: Um zwölf Uhr mittags gab ich deshalb bei einer improvisierten Pressekonferenz bekannt, dass ich ab sofort in einen unbegrenzten Hungerstreik treten würde. Diese Ankündigung löste einen Medienhype aus, wie ich ihn vorher noch nie erlebt, mir aber bei anderen lebenswichtigen Themen immer gewünscht hatte: Jetzt standen auch jene Journalisten vor meinem Baum Schlange, um auf ein Interview zu warten, die vorher meine Arbeit nur zu oft mit Spott und Häme bedacht und mich immer wieder lächerlich zu machen versucht hatten. Von meinem inneren Triumph ließ ich mir aber nichts anmerken, sondern antwortete freundlich, geduldig und schlagfertig auf jede Frage.
In den Gesprächspausen ließ ich die bekannte Schlagersängerin Alexandra die Dramatik der Situation singenderweise auf den Punkt bringen: »Mein Freund, der Baum, ist tot, er fiel im frühen Morgenrot.« Viele Menschen aus der größer werdenden Traube um meine Linde hatten Tränen in den Augen, andere sangen immer kräftiger mit.

Die wärmenden Strahlen der Frühlingssonne und eine längere Mittagspause der Holzfällertruppe führten zu einer vorübergehenden Entspannung der Situation. Auch die in der Nähe meines Baumes parkenden Polizeifahrzeuge waren weggefahren, um sich noch wichtigeren Sicherheitsaufgaben zu widmen.
Dieser trügerische Frieden war mit einem Schlag vorbei, als ich einen jüngeren Mann im Arbeitsoverall zielgerichtet auf meinen Baum zukommen sah. Ich war plötzlich hellwach: Freund oder Feind? War nun doch jemand beauftragt worden, mich möglicherweise gewaltsam von dem Baum herunterzuholen? Ohne jedes Wort begann er, sich am Stamm nach oben zu ziehen. Ich wich sofort in den höchsten Teil des Baumes aus, stellte mich auf den stärksten Ast und hielt mich mit beiden Händen am Stamm fest. Im schlimmsten Fall hatte ich nur die Chance, die Hände

meines möglichen Verfolgers wegzutreten, bevor er meine Füße fassen und mich herunterziehen konnte. Dazu war ich in dieser Notsituation auch bereit, weil mir die ganze Zeit bewusst war, dass das Leben meines Baumes nur von meinem persönlichen Schutz abhängen würde.

Der Mann schien ein geübter Baumkletterer zu sein: Schnell und sicher kam er mir immer näher. Jetzt konnte ich endlich sein vorher von Zweigen und Blättern verdecktes Gesicht sehen – über das ein breites Lächeln glitt: »Hallo Bernhard, ich habe gerade im Radio gehört, dass du einen Baum am Viktualienmarkt besetzt hast, um die Lindenbäume vor der Abholzung zu schützen. Ich bin sofort hergefahren, um dich zu unterstützen. Deine Aktion finde ich ganz toll. Damit hast du ein Zeichen gesetzt, auch für das Leben aller anderen Bäume.«

Das Echo des riesigen Steines, der mir vom Herzen fiel, war sicher meilenweit zu hören. Ich kletterte zu ihm herunter und nahm ihn ganz bewegt in meine Arme. Jetzt erinnerte ich mich wieder an ihn: Ich hatte Helmut vor Jahren einmal bei einer anderen Baumschutzaktion getroffen, wo er aber, mit langen Haaren und Vollbart, ganz anders ausgesehen hatte. Wir plauderten einige Zeit unterhalb der Baumkrone, ich erzählte ihm vom bisherigen Verlauf der Aktion und dass ich noch immer auf eine Antwort des Oberbürgermeisters warten würde.

Auf den mitgebrachten Kuchen musste ich mit leichtem Bedauern verzichten, da ich meinen Hungerstreik schon begonnen hatte. Sein Angebot, mit mir auf dem Baum zu bleiben, musste ich dankend ablehnen, weil der Platz auf meiner Linde für zwei Personen zu knapp war und wir uns gegenseitig nur behindert hätten. Dieser überraschende Besuch und die vielen ermunternden Anrufe und SMS stärkten jedoch meinen Durchhaltewillen.

Kaum war Helmut abgestiegen, schwoll der schrille Klang näher kommender Martinshörner ohrenbetäubend an. Drei Einsatzwagen hielten mit quietschenden Reifen direkt vor meinem Baum. Ein höherer Beamter eilte, eskortiert von sieben anderen Polizisten, zu meinem Baum und rief mir mit schnarrender, befehlsgewohnter Stimme zu: »Herr Fricke, kommen Sie sofort runter von dem Baum. Das ist eine illegale, nicht genehmigte Aktion, die wir nicht länger dulden können.« Ich erklärte ihm freundlich, dass ich keinesfalls herabsteigen würde, weil dies den sofortigen Tod für meine Linde, meinen Baumbruder, bedeuten würde. Außerdem teilte ich ihm mit, dass ich den Oberbürgermeister über meine Aktion informiert hätte und auf seine baldige Antwort warten würde. Nach einer kurzen telefonischen Rücksprache mit seinen Vorgesetzten gab er sich soweit zufrieden und fuhr, dieses Mal mit normalem Tempo, wieder ab, ließ aber zwei Streifenwagen zurück.

Die Holzfäller hatten ihre Arbeiten fortgesetzt und standen jetzt vor dem Baum, den mein Freund Günther besetzt hatte und der nach unserer Absprache nicht gefällt werden sollte. Diese Absprache schien keine Gültigkeit mehr zu haben: Säge und Äxte wurden einsatzbereit gemacht. Außer mir vor Zorn, erinnerte ich über mein Megafon an die getroffene Absprache und forderte, den Einsatzleiter zu sprechen. Diese Aufforderung wurde ignoriert, ich erntete nur höhnisches Gelächter, und dann wurde dieser schutzlos gewordene Baum mit besonderem Eifer umgehauen. Jetzt stand für mich fest: Ohne eine verbindliche Schutzzusage würde ich meinen Baum nicht verlassen. Ich würde meine Besetzung notfalls bis ans Ende der Zeit fortsetzen – wie es mir Julia Butterfly Hill vorgemacht hatte, die über zwei Jahre auf einem Redwoodbaum saß und erst dann herabstieg, als sie eine verbindliche Rettungsgarantie für ihn bekam.

Die Zeit verging wie im Flug, ausgefüllt mit Interviews, dem Diktieren von Presseerklärungen und Gesprächen mit Baumbesuchern. Mit meiner Linde war ich zu einer Einheit geworden: Das Holz von Stamm und Ästen fühlte sich wie ein Samtteppich an, ich bewegte mich fast schwerelos und hatte weder Hunger noch Durst, aber unendlich viel Kraft. Die Sonne verschwand langsam hinter den Wolken und es wurde deutlich kühler. Ich hatte immer noch keine Antwort auf meinen Brief bekommen. Mein Anwaltskollege und Freund Alexander, der kurzfristig meine Vertretung in der Kanzlei übernommen hatte, kam vorbei. Er brachte mir viele Unterstützungswünsche von Mitarbeitern und

Mandanten der Kanzlei mit. Sein Rat zum Schluss war eindeutig: »Solange du keine Zusagen hast, musst du auf dem Baum bleiben, natürlich auch heute Nacht. Sonst war die ganze Aktion umsonst. Wir müssen gleich eine Hängematte organisieren, damit du wenigstens ein paar Stunden schlafen kannst.« Gesagt, getan: Alexander brachte mir eine große, bequeme Hängematte in Leuchtfarben, und Irmhild holte aus meiner Wohnung meine komplette Skikleidung, eine Wollmütze, einen Wollschal und zwei dicke, warme Wollpullover.

Jürgen, ein besonders engagierter Baumbesucher, hatte seit dem Vormittag ununterbrochen bei meiner Linde gestanden und mir, quasi als mein »Erd-Adjutant«, also als Verbindungsmann zur Erde, einige Erledigungen abgenommen. Er bot sich an, die Hängematte zwischen den Ästen zu befestigen und sich dann sogar zu meiner Sicherheit eine Weile hineinzulegen. Wir fanden zwei passende Äste, und nach einer halben Stunde war die Hängematte sicher montiert. Unter dem Beifall meiner immer größer werdenden Unterstützergruppe versank ich in der Matte und fühlte mich so herrlich wie in einem Himmelbett. Aus dem Oberbürgermeisterbüro bekam ich die lapidare Nachricht, dass mein Brief noch weiter geprüft werden müsse und keine Zusagen gemacht werden könnten. Als Reaktion darauf gab ich bei einer weiteren improvisierten Pressekonferenz bekannt, dass ich ab sofort zusätzlich auch noch in einen Durststreik treten würde. Ich ließ nicht den geringsten Zweifel aufkommen, dass ich zur Rettung meines Baumes meine Gesundheit und möglicherweise sogar mein Leben einsetzen würde.

Die darauffolgende Nacht werde ich mein Leben lang nicht vergessen: Unter einem klaren Sternenhimmel saß ich auf meinem Baum oder lag in meiner Hängematte. Durch die stündliche Berichterstattung über meine Baumbesetzung hatte das öffentliche Interesse immer weiter zugenommen, und Scharen von Menschen, Sympathisanten oder Neugierigen umringten meinen Baum. Ich hielt eine Art Baumsprechstunde ab, intensiv, aber kurz, damit jeder eine Möglichkeit zum Gespräch hatte. Längst

ging es nicht mehr nur um die Baumbesetzung, sondern um elementare Lebensthemen wie Krankheit und Tod oder welche Überlebenschance wir als Menschheit überhaupt noch angesichts einer zunehmend verschmutzten und vergifteten Umwelt auf unserem Heimatplaneten haben. Die meisten küssten oder streichelten den Stamm meiner Linde zum Abschied, die die Aufmerksamkeit sehr zu genießen schien.

Das sinnlose Sterben von vierzig wunderbaren Bäumen für ein völlig sinnloses Prestigeprojekt, einen weiteren Häppchen- und Champagnertempel im Zentrum Münchens, hatte die Herzen vieler Menschen bewegt und an die eigene Endlichkeit erinnert. Später tauchten Trommler, Flöten- und Gitarrenspieler auf und starteten eine Session der Extraklasse. Kerzen wurden angezündet. Aus luftigen sechs Metern Höhe konnte ich beobachten, dass

die Menschen intensiv miteinander redeten, aber auch viel miteinander lachten. Es herrschte eine ganz besonders friedliche, entspannte, gleichzeitig aber auch ungewöhnlich klare und konzentrierte, fast feierliche Grundstimmung.
Um Mitternacht angelte ich mir das Megafon von einem oberen Ast, um noch ein paar Abschiedsworte zu sprechen. Ich bedankte mich für die große Unterstützung und erinnerte an das Talmudwort: »›Wer nur ein einziges Leben rettet, rettet die ganze Welt.‹ Mein Einsatz für diese wunderbare Linde ist gleichzeitig aber auch ein Einsatz und Ausdruck meines Respekts und meines Dankes gegenüber allen anderen Bäumen, die in diesem Moment an anderen Orten dieser Welt abgeholzt werden. Jeder Baum ist mit seiner Verwurzelung tief in der Erde und seiner zum Himmel aufragenden Krone ein Symbol für das Leben. Schützen wir ihn, schützen wir uns. Mit meiner Baumbesetzung habe ich ein Zeichen gesetzt, das euch Mut machen soll, das gefährdete Leben von Menschen, Tieren, Pflanzen und Bäumen in gleicher Weise zu schützen, wenn ihr davon Kenntnis habt. Wartet nicht, bis andere etwas tun, tut es selbst, egal was dabei herauskommen mag.«
Diese Worte wurden mit Beifall aufgenommen. Die meisten Menschen machten sich dann auf den Heimweg, versprachen aber, am nächsten Tag wiederzukommen. Andere blieben bis in die späte Nacht. Ab zwei Uhr war ich auf meiner Linde jedoch allein. Nie zuvor und danach hatte ich München, das schon seit Jahren zu meiner geliebten Wahlheimat geworden war, in der Ruhe der Nacht miterleben können. Ab und zu patrouillierte ein Streifenwagen vorbei, um zu schauen, ob mit dem Baum und seinem Lebensretter alles in Ordnung war. Irgendwann fiel ich, in wärmende Decken eingehüllt, in einen tiefen Schlaf.

Am nächsten Morgen wurde ich um 6:30 Uhr von meinem laut klingelnden Handy geweckt. Ein Radiosender bat um ein Interview. Ich war sofort hellwach und berichtete von meinen abendlichen und nächtlichen Erfahrungen mit meinem Baum und mit den vielen zur Unterstützung meiner Aktion herbeigeeilten

Menschen. Auf die Abschlussfrage, wie ich mich fühlen würde, war meine Antwort: »Gelassen, stark und so gut wie schon lange nicht mehr. Ich könnte noch mindestens weitere hundert Stunden hier oben sitzen bleiben und werde die Aktion erst abbrechen, wenn meine Forderungen erfüllt sind.«
Die Nacht auf meiner Linde wirkte auf mich wie eine Energietankstelle. Ich startete den Tag mit einem Dank- und Schutzgebet, einer morgendlichen Baumgymnastik und einer Katzenwäsche, umarmte meinen Baum und wartete mit gespannter Zuversicht, was dieser Tag der Entscheidung bringen würde. Ich rechnete mit einer baldigen Reaktion von Oberbürgermeister Christian Ude, den ich aus langer gemeinsamer Arbeit im Münchner Stadtrat gut kennen- und schätzen gelernt hatte.
Um sieben Uhr wurden mir die Münchner Zeitungen gebracht. In allen wurde groß, in einigen sogar als Titelgeschichte, in erfreulich fairer Weise von der Baumbesetzung am Viktualienmarkt berichtet. Das nahm ich erfreut zur Kenntnis, hatte ich doch bei anderen Aktionen gegenteilige Erfahrungen mit der Presse gemacht. Von meinem sicher-luftigen Baumsitz gab ich fortlaufend Interviews und war mit der wachsenden Zahl von Besuchern im Dauergespräch. Immer wieder gab ich mit dem Megafon einen aktuellen Lagebericht und ließ Alexandras Lied »Mein Freund, der Baum, ist tot« über den Kassettenrecorder erklingen.
Kurioserweise kam um neun Uhr ein Bus mit japanischen Touristen angefahren. Sie hatten in den Medien von der Baumbesetzung gehört und wollten unbedingt ein paar Fotos mit nach Hause nehmen. Der Lärm von fünfzig im Sekundentakt klickenden Kameras war gewaltig, aber meine Linde und ich nahmen es mit Gelassenheit hin. Eine andere Überraschung war der Besuch einer Gruppe von Kolleginnen und Kollegen aus dem Münchner Stadtrat. Sie wollten sich das Spektakel nicht entgehen lassen, fotografierten viel, aber die Grundstimmung war erstaunlich freundlich, ja sogar verständnis- und achtungsvoll. Ich war zwar nicht überzeugt, dass sie den lebensschützenden Ernst meiner Aktion verstanden, die eben kein reißerisches Medienspektakel

mit einem eher kuriosen Unterhaltungswert war, aber es war doch eine freundliche Geste, die ich gern entgegennahm. In der ersten Stadtratssitzung nach der Baumbesetzung fand ich jedoch auf meinem Platz ein Bündel Bananen vor – ein hämisch gemeintes Geschenk für den Stadtrat, »der sich zum Affen gemacht hatte«. Das kam aber gar nicht gut an, und nur kurze Zeit später outete sich der CSU-Kollege und entschuldigte sich bei mir für diese unbedachte Geste.
Gegen elf Uhr klingelte mein Handy: »Hier ist Christian Ude. Bernhard, wir machen uns ernsthaft Sorgen um dich.«
Ich antwortete: »Dazu habt ihr auch allen Grund«, und nach einer längeren Pause setzte ich einer Eingebung folgend mit den inzwischen in die Geschichte eingegangenen Worten nach: »Aber sei unbesorgt – ich werde Seraphin nicht zur Witwe machen.«
Es herrschte einen Moment völlige Stille in der Leitung, dann brach Christian Ude in ein so schallendes, erleichtertes Gelächter aus, dass sowohl das Handy als auch meine Linde davon vibrierten. Dann wurde die Unterhaltung wieder ernst. Ich machte unmissverständlich klar, dass ich meine Aktion erst dann beenden und von meiner Linde herabsteigen würde, wenn ich die Zusage bekäme, dass mein Baum nicht abgeholzt würde und für jeden gefällten Baum fünf Ersatzpflanzungen im Stadtgebiet gemacht würden. Christian Ude sagte mir eine Prüfung und einen baldigen Rückruf zu. Das Telefonat machte schnell die Runde, und die Schar der Unterstützer wuchs immer weiter an. Ich gönnte mir erst mal eine kleine Atempause in der Hängematte und genoss mit meiner Linde die wärmenden Strahlen der Frühlingssonne.
Doch ich musste fast zwei Stunden auf die erlösende Nachricht von Christian Ude warten: »Wir haben lange überlegt, aber wir werden deine Forderungen erfüllen – vorausgesetzt, dass du die Baumbesetzung so schnell wie möglich beendest.«
Das sagte ich ihm überglücklich sofort zu und bedankte mich ausdrücklich für die jetzt gefundene Lösung, mit der alle, vor allem meine Linde, leben könnten. Voller Freude umarmte ich meine Linde und teilte den schon gespannt wartenden Menschen die Entscheidung des Münchner Oberbürgermeisters mit. Gro-

ßer Jubel kam auf, und es verbreitete sich mit einem Mal eine Volksfeststimmung auf dem Viktualienmarkt. Die ganze Anstrengung hatte sich gelohnt: Ich hatte zwar nicht das Leben aller Linden, aber wenigstens das Leben einer, meiner »Fricke-Linde«, retten können.
Eine Stunde später gab ich aus der Baumkrone eine letzte Pressekonferenz. Ein großes Medienaufgebot war gekommen, um über

das Ende dieser erfolgreichen Baumbesetzung zu berichten. Um 14:30 Uhr kletterte ich mit einem Victory-Zeichen in einem Blitzlichtgewitter von meiner Linde herunter und wurde von meinen zahlreich erschienenen Freundinnen und Freunden fast erdrückt. Ich winkte meiner Linde zu, und dann durfte ich endlich wieder mit größtem Appetit essen und trinken.

Eine Woche später wurde meine Linde von Fachkräften aus dem Stadtgartenamt behutsam ausgegraben, mit einem Kran auf einen Tieflader gehoben und dann in einer städtischen Baumschule wieder eingepflanzt.
Dort habe ich sie später noch einige Male besucht, sie umarmt und gestreichelt – und es könnte sein, dass die Blätter mir ein kleines »Dankeschön« ins Ohr geflüstert haben.

▮ Rendezvous am Baumstamm: meine Begegnung mit Julia Butterfly Hill

An einem Donnerstag im September 2000 klingelte mein Telefon: »Hallo, Herr Fricke, hier ist Felix Berth von der SZ-Lokalredaktion. Wir haben einen kleinen Anschlag auf Sie vor. Soeben haben wir die Meldung bekommen, dass Julia Butterfly Hill für ein paar Tage nach München kommt. Wir haben uns überlegt, dass es für unsere Leser sicher sehr interessant ist, wenn wir mit Ihnen als lokal bekanntem Baumschützer und mit Julia als global bekannter Baumschützerin ein Interview in einem Baum im Englischen Garten führen.«

Ich sagte sofort zu. Julia Butterfly Hill ist eine der von mir am meisten bewunderten lebenden Menschen auf unserer Erde: Sie saß siebenhundertachtunddreißig Tage allein auf einem über tausend Jahre alten Redwoodbaum auf zwei Plattformen von jeweils vier Quadratmetern in knapp sechzig Metern Höhe und trotzte Regen, Sturm, Kälte und den Attacken von aggressiven Holzfällertrupps, um mit ihrem Leben dieses Baumdenkmal (zärtlich Luna genannt) vor der Abholzung zu schützen. Das war eine einmalige Leistung, die meinen allergrößten Respekt und meine Bewunderung verdiente. Erst kurz vor diesem Anruf war mir ihr Buch *Die Botschaft der Baumfrau* in die Hände gefallen, und ich hatte es in einer Nacht förmlich verschlungen. Ich hatte mir nach dieser mich ungemein berührenden Lektüre gewünscht, Julia zu treffen, um ihr meine Hochachtung für ihre Baumbesetzung auszudrücken und ihr für ihren Einsatz für den Erhalt der einzigartigen Redwoods zu danken. Schneller als gedacht war nun der Moment für diese persönliche Begegnung gekommen.

Zwei Tage später war es so weit. Wir verabredeten uns im Café Monopteros, wo wir ein kurzes Vorgespräch zu unserem Bauminterview führen wollten. Als ich eintraf, saß Julia schon mit dem

SZ-Journalisten am Tisch und trank einen Eiskaffee. Irgendwo musste sie schon ein Foto von mir gesehen haben, denn als sie mich sah, sprang sie auf, kam mir entgegen und umarmte mich mit so herzlicher Kraft, wie sie es sicherlich von der Umarmung vieler Bäume gewohnt war. Julia hatte mit ihren fünfundzwanzig Jahren genau halb so viele Jahre wie ich auf der Erde verbracht und hätte meine Tochter sein können. Am auffälligsten an ihr waren ihre wachen, unternehmungslustig blitzenden Augen. Sie war etwas kleiner als ich, trug ihre schwarzen Haare offen und hatte ungewöhnlich lange Beine. Jetzt konnte ich Julia endlich meinen Dank und meine Bewunderung persönlich ausdrücken. Sie bedankte sich und sagte, dass sie schon zu Hause von meiner Baumbesetzung gehört hatte und das ganz toll fand.

Dann besprachen wir kurz den Ablauf des Interviews und gingen gemeinsam in den Englischen Garten, um einen auch als Fotomotiv geeigneten Baum zu finden. Wir entdeckten sehr bald eine alte, einzeln stehende Buche mit einem dicken Stamm und ausladenden Ästen, die uns förmlich als Aufenthaltsort für unser Gespräch einlud. Der inzwischen eingetroffene SZ-Fotograf platzierte uns so, wie es für das Foto am besten war. Ich kletterte anweisungsgemäß auf einen der dicken Äste, und Julia lehnte sich an den Baumstamm. So waren wir beide mit dem Baum verbunden und hatten in dieser beruhigenden und inspirierenden Atmosphäre genug Zeit, auf die Fragen des Journalisten zu antworten. Nach einer halben Stunde war der offizielle Teil vorbei. Uns blieb noch genug Zeit, durch den Englischen Garten zu wandern und mich mit ihr über unsere gemeinsamen Erfahrungen auszutauschen.

Nach der Lektüre ihres Buches waren mir einige Parallelen zwischen ihrem und meinem Leben aufgefallen. Ebenso wie ich hatte sie ihre Aktion und schon gar nicht deren Verlauf geplant. Wir wurden beide in diese Situation schicksalhaft hineingeworfen und alles andere hat sich Stück für Stück zusammengefügt. Wir hatten beide unsere Baumbesetzung erst beendet, nachdem wir jeweils eine rechtsverbindliche Garantiezusage für das sichere Überleben unserer Bäume bekommen hatten. Die herausfordernde Aufgabe während der Besetzung bestand darin, den manchmal wenigstens in Umrissen sichtbar werdenden Weg voller Vertrauen weiterzugeben. Außerdem war Julia wie ich seit ihrer Kindheit von dem Glauben durchdrungen, dass Gott alles und alle geschaffen hatte, zuerst die Mineralien, dann die Pflanzen, die Tiere und zuletzt uns Menschen. Wir haben dabei als »Krone der Schöpfung« und als die am höchsten entwickelten Wesen den Auftrag bekommen, die Schöpfung als Treuhänder zu bewahren, sie zu hegen und zu pflegen und vor allem mit unseren Gedanken, Gefühlen und Handlungen mehr Licht in die Welt zu bringen. Jedes Lebewesen hatte deshalb nach unserer gemeinsamen Auffassung ein Recht auf ein eigenständiges, seiner Art entsprechendes Leben in Würde und in der größtmöglichen Freiheit, weil es aus der gleichen Energie wie wir selbst geschaffen worden ist.

Während unseres Gesprächs waren wir am Kleinhesseloher See angelangt. Ich lud Julia spontan zu einer Bootsfahrt ein, nachdem sie mir kurz zuvor erzählt hatte, wie sehr sie das Element Wasser in all seinen Variationen lieben würde. Sie genoss die wärmenden Sonnenstrahlen, die im Wasser tausendfache Lichtreflexe erzeugten, und freute sich wie ein Kind an dem Geschnatter von Schwänen, Enten und Gänsen, die immer wieder unseren Kahn umkreisten. In dieser völlig entspannten Atmosphäre erzählte mir Julia, wie sie zu ihrem Engagement als Natur- und besonders als Baumschützerin gekommen sei. Sie habe die ersten Jahre ihres Lebens mit ihrer Familie überwiegend in einem größeren Campingbus verbracht, da ihr Vater als Wanderpfarrer unterwegs war. So hätte sie die Schönheiten und Wunder der Natur und ihre jahreszeitlichen Veränderungsprozesse an vielen Orten miterleben können. Unterwegs wären sie natürlich auch vielen Tieren begegnet, die oft am Campingtisch als Essensgäste zugegen waren. Den klangvollen Zusatznamen Butterfly würde sie seit einem Wildnisurlaub vor einigen Jahren tragen, als sich ein Schmetterling auf ihrem Arm niederließ und bis zum Ende der Reise auf ihrem Körper sitzen blieb. Dann erzählte sie mir von einem dramatischen Wendepunkt in ihrem Leben: Ein Jahr vor der Baumbesetzung habe sie einen fast tödlichen Verkehrsunfall gehabt. Monatelang schwebte sie im Krankenhaus zwischen Leben und Tod. Dann hätte sie Gott ein Gelübde gegeben: »Wenn ich wieder ganz gesund werde, werde ich mein Leben dem Schutz von bedrohten Menschen, Tieren und Pflanzen weihen – und das habe ich ja dann auch wirklich bis heute getan.«

Als die Mietzeit für unseren Kahn abgelaufen war, brachten wir ihn zur Anlegestelle zurück. Julia fragte, ob wir noch einen richtigen Biergarten besuchen könnten, das hätte sie noch nie gemacht und dazu hätte sie jetzt Lust. Wir gingen heiter und beschwingt zum Biergarten am Chinesischen Turm, kauften uns jeder eine Maß Bier und suchten uns dann einen Platz unter einem schönen alten Kastanienbaum. Schließlich fragte ich sie, was die wichtigste Botschaft ihres Baumes Luna für sie persönlich und was ihre Botschaft an die Menschen sei.

Julia antwortete: »Luna hat mich gelehrt, eine andere Sprache, eine Sprache des Herzens, der Gedanken und der Hände zu sprechen. Wir Menschen sind so arrogant, dass wir nur eine verbale Sprache als einzig richtiges Verständigungsmittel gelten lassen, und merken gar nicht, wie sehr wir uns dadurch von einer Kommunikation mit unseren Tier- und Pflanzengeschwistern abschneiden. Mein Baum hat mich außerdem in einem schrecklichen Sturm, in dem ich fast erfroren wäre, gelehrt: ›Wenn du weiter so starr bleibst und Widerstand zu leisten versuchst, wirst du wie ein starrer Ast brechen. Du musst dich biegen lassen und dem Wind nachgeben.‹ Diesen Rat habe ich damals befolgt, und das hat mir das Leben gerettet. Meine Botschaft an die Menschen ist ganz einfach: Achtet jedes Leben als heilig und unverletzlich. Fühlt euch persönlich für das Wohlergehen aller Menschen, Tiere und Pflanzen verantwortlich, mit denen ihr vom ersten bis zum letzten Tag des Lebens verbunden seid. Wir sind auf dem besten Wege, unsere Erde vollständig zu ruinieren. Steigt aus dem sinnlosen Konsumkurs aus. Wir können nichts mitnehmen von dem, was wir hier zusammengerafft haben. Wir sind nackt gekommen und werden nackt wieder gehen. Nehmt euch Zeit für euch selber, schaltet Handys und Computer so oft wie möglich ab. Dann könnt ihr am ehesten wieder erfahren, dass ihr Teil und nicht Herrscher der Natur seid, und das wird eurem Leben einen neuen Sinn geben.«

Ich dankte Julia für ihre mit ernster Leidenschaftlichkeit gesprochenen Worte und nahm sie bewegt in die Arme. Aus einer ge-

meinsamen Laune heraus nahmen wir unsere Bierkrüge, umfassten gemeinsam unseren Kastanienbaum mit unseren Händen und stießen auf sein und unser und das Wohl aller Lebewesen auf unserem einzigartigen Heimatplaneten Erde an.
Dann verabschiedeten wir uns: »Walk in peace, Julia!«, »Walk in peace, Bernhard!«

▎David sitzt im Weg: Alarmruf an die Bahn

Den verzweifelten Blick mit den vor Entsetzen geweiteten Augen des Zugführers des von mir blockierten und damit an der pünktlichen Weiterfahrt gehinderten ICE werde ich mein Leben lang nicht vergessen: Kurz vor der Abfahrt des ICE nach Hamburg war ich im Pasinger Bahnhof auf das Gleis gesprungen, hatte in Windeseile Tisch und Stuhl auseinandergeklappt und ein Schild mit der Aufschrift »SOS für die Erde« und eine Sonnenblume als Symbol für das Leben auf den Tisch gestellt. Da saß ich dort mit einem Ankh-Kreuz, einem starken Schutzzeichen, um den Hals, dem Zugführer in seinem erhöhten Fahrerstand gegenüber. Wahrscheinlich hätte die Begegnung mit einem Außerirdischen für ihn nicht schockierender sein können. Wie es zu dieser in der deutschen Bahngeschichte einmaligen Blockadeaktion als letztes Glied in einer Kette von vergeblichen Versuchen, die Bahn auf offenkundige Missstände aufmerksam zu machen, kam, möchte ich jetzt erzählen.
Eigentlich bin ich seit meiner Kindheit ein überzeugter Bahn-Fan. Oft spielte ich als Kind mit meinem Bruder Georg mit einer Märklin-Modelleisenbahn. Er hatte dabei eindeutig den dynamischeren Part, baute gerne neue, immer kompliziertere Strecken aus und erweiterte den Fuhrpark mit neuen Modellen, während mir allein schon das Zuschauen der ratternden Züge Freude machte. Als Kind war der »Wuermeling«, ein nach dem damaligen Familienminister benannter fünfzigprozentiger Ermäßigungsschein für Bahnfahrten für kinderreiche Familien – zum Glück waren wir mit drei Kindern »kinderreich« –, ein bekanntes und oft genutztes Reisepapier.
Die Vorteile der Bahn gegenüber dem Auto liegen, damals wie heute, zweifelsfrei auf der Hand: Man kann während der Fahrt lesen, schreiben, diktieren, essen und trinken, Musik hören oder sich angeregt mit netten Mitreisenden unterhalten, und man leistet durch das Bahnfahren zudem auch noch einen wertvollen

Beitrag für die Umwelt, denn die Bahn ist mit dem verhältnismäßig geringsten CO_2-Ausstoß das bei Weitem umweltfreundlichste Verkehrsmittel.

Meine Bahnerfahrungen intensivierten sich, als ich vor einigen Jahren in den Chiemgau zog, aber weiter in meiner Kanzlei und im »David gegen Goliath«-Büro in München arbeitete. Mit einem Mal wurde ich zum Berufspendler und war mit einer Jahreskarte fast täglich im Nahverkehr und oft zusätzlich beruflich im Fernverkehr unterwegs. Seitdem hat sich meine viele Jahre andauernde Liebesgeschichte mit der Bahn immer mehr in eine Leidens-, bisweilen sogar Horrorgeschichte verwandelt, die besonders im Winter teilweise krasse Formen annahm. Regelmäßige Verspätungen, mangelhafte Informationen in den Zügen und an den Bahnsteigen, überfüllte Züge zu den Stoßzeiten, veraltetes Wagenmaterial sowie überfordertes Personal gehörten und gehören noch immer zur Tagesordnung und bereiteten mir und anderen Reisenden unnötigen Stress und viele geplatzte Termine.

Die Misere nahm ihren Anfang, als die Bundesregierung beschloss, die Bundesbahn, bis dahin Garant für Pünktlichkeit und Zuverlässigkeit und Aushängeschild für eine am Bürgerwohl orientierte staatliche Daseinsvorsorge im Verkehrsbereich war, aus Kostengründen in eine Aktiengesellschaft umzuwandeln. Das primäre Unternehmensziel der neuen Bahn AG lautete von nun an, wie bei jeder anderen Aktiengesellschaft, möglichst hohe Gewinne zu erwirtschaften. Jetzt stand nicht mehr das Fahrgastwohl, sondern das Markt-Profitwohl im Vordergrund. Diese Entwicklung wurde noch weiter forciert, als der damalige Bahnchef Hartmut Mehdorn von der Bundesregierung den Auftrag bekam, den Börsengang der Bahn, die damals noch im hundertprozentigen Bundesbesitz war und es bis heute geblieben ist, vorzubereiten. Jetzt musste die Bahn also nicht mehr für alte und neue Fahrgäste, sondern in erster Linie für künftige Kapitalanleger um jeden Preis attraktiv gemacht werden. Solche Zielvorgaben sind immer nur nach dem gleichen Muster zu erreichen: Die Ausgaben müssen gesenkt und die Einnahmen vergrößert werden. Deshalb wurden noch mehr Strecken stillgelegt, wurde noch mehr Personal entlassen, wurden noch mehr Bahnhöfe und andere im Bahneigentum befindliche Immobilien verkauft, Ersatzteildepots aufgelöst sowie Reparaturarbeiten an den Gleisen und die Anschaffung neuer Züge aufgeschoben. Dass ein Unternehmen durch die kurzfristige Erreichung dieser Ziele langfristig Substanz verliert und Schaden nimmt, wird dabei in Kauf genommen. Die absehbaren Folgen waren noch mehr Verspätungen, noch überfülltere Züge zu den Hauptverkehrszeiten, zunehmend demotiviertes Personal, das zu wenig in die Veränderungsprozesse eingebunden wurde und in Sorge um den Verlust des Arbeitsplatzes war, und ein ausgedünnter, oft nur eingeschränkter Service in den Fernzügen – und als Gipfel der Zumutung regelmäßig ansteigende Preise. Die von kurzsichtigen Politikern gewollte Umwandlung der bisherigen Staats- und Bürgerbahn zur Kommerzbahn führte natürlich zu einer steigenden Verärgerung unter den Fahrgästen und zu anhaltend negativen Schlagzeilen sowie einer schlechten Berichterstattung über diese strukturell verwandelte Pannenbahn. Diese Entwicklung hatte auch für die Umwelt fatale Folgen: Immer mehr Fahrgäste stiegen von der Bahn wieder auf das Auto um und immer weniger vom Auto auf die Bahn. Bekanntlich stammen dreißig Prozent der für die Klimakatastrophe verantwortlichen Emissionen aus dem Verkehrsbereich, mit dem Auto als größtem Umweltverschmutzer. Deshalb wäre der wirksamste Klimaschutz, mit allen Mitteln zu versuchen, diesen Trend umzukehren und die Autofahrer durch vielfältige Anreize wie gute Verbindungen, guten Service und attraktive Preise zu überzeugten Bahn-Konvertiten zu machen. Und sicherlich könnten auch viele Fluggäste für die Bahn gewonnen werden, wenn Flugbenzin endlich in gleicher Weise wie das Kfz-Benzin besteuert würde. Das würde automatisch dazu führen, dass die Flugpreise deutlich angehoben werden müssten und Bahnreisen auch preislich wieder eine konkrete Alternative wären.

Auf diese Missstände machte ich wiederholt und mit Nachdruck in Schreiben an den Bahnvorstand und an die zuständigen Verkehrspolitiker aufmerksam und drängte auf rasche Abhilfe. Die

meisten Schreiben wurden einfach ignoriert, nur wenige mit einem nichtssagenden Formularschreiben beantwortet. Meine Versuche, meine Beschwerden telefonisch vorzubringen, endeten entweder in der Warteschleife oder bei einem routiniertfreundlichen Mitarbeiter eines Callcenters, der versprach, die Beschwerden weiterzuleiten – wahrscheinlich mit einer Wiedervorlage am Jüngsten Tag. Alle meine mit hohem zeitlichem und energetischem Aufwand vorangetriebenen Bemühungen um eine Verbesserung der Situation verliefen im Sande.

Nicht im Sande verlief aber mein wachsender Zorn. Das Fass zum Überlaufen brachte eine bis heute unvergessene Bahnreise mit dem ICE von Würzburg nach Dresden, wo ich den fünfzigsten Geburtstag eines alten Freundes feiern wollte. Dieser Zug hatte schon bei der Ankunft zwanzig Minuten Verspätung und war so überfüllt, dass ich bereits Mühe hatte, einzusteigen und wenigstens in den Zuggang zu gelangen. Dort standen die Fahrgäste wie die Heringe dicht an dicht aneinandergedrängt – für ältere oder gebrechliche Menschen und für Kinder eine unmögliche, ja gefährliche Situation. Die Abfahrt verzögerte sich aufgrund der chaotischen Überfüllung immer weiter, und immer mehr Fahrgäste stiegen wieder aus, weil ihnen die Situation in diesem Zug zu gefährlich war. Endlich setzte sich der ICE in Bewegung, und alle hofften, dass es zu keiner Vollbremsung kommen würde, da es dann mit Sicherheit viele Verletzte gegeben hätte.

Ich hatte keine Ahnung, wie ich die bevorstehende vierstündige Fahrt überstehen würde. Nach einer Stunde entdeckte ich einen völlig abgekämpft aussehenden Schaffner, der sich mit hochrotem Kopf durch den Gang quälte. Auf die Kontrolle der Fahrkarten hatte er wegen der aufgeheizten Stimmung unter den Fahrgästen verzichtet. Auf meine Frage, wie es zu derart unzumutbaren Zuständen für die Reisenden kommen könne, antwortete er mit einem Ausdruck der Verzweiflung, dass dieser Zug eigentlich wegen der alle Sicherheitsgrenzen überschreitenden Überfüllung gar nicht hätte weiterfahren dürfen und eigentlich hätte geräumt werden müssen. Da eine solche Räumung erfahrungsgemäß zu erheblichen Spannungen unter den zum Aussteigen gezwungenen Fahrgästen führen würde und zu der Zeit nicht genügend Polizisten zur Absicherung der Räumung zur Verfügung gestanden hätten, hätte sich die Betriebsleitung trotz erheblicher Be-

denken zur Weiterfahrt entschlossen. Der Schaffner tat mir leid: Er musste für das von der Bahn zu verantwortende Organisationschaos seinen Kopf hinhalten. Im Falle eines durch die Überfüllung verursachten Unfalls würde er größte, möglicherweise sogar strafrechtliche Probleme bekommen.
Nach einer weiteren Stunde Fahrt entspannte sich die Situation, da an den nächsten Stationen mehr Fahrgäste aus- als zugestiegen waren. Jetzt konnte ich bis zum Bordrestaurant vorstoßen, wo es inzwischen aber keine warmen Speisen mehr gab und auch der Kaffeeautomat ausgefallen war. Zu allem Überfluss musste ich jetzt ein dringendes, bis dahin aufgeschobenes Bedürfnis erledigen und machte mich auf die Suche nach einer Toilette. An der ersten und zweiten WC-Tür hing ein gelber Zettel, der besagte, dass die Toiletten nicht funktionieren würden. Beunruhigt machte ich mich auf die Suche nach einer freien und funktionierenden Toilette. Mit immer schnelleren Schritten hastete ich durch die Gänge – und fand alle, aber auch wirklich alle weiteren WC-Türen verschlossen. Jeder weiß aus eigener Erfahrung, wie peinlich, ja notvoll eine Situation ist, in der man muss, aber nicht kann.
Irgendwie schaffte ich es, still und zusammengekauert auf meinem Platz im Bordrestaurant sitzend, bis nach Dresden zu kommen. Bei der Ankunft wunderte sich mein Freund Andreas nur, als ich wie ein Blitz in Richtung eines heiß ersehnten Örtchens an ihm vorbeisauste. Nach kurzer Zeit kehrte ich voller Erleichterung und strahlend zu ihm zurück, nahm ihn in die Arme und berichtete von dieser unvergesslichen Horrorbahnfahrt. Jetzt hatte er volles Verständnis für die aufgeschobene Begrüßung, und wir konnten gemeinsam ein schönes Geburtstagsfest feiern.
Doch nach dieser Horrorfahrt wollte ich nicht einfach zur Tagesordnung übergehen. Die Bahn, die ihre Fürsorgepflicht in vielfacher Weise gegenüber mir und vielen anderen Fahrgästen vernachlässigt hatte, hatte einen kräftigen Denkzettel verdient. Zum Glück hatte ich mir vom Schaffner eine Bestätigung über die nicht funktionierenden Toiletten geben lassen und auch die Namen einiger Mitreisender als Zeugen notiert. Ich brauchte jetzt nur noch

ein Attest, in dem die durch die stundenlang verhinderte Blasenentleerung verursachten ganz erheblichen Schmerzen bestätigt wurden; das war dann auf der strafrechtlichen Ebene als Körperverletzung zu bewerten, was für den Verfahrenserfolg wichtig war. Dieses Attest wurde mir von einem bekannten Münchner Urologen nach eingehender Untersuchung ausgestellt. Damit war der Weg für die Geltendmachung einer saftigen Schmerzensgeldforderung in Höhe von zweitausend Euro frei. Da die Bahn mit bekannter Arroganz und Ignoranz jede außergerichtliche Einigung ablehnte und sich noch nicht einmal für die unwürdigen Umstände jener Horrorzugfahrt entschuldigen wollte, verklagte ich sie mit einiger prozessualer Mühe vor dem zuständigen Amtsgericht Frankfurt. Das Verfahren fand unter großer öffentlicher Anteilnahme statt, da es bis dahin noch niemand geschafft hatte, den als undurchdringlich geltenden Schutzzaun aus Gesetzen und umfangreichen Allgemeinen Geschäftsbedingungen zu durchbrechen, mit dem sich die Bahn vor allen Ansprüchen schützen konnte. Der Richter, der offenkundig selbst auch schon einige schlechte Erfahrungen mit der Bahn gemacht hatte, brachte offen seine sachlich begründete Sympathie mit meiner Klage zum Ausdruck. Um eine umfangreiche Beweisaufnahme zu vermeiden, schlug er einen Vergleichsbetrag von eintausend Euro vor. Ich stimmte dem Vorschlag nach kurzem Überlegen zu. Es war mir in erster Linie darum gegangen, die Bahn überhaupt zur Zahlung eines nennenswerten Schmerzensgeldes zu zwingen, und dieses Ziel hatte ich erreicht. Außerdem hätte ich bei der Fortsetzung des Prozesses einen weiteren Tag meines Lebens in einem Zug verbringen müssen, um wieder von München nach Frankfurt zum Gericht zu gelangen – und das wollte ich mir nicht unbedingt antun. Dieses erfolgreiche Verfahren gegen den Bahn-Goliath ging als »Pinkelprozess« in die deutsche Rechtsgeschichte ein und bedeutete einen schweren Imageschaden für die Bahn. Ich konnte mit diesem Erfolg vor allem vielen anderen Fahrgästen Mut machen, sich nicht mehr klaglos jedes Ärgernis der Bahn gefallen zu lassen.
Auf der erfreulicherweise reibungslos verlaufenden Rückfahrt mit einem ICE fiel mir durch Zufall ein Artikel einer Münchner

Zeitung in die Hände, in dem das deutschlandweit einzige Nachttopfmuseum in München anlässlich einer neuen Ausstellung vorgestellt wurde. Sofort kam mir die Idee, diese bildstarken Utensilien für eine weitere Aktion im Münchner Hauptbahnhof zu nutzen, um damit auf die Problematik der oftmals funktionsunfähigen Toiletten vor allem in Fernzügen aufmerksam zu machen.
In München angekommen, machte ich einen Termin mit dem Direktor dieses einzigartigen Museums in der Altstadt aus. Schnell war meine Leidensgeschichte auf der langen ICE-Fahrt erzählt: Sie war die Grundlage der daraufhin geplanten, spektakulären »Pinkelpott-Aktion« im Münchner Hauptbahnhof. Er hörte aufmerksam zu und erzählte dann von seinen eigenen Ärgernissen mit der Bahn bei seinen täglichen Bahnfahrten. Deshalb war er schnell auf meiner Seite und meinte, der Bahn gehöre wirklich ein gehöriger Denkzettel verpasst. Er stellte mir zehn wertvolle Nachttöpfe aus den letzten drei Jahrhunderten, die er noch nie ausgeliehen hatte, als Aktions-Utensilien und vor allem spektakuläre Eyecatcher für die bildergeilen Fotografen zur Verfügung und verpackte sie sogleich transportsicher in dicke, flauschige Packbahnen aus Watte. Bereits zwei Tage später ging die Aktion unter dem Motto »Für alle Fälle: den eigenen Pinkelpott mitnehmen« vor einem im Münchner Hauptbahnhof wartenden ICE über die Bühne. Zehn DaGG-Aktivisten standen jeweils mit einem Nachttopf bewaffnet vor jedem Zugabteil, andere verteilten Flugblätter an die Fahrgäste im Zug und auf den Bahnsteigen, um den Hintergrund der Aktion zu erläutern. Die einzigartigen Fotomotive wurden von den Pressefotografen begeistert aufgenommen und führten am folgenden Tag zu einer guten Berichterstattung über unsere Aktion.
In dieser Zeit erhielten wir Berge von Dankesbriefen von frustrierten Bahnfahrern aus ganz Deutschland – alle mit dem Tenor: »Endlich hat sich mal einer getraut, auf die Missstände im Zugverkehr und auf die Arroganz der Bahn im Umgang mit Kundenbeschwerden hinzuweisen.«
Aber auch diese Aktion führte zu keinerlei, geschweige denn einsichtigen Reaktionen der Bahn-Goliaths. Es musste also noch

eins draufgesetzt werden – ein noch viel stärkerer Weckruf musste ertönen. Ich dachte lange über eine wirkungsvolle Aktion nach, zerbrach mir immer wieder den Kopf, aber eine zündende Idee wollte einfach nicht kommen. Kurze Zeit später wachte ich mitten in der Nacht auf: Wie ein Blitz war mir ein Bild in den Kopf geschossen, wo ich mit einem kleinen Stühlchen vor einem ICE auf dem Gleis saß und ihn an der Weiterfahrt hinderte. Mir war sofort klar: Das war genau die Aktion, die mir vorher in meinem überlasteten Tagesbewusstsein nicht hatte einfallen wollen. Schon am nächsten Tag begann ich mit den Vorbereitungen für die Umsetzung. Zunächst musste ein geeigneter Schauplatz gefunden werden. Der Hauptbahnhof schied aus, weil dort viel zu viele Überwachungskameras angebracht und zu viele Polizeikräfte im routinemäßigen Einsatz waren. Es kam also nur der Bahnhof Pasing infrage, an dem sich eine Haltestation für ICE-Züge befand. Mit meinem Freund Otto nahm ich den geplanten Tatort in Augenschein. Wir inspizierten das Gleis für die ausfahrenden ICE-Züge und den Haltepunkt des Steuerungswagens, prüften die Entfernungen und stoppten die Zeiten. Dann besprach ich mit einer befreundeten Theaterregisseurin die bildgerecht wirkungsvollste Inszenierung. Wir kamen überein, dass wir als Requisiten einen kleinen weißen Klapptisch, einen Klappstuhl und eine Blumenvase für eine Sonnenblume benötigen würden. Ich sollte zu Beginn der Aktion so schnell wie möglich auf die Gleise springen und mir diese Requisiten von Helfern herunterreichen lassen. Dann sollte ich sie so aufbauen, dass ich auf meinem kleinen Klappstuhl hinter dem weißen Tisch sitzend den Zugführer direkt im Blick hatte. Das würde das eindrucksvollste Bildmotiv abgeben. Dann liefen die Vorbereitungen nach dem bewährten Schema aller »David gegen Goliath«-Aktionen ab: Das Aktionsmotto wurde ausgewählt, Transparente gemalt, Flugblätter vorbereitet, der Termin festgelegt und die Aktivisten zu einer Lagebesprechung eingeladen. Wir wussten, dass diese Aktion eine große Nummer war. So konnten wir sie natürlich nicht anmelden, weil illegale Aktionen nicht genehmigungsfähig sind. Das bedeutete für jeden unserer Aktivisten das Risiko einer

Strafanzeige wegen Beteiligung an einer nicht angemeldeten Demonstration. Deshalb waren mögliche Konflikte mit der Polizei vorprogrammiert. Auf diese Risiken wurde jeder unserer Mitstreiter hingewiesen und ihm die Teilnahme in eigener Verantwortlichkeit freigestellt.

Fünf Tage später sollte es losgehen. Diese Zeit nutzte ich intensiv, um mich auf langen Spaziergängen und in Meditationen mental auf diese herausfordernde Aktion vorzubereiten. Denn mir als Anwalt war bewusst, dass ich unter Umständen mit einer Verhaftung und einer Anklage rechnen musste – obwohl sichergestellt war, dass kein Fahrgast zu Schaden kommen würde, sondern es nur zu einer vorübergehenden Verzögerung seiner Reise, wie auch bei vielen anderen Zugfahrten, kommen würde.

Je näher der Aktionstag rückte, desto klarer und ruhiger wurde ich. Ich wusste, was ich tat und weshalb ich es tat. Zudem hatten wir vor dieser »Ultima Ratio«-Aktion alle Mittel ausgeschöpft, um uns bei der Bahn mit unseren Anliegen für die Umwelt und die Fahrgäste Gehör zu verschaffen. Die in diesem Fall besonders sensible Aufgabe, die Journalisten über diese illegale Aktion zu informieren, übernahm ich selbst. Dann war es so weit: Die Aktion sollte am nächsten Morgen um elf Uhr starten. Es war vereinbart, dass jeder Aktionsteilnehmer sicherheitshalber auf eigene Faust zum Pasinger Bahnhof fahren sollte. Otto holte mich um kurz nach zehn Uhr ab, wir verfrachteten Klapptisch, Klappstuhl und die Vase mit der Sonnenblume in ein wartendes Taxi und ließen uns zum Pasinger Bahnhof bringen. Das »SOS für die Erde«-Schild hielt ich in meiner Hand. Auf der Fahrt sprachen wir kaum ein Wort – es war alles besprochen, und die Spannung war kaum mehr zu ertragen. Würden wir bereits von der Polizei erwartet werden, würden alle Mitstreiter und vor allem die Journalisten rechtzeitig erscheinen? Das waren nur einige der Fragen, die mir durch den Kopf gingen. Aber zu ändern war jetzt eh nichts mehr, und als wir nach einer knappen Viertelstunde den Pasinger Bahnhof erreichten, war ich wieder ganz ruhig geworden. Wir gingen sofort zum Ankunftsgleis des ICE. Die Zeiger der Bahnhofsuhr standen auf 10:35 Uhr. Uns blieben noch fünf-

undzwanzig Minuten Zeit. Zu meiner Erleichterung stellte ich fest, dass die meisten Journalisten und meine Mitstreiter mit den noch eingerollten Transparenten und Flugblättern rechtzeitig auf dem Bahnsteig eingetroffen waren. Wir nahmen uns kurz in die Arme und wünschten uns gutes Gelingen. Dann musste ich mich auf die ersten Interviews konzentrieren. Plötzlich ertönte eine Lautsprecherdurchsage, dass der ICE nach Hamburg fünf bis zehn Minuten Verspätung haben würde.
»Na, ja, die paar Minuten werden wir auch noch aushalten«, ging es mir durch den Kopf.
Dann war es so weit. Der heiß erwartete ICE fuhr ein und kam ziemlich genau an der Stelle, wo ich ihn bereits erwartete, zum Stillstand. Jetzt ging alles ganz schnell: Ich sprang sofort auf das Gleis, ließ mir Tisch, Stuhl und Vase herunterreichen, klappte alles auf und setzte mich wie geplant auf meinen Stuhl vor den Klapptisch, nur etwa zwei Meter von der Spitze des Zuges entfernt. Jetzt hörte ich nur noch das Klicken der Kameras und änderte bereitwillig meine Position nach den Wünschen der Fotografen. Nun sah ich auch die aufgerollten Transparente und meine Mitstreiter, die Flugblätter verteilten und in Gespräche mit den Fahrgästen vertieft waren. Erst jetzt fand ich Zeit, mir den Zugführer näher anzusehen. Hinter dicken Sicherheitsscheiben entdeckte ich sein entsetztes Gesicht, das von oben aus etwa drei Metern Höhe auf mich mit meiner Sonnenblume und dem »SOS für die Erde«-Schild herabblickte. Vom hinteren Bahnsteigrand sah ich zwei Schaffner auf mich zulaufen, die mir wütend zuriefen: »Kommen Sie sofort aus dem Gleis raus, der ICE muss abfahren, sonst können Sie mit einer Anzeige rechnen.«
Inzwischen waren auch meine Mitstreiter hinzugekommen, drückten den aufgebrachten Bahnleuten unsere Flugblätter in die Hand und versuchten vergeblich, ihnen den Sinn dieser Aktion zu erklären. Immer wieder ertönte jetzt ein durchdringendes Warnsignal aus dem Führerstand des abfahrtbereiten Zuges. Ich blieb noch einige Zeit unbeeindruckt sitzen – dann aber hatte ich das Gefühl, dass die symbolische Blockade ihr Ziel erreicht hätte: alle Fotos waren geschossen, alle Flugblätter verteilt, alle Inter-

viewwünsche erfüllt. Es gab nichts mehr zu tun. Ich beendete die Aktion, reichte Tisch und Stuhl zu meinen Mitstreitern hoch und ließ mich mit einem kräftigen Ruck auf den Bahnsteig ziehen. Da erst wurde uns bewusst, dass wir ein Riesenglück gehabt hatten, denn weit und breit war noch immer keine Polizei zu sehen. Ohne Not muss man nicht in eine Märtyrerrolle schlüpfen, sich festnehmen lassen und kostbare Stunden bei polizeilichen Verhören vergeuden, ging es mir durch den Kopf. Ich gab das Zeichen zum Aufbruch und wir verließen den Bahnhof auf getrennten Wegen. Als ich raschen Schrittes den Pasinger Bahnhof durch den rückwärtigen Ausgang verlassen wollte, hörte ich das laute Stiefelgetrampel einer Polizeihundertschaft, die zu dem Gleis stürmte, das ich gerade noch rechtzeitig verlassen hatte. Vorsichtshalber versteckte ich mich erst einmal im Hinterzimmer einer angrenzenden Kneipe, wo schon wenig später eine Streife zur Überprüfung, allerdings nur der im Hauptraum sitzenden Gäste, erschien. So blieb ich unentdeckt, stellte aber fest, dass meine beiden Handys nicht mehr funktionierten. Erst nach zwei Stunden fuhr ich mit dem Taxi in meine Kanzlei zurück, wo meine Telefone ebenfalls für eine längere Zeit ohne Verbindung gewesen waren. So konnte ich noch eine Reihe von Interviewanfragen erledigen, sagte dann aber alle weiteren Termine ab und erholte mich bei einer kleinen Bergtour auf der Kampenwand.
Das Presseecho war gewaltig und löste intensive Diskussionen auf der politischen Ebene, unter den Fahrgästen und endlich auch im Vorstand der Bahn aus. Ich hatte mit großem persönlichem Aufwand ein Zeichen gesetzt, einen Alarmruf losgelassen, dass die kommerzialisierte Katastrophenbahn nicht nur für die Fahrgäste, sondern auch für die Umwelt zum Problem geworden war. Mehr konnte und wollte ich nicht mehr tun, dazu waren jetzt andere aufgerufen, die durch meinen Weckruf wachgerüttelt worden waren. Das Ermittlungsverfahren wurde übrigens nach längerer Zeit eingestellt. Das Verfolgungsinteresse der Bahn war offenkundig gering: Sie hatte kein Interesse, in einem Strafverfahren wegen der von mir zu Recht kritisierten Missstände an den Pranger gestellt zu werden.

■ Ich steige meiner Kirche aufs Dach: Kampf gegen Kommerzwerbung an Kirchtürmen

An einem schönen Aprilmorgen im Jahr 1995 radelte ich von meiner Wohnung in der Lindwurmstraße zum Münchner Rathaus, um an einer Vollversammlung des Stadtrats teilzunehmen. Am Sendlinger-Tor-Platz fuhr ich wie immer an der Matthäuskirche, einer evangelischen Bischofskirche, vorbei. Der Kirchturm war seit einiger Zeit wegen anstehender Baumaßnahmen eingerüstet. Ich wollte an diesem Morgen meinen Augen nicht trauen, als ich am Kirchturm ein mehrere Meter großes Werbeplakat entdeckte. Das durfte doch nicht wahr sein – den Turm einer Kirche, eines Sakralbaus, der untrennbar zu dem mit ihm verbundenen Gotteshaus gehört, konnte man doch nicht so einfach zu einer Litfaßsäule für kommerzielle Werbung degradieren! Auch wenn ich längst wusste, dass Gott überall in seiner Schöpfung zu Hause ist, ist eine Kirche doch ein besonderer Ort seiner Verehrung. Ich war auch deshalb besonders betroffen, weil die Matthäuskirche meine Gemeindekirche war, ich dort gelegentlich einen Gottesdienst besuchte und den leitenden Pfarrer kannte. Ich beschloss, sofort zu ihm zu fahren, um meiner Empörung Luft zu machen. Er war nicht anwesend, und so vereinbarte ich für die Sitzungspause des Stadtrats einen Termin mit seiner Sekretärin. Ich war pünktlich zur Stelle und wurde sofort empfangen. »Herr Fricke, ich habe schon gehört, dass Sie sich über die Kommerzwerbung an unserem Kirchturm fürchterlich aufgeregt haben. Ich muss sagen, dass ich das nicht ganz verstehen kann. Zum einen gehört der Turm nach evangelisch-lutherischem Verständnis nicht unmittelbar zum sakralen Bereich der Kirche, und zum anderen sind wir verpflichtet, bei allen Baumaßnahmen einen gewissen finanziellen Eigenanteil zu erbringen. Wir waren deshalb froh, dass wir durch die Werbung an un-

serem Kirchturm ganz beachtliche Einnahmen erzielen können.« Ich starrte ihn einen Moment lang völlig entgeistert an. Das waren die gleichen von keiner Sensibilität getrübten Sachzwangargumente, die ich mir bei fragwürdigen Maßnahmen im kommunalen oder im staatlichen Bereich immer wieder anhören musste. Ich antwortete ihm, dass eine Kirche von den Menschen als Einheit wahrgenommen werde und sie keine Unterscheidung zwischen dem Kirchturm und dem Kirchenschiff machten. Dann fragte ich ihn, ob er sich eine derartige Kommerzwerbung an einer Synagoge oder Moschee vorstellen könnte. Das musste er, sichtlich irritiert, mit Nein beantworten. Ebenso verneinen musste er meine weitere Frage, ob er sich vor der Entscheidung für die Außenwerbung an der Kirche in einem Rundbrief an seine Gemeinde gewandt und alle Architekten, Bauträger, Schreiner und Maurer um einen Beitrag zur Renovierung des Kirchturms gebeten hätte. Es herrschte eine unbehagliche Stille im Raum. Ich sah ihn nachdenklich an und sagte: »Ihre Erklärungen können mich in keiner Weise zufriedenstellen. In einer Zeit der totalen Kommerzialisierung und der werblichen Durchdringung aller privaten und öffentlichen Lebensbereiche hat die Kirche ohne Wenn und Aber eine Vorbildfunktion zu erfüllen. Wenn sie diese nicht wahrnimmt, verliert sie jede Glaubwürdigkeit gegenüber den Menschen, aber auch gegenüber dem am kurzfristig Machbaren interessierten Staat und der auf Profitmaximierung ausgerichteten Wirtschaft. Wenn Kirche zur Welt wird und Kommerzwerbung am Kirchturm für ein paar Silbergroschen käuflich wird, werde ich meine Mitgliedschaft in der Kirche so lange ruhen lassen, bis das Werbeplakat abgehängt ist. Außerdem bitte ich um die Einberufung einer Gemeindeversammlung, um den Vorgang mit den anderen Gemeindemitgliedern zu diskutieren.« Dann verabschiedete ich mich, da ich zurück in die Vollversammlung musste.
Am Nachmittag veröffentlichte ich eine geharnischte Presseerklärung, die große Aufmerksamkeit erregte und zu der gewünschten öffentlichen Diskussion über die Statthaftigkeit von Kommerzwerbung an Kirchtürmen beitrug.

Schon in der folgenden Woche war eine öffentliche Gemeindeversammlung in Sankt Matthäus anberaumt, bei der der Leiter des Kirchenbauamtes und ich die Gelegenheit hatten, unsere unterschiedlichen Standpunkte zur Frage der Kommerzwerbung an Kirchtürmen zu vertreten. Der Gemeindesaal war bis auf letzten Platz gefüllt. Der Leiter des Kirchenbauamtes wies begründet darauf hin, dass der Kirchturm aufgrund von abnutzungsbedingten Baumängeln dringend renoviert werden müsse, dass diese Arbeiten mit erheblichen Kosten verbunden wären und die jeweilige Kirchengemeinde einen finanziellen Eigenbeitrag im Rahmen ihrer Möglichkeiten leisten müsse. Er sähe in Erfüllung dieses Zwecks kein Problem darin, aus Werbeeinnahmen am Kirchturm wenigstens einen Teil der Renovierungskosten finanzieren zu können. Meine Fragen, ob eine Kirche, die von den meisten Menschen immer noch als das »Haus Gottes« wahrgenommen wird, nicht eine Vorbildfunktion zu erfüllen habe und der Zweck eben nicht immer die Mittel heiligen würde und ob er sich ein Werbebanner an einer Moschee oder gar Synagoge vorstellen könne, brachten ihn sichtlich in Verlegenheit. Er wollte oder konnte darauf keine Antwort geben.

In der Diskussion überraschte mich besonders, wie wenig sich die meisten Menschen Gedanken über diese Problematik gemacht hatten: Für sie war ihre Kirche einfach ein Funktionsgebäude, das sie mehr oder weniger regelmäßig besuchten, aber kein besonderer, kein heiliger Ort, der ein besonderes ehrfurchtsvolles Verhalten erfordern würde. Wie der Bauamtsleiter sahen die meisten zunächst überhaupt kein Problem darin, mit Werbemaßnahmen am Kirchturm Geld in die Kasse zu bekommen. Erst meine Hinweise auf den Umgang anderer Religionen mit ihren heiligen Plätzen und auf die Tempelreinigung Jesu als einen seiner wenigen bekannt gewordenen aggressiven Akte lösten einen Stimmungsumschwung aus. Das führte dazu, dass sich die Besucher der Gemeindeversammlung zum Schluss mit einer klaren Mehrheit für eine schnellstmögliche Beendigung der Kommerzwerbung am Turm der Bischofskirche Sankt Matthäus aussprachen. Ich kündigte an, dass ich meine Mitgliedschaft bis zur

Beendigung der Werbemaßnahme ruhen und im Wiederholungsfall aus der Kirche austreten würde.

Die Kommerzwerbung an der Sankt-Matthäus-Kirche wurde kurze Zeit später tatsächlich beendet. Hätte ich diese Diskussion nicht mit meinem vehementen Einsatz erzwungen, hätte sich keiner über den Missbrauch eines Kirchturms als Litfaßsäule aufgeregt und man hätte über diesen weiteren Tabubruch mit dem üblichen, nonchalanten *Business as usual* hinweggesehen.

Aber damit war das Thema nicht vom Tisch. Das schlechte Beispiel machte Schule: Kurze Zeit später prangte auch vom Turm der Markuskirche, einer anderen markanten protestantischen Kirche im Zentrum von München, ein großes Werbeplakat. Jetzt musste ein noch deutlicheres Zeichen gesetzt werden, um den Werbewahnsinn an Kirchen zu stoppen. Ich beschloss mit meinen Freunden von David gegen Goliath, über dem Kommerztransparent ein aussagekräftiges Protestplakat mit dem Slogan »Und abermals krähte der Hahn. Kommerzwerbung entheiligt ein Gotteshaus« anzubringen. Diese nicht ungefährliche Aktion wollte ich gemeinsam mit meinem kletterererprobten Freund Otto durchführen. Bei einem Ortstermin stellten wir fest, dass das Baugerüst am Boden gut gesichert war und ohne Schlüssel kein Zugang zu dem in zwanzig Metern Höhe angebrachten Werbetransparent möglich war. Wir fanden heraus, dass die Eingangstür zum Kirchturm nicht verschlossen war und wir von einem Fenster im ersten Stock auf eine ziemlich stabil erscheinende Plattform des Baugerüstes gelangen konnten. Wir trafen uns am nächsten Tag in der Mittagszeit vor der Kirche, als die Bauarbeiter Pause hatten. Otto hatte das Transparent in seinem großen Rucksack verstaut. Die Befestigungsseile und das Werkzeug hatte er in einem kleineren Rucksack untergebracht, den ich mir auf den Rücken schnallte. Als die Luft rein und keine Menschenseele weit und breit zu sehen war, gingen wir durch die auch an diesem Tag unverschlossene Kirchturmtür zum Fenster im ersten Stock. Nur mit Mühe konnten wir uns mit unseren Rucksäcken zu der vor uns liegenden Plattform durchzwängen und mit dem Aufstieg beginnen. Dieser führte über eine schmale Leiter zu der in ca. vier Metern Höhe darüberliegenden nächsten Plattform. Bis dahin glaubte ich von den Erfahrungen meiner verschiedenen Bergtouren ziemlich schwindelfrei und trittfest zu sein. Otto kletterte munter voran, und ich konnte ihm zunächst gut folgen, obwohl es eine ziemlich wacklige Angelegenheit war und der Wind immer stärker durch die Gerüstverstrebungen pfiff. Dann machte ich wenige Meter vor dem Ziel der Plattform mit dem Werbeplakat einen entscheidenden Fehler: Ich hörte die Sirenen eines Polizeiwagens und warf einen Blick aus knapp zwanzig Metern Höhe in den Abgrund auf die Straße, wo Menschen und Autos ziemlich klein aussahen. Von diesem Moment an war meine Ruhe dahin: Ich bekam plötzlich ein so akutes Schwindelgefühl und Herzrasen, dass der Boden unter meinen Füßen zu wanken schien. Ich musste mich sofort auf der gerade erreichten Plattform hinsetzen, meine Hände fest ans Geländer klammern, die Augen schließen und einige Zeit lange und tief durchatmen. Erst dann hatte ich mich soweit beruhigt, dass ich meinem schon ungeduldig auf mich wartenden Freund Otto folgen konnte. Ich informierte ihn über meinen Zustand, er sah mich kurz an und sagte: »Bernhard, du siehst wirklich ganz blass um die Nase aus. Wollen wir nicht lieber die Aktion abbrechen, bevor du hier auf dem Gerüst zusammenbrichst und ein Rettungshubschrauber dich abtransportieren muss?«

»Das ist lieb von dir, dass du diesen Vorschlag machst, aber das kommt auf keinen Fall infrage. Jetzt sind wir schon so weit gegangen, jetzt werden wir mit Gottes Hilfe und unseren Schutzengeln auch den Rest noch schaffen und unser Transparent wie geplant anbringen«, antwortete ich ihm. Das klang viel mutiger, als mir wirklich zumute war. Mit äußerster Anstrengung schaffte ich es bis zur obersten Plattform und konnte Otto wenigstens noch ein paar Handlangerdienste leisten. Aber er musste die Hauptlast der Aktion tragen, was er mit bewundernswerter Souveränität bewerkstelligte. Schließlich schaffte er es, unser Protesttransparent so sicher über der Kommerzwerbung festzuzurren, dass die Fotografen und Kameraleute von der Straße aus Bilder machen konnten. Der erfolgreiche Abschluss der Aktion schenkte mir neue Kräfte und ich konnte den Abstieg mit Otto schnell und sicher bewältigen.

Die Aktion wurde über die Münchner Radiosender mit Livesendungen vor der Kirche in Windeseile publik gemacht. So war es nicht verwunderlich, dass wir am Turmausgang von einer Gruppe uns grimmig anblickender Männer aus der Kirchengemeinde und einigen Polizeibeamten in Empfang genommen wurden. Ein mir unbekannter Mann, vielleicht ein Kirchenvorsteher, sprach mich an: »Herr Fricke, das wird noch ein Nachspiel haben, das ist glatter Hausfriedensbruch und Sachbeschädigung, was Sie da gemacht haben.« Ich erwiderte: »Dem sehe ich mit großer Gelassenheit entgegen, tun Sie, was Sie nicht lassen können. Aber eigentlich hätte ich ein Lob von Ihnen verdient, dass wir mit unserer Aktion wenigstens den Versuch unternommen haben, die verlorene Ehre von Sankt Markus wiederherzustellen.«

Wenige Tage später bekam ich einen Brief von einer mir nicht unbekannten renommierten Münchner Anwaltskanzlei. Darin wurde mir die anwaltliche Vertretung der Sankt-Markus-Kirchengemeinde mitgeteilt. Außerdem wurde mir eine Strafanzeige wegen Hausfriedensbruchs angekündigt, falls ich die beigefügte Unterlassungserklärung nicht umgehend unterschrieben zurücksenden würde; darin sollte ich mich verpflichten, nie wieder den Kirchturm von Sankt Markus für eine ähnliche Aktion zu besteigen.

Ich schrieb nur kurz zurück: »Ich bestätige den Eingang Ihres Schreibens. Ich teile Ihnen mit, dass ich die Unterlassungserklärung in keinem Fall unterschreiben werde. Ich kündige schon jetzt an, dass ich im Falle der Fortsetzung der Kommerzwerbung wieder zu weiteren Protestaktionen auf den Kirchturm steigen werde.« Wenig später wurde auch diese Werbeaktion eingestellt. Von der Anwaltskanzlei habe ich nie wieder etwas gehört.

Bei der nächsten Tagung der Landessynode wurde auf meine Eingabe hin der Beschluss gefasst, dass mit Werbemaßnahmen an Kirchen sehr zurückhaltend umgegangen werden solle. In München hat es seitdem an evangelischen Kirchen keine Kommerzwerbung mehr gegeben.

Diese Geschichte könnte hier ein Happy End gefunden haben – hat sie aber leider nicht:
Vierzehn Jahre später, im Herbst 2009, hatte ich ein Déjà-vu-Erlebnis negativster Ausprägung: Auf meinem Weg vom Marienplatz zu meiner Kanzlei in der Neuhauser Straße komme ich immer auch an meiner geliebten Michaelskirche vorbei. Zu dieser Kirche habe ich schon immer eine besondere Beziehung gehabt, trägt sie doch den Namen des Erzengels Michael, zu dessen besonderen Aufgaben der Schutz von in Not geratenen Menschen gehört und den man auch als den Chef aller Schutzengel bezeichnen kann. Zudem ist die Michaelskirche Grabkirche für den oft als »Märchenkönig« verkannten Ludwig II., den man zutreffender als »Friedenskönig« bezeichnen könnte, da er an den blutigen Kriegsspielen seiner Königskollegen nie Gefallen finden konnte. So manches Mal habe ich mir in dieser Kirche eine kleine Auszeit genommen, wenn die Hektik aus meinen verschiedenen beruflichen Verpflichtungen zu groß wurde. Die Fassade der Michaelskirche war für dringende Renovierungsarbeiten an der gesamten Vorderfront eingerüstet. Und an diesem Gerüst entdeckte ich ein völlig überdimensioniertes Werbeplakat, mit dem für die Süddeutsche Klassenlotterie geworben wurde. War die katholische Kirche zu der Zeit, als an der protestantischen Sankt-Matthäuskirche ein Werbeplakat prangte, noch standhaft gewesen und hatte über ihren Pressesprecher auf meine damalige Anfrage mitteilen lassen, dass Kommerzwerbung an katholischen Kirchen aus Pietätsgründen unter keinen Umständen infrage käme, übte sie jetzt in schamloser Weise Verrat an ihren eigenen Worten und Werten. Das konnte einfach nicht sein, zumal die Adventszeit bevorstand. Ich schrieb Kardinal Reinhard Marx, dem für München zuständigen Erzbischof, einen geharnischten Brief mit der Aufforderung, diese gotteslästerliche Kommerzwerbeaktion, die dem Ruf der Kirche Schaden zufüge und die Gefühle der Gläubigen verletzen würde, sofort zu beenden. Die Presse nahm den Konflikt sofort auf, was den Erzbischof nicht sonderlich zu interessieren schien. Nur kurze Zeit später prangte ein neues Werbemotiv großräumig an der Michaelskirche: Dieses Mal wurde für

ein Sportwagen-Cabriolet geworben, mit dem die Armen und Elenden unserer Erde wohl wahlweise in den Himmel oder in die sicherlich abgasverschmutzte Hölle fahren sollten. Jetzt hatten die Verantwortlichen für diese Werbeaktion den Bogen vollends überspannt. Ich bat den Erzbischof um einen kurzfristigen Gesprächstermin. Dieser Bitte kam er natürlich nicht nach. Stattdessen ließ er erklären, dass er in bester Tradition seine Hände in Unschuld wasche, weil das staatliche Bauamt für den Unterhalt der Kirchen und damit auch für die Werbeaktion verantwortlich sei. Ich antwortete ihm sofort, dass er, wenn diese Kommerzwerbeaktion schon ohne sein Wissen zustande gekommen sein sollte, wenigstens jetzt von seiner Autorität Gebrauch machen und ein sofortiges Werbeverbot aussprechen solle, um noch größeren Schaden von der Michaelskirche und von der Bischofsstadt München abzuwenden.

Zur Unterstützung unserer Forderung organisierten wir kurzfristig aus unserer der Michaelskirche gegenüberliegenden DaGG-Zentrale eine medienwirksame Protestaktion mit dem Slogan »Damals wie heute: der Tanz um das Goldene Kalb«. Dazu ließen wir einen Kardinal, einen Militär und einen Politiker andachtsvoll um ein großes Goldenes Kalb marschieren und verteilten in der Fußgängerzone und in der Kirche Flugblätter zum Hintergrund unserer Aktion. Auch hier war wieder auffällig, dass die meisten Passanten und die Gottesdienstbesucher von der Werbeaktion zwar peinlich berührt waren, aber nicht die Kraft fanden, ihrem Unmut Ausdruck zu verleihen. Inzwischen war die Fußgängerzone wie jedes Jahr festlich adventlich geschmückt, doch das Kommerzplakat blickte immer noch von der Michaelskirche auf die adventlich gestimmten Menschen herab. Alle unsere Proteste waren bis dahin ohne Wirkung geblieben. So konnte und durfte es nicht bleiben. Wieder kam mir der Zufall zu Hilfe. Ich bekam die Information, dass der Erzbischof seine traditionelle adventliche Pressekonferenz in wenigen Tagen im Münchner Presseclub abhalten würde. Es gelang mir, von einem befreundeten Journalisten als Gast mitgenommen zu werden. Am Eingang verteilten wir an die zahlreich erschienenen Journalisten einen

offenen Brief an Erzbischof Reinhard Marx, in dem die Ereignisse um die Kommerzwerbung an der Michaelskirche dokumentiert waren und in dem wir eine sofortige Beendigung dieser Werbeaktion forderten. Zum Schluss der Pressekonferenz bekam ich die Gelegenheit, dem Erzbischof eine Frage bezüglich der Kommerzwerbung an der Michaelskirche zu stellen. Er antwortete ausweichend, dass er zwar persönlich auch Probleme mit dieser Form von Werbung an einer Kirche habe, aber keine rechtliche Möglichkeit sehe, eine Beendigung anzuordnen. Eine Nachfrage war nicht zugelassen. Damit wollte ich mich nicht zufriedengeben und passte den Erzbischof kurz vor dem Ausgang ab. Ich stellte mich kurz vor, blickte diesem machtbewussten und selbstverliebten Kirchenmann fest in die Augen und forderte ihn direkt auf, diese unsinnige Werbeaktion vor dem Weihnachtsfest zu beenden. Er schaute mich offenkundig irritiert und peinlich berührt an und brachte dann nur hervor, dass er keine Zeit mehr habe und ich mich an seinen Pressesprecher wenden solle – und rauschte dann mit wehendem Mantel und hoch erhobenem Haupt von dannen.

Diese Begegnung war mehr als unbefriedigend. In dieser arroganten und ignoranten Weise in schlechtester Goliathmanier konnte der Erzbischof nicht mit mir umgehen. Ich schrieb ihm noch am gleichen Nachmittag einen weiteren Brief, in dem ich einen Hungerstreik vor der Michaelskirche ankündigte, falls mir nicht bis zum nächsten Tag eine Zusage vorliegen würde, dass die Plakate vor dem Weihnachtsfest abgehängt werden würden. Das saß: Offenbar hatte er sich erkundigt, ob damit zu rechnen sei, dass ich mit meiner Ankündigung ernst machen würde. Das schien ihm seine Mitarbeiter bestätigt zu haben. Diese schlagzeilenträchtige Aktion hätte einen schweren Imageschaden für die katholische Kirche bedeutet, den sie unbedingt vermeiden wollte. Jedenfalls hörte ich am nächsten Morgen auf meinem Anrufbeantworter die Mitteilung seines Sekretärs, er habe mich noch am Abend zu erreichen versucht und wolle mir mitteilen, dass meiner Bitte entsprochen werde. So konnte ich meinen angekündigten Hungerstreik abblasen und mich erleichtert und voller Dankbarkeit auf ein friedliches Weihnachtsfest freuen. Mein Protest hatte Früchte getragen: Seit dieser Zeit hat es keine weiteren kommerziellen Werbeaktionen an den katholischen Kirchen in München gegeben.

Diese Auseinandersetzungen nahm ich zum Anlass, mein Verhältnis zu meiner Kirche sorgfältiger zu reflektieren. Ich war in eine fest in der kirchlichen Tradition verankerte Familie hineingeboren worden. Die Teilnahme an Gottesdiensten und kirchlichen Veranstaltungen waren für mich selbstverständlich, die dabei erlebte Gemeinschaft und das gemeinsame Singen mir heute noch vertrauter Kirchenlieder waren und sind für mich eine echte Bereicherung. Ich entwickelte jedoch schon früh als eine Art mentalen und psychischen Selbstschutz eine Technik, die mir später bei vielen langweiligen politischen und kulturellen Pflichtveranstaltungen sehr zugute kommen sollte. Sobald sich der Pfarrer in zu dogmatisch langwierige Ausführungen erging, schaltete ich automatisch ab – aber so, dass ich es schaffte, aufrecht sitzen zu bleiben und nicht von der Kirchenbank zu fallen.

Die kirchlichen Dogmen haben mich nie berührt: Der Glaube an den dreieinigen Gott war und ist eine zu hohe intellektuelle Herausforderung für mich, wohingegen ich mit dem Glauben an den *einen* Gott in *allem* nie Probleme hatte. Die Zwangstaufe im Kleinkindalter habe ich im Nachhinein als einen unzulässigen persönlichen Übergriff empfunden, und der sehr konventionell ausgerichtete Konfirmandenunterricht hat keine bleibenden Spuren bei mir hinterlassen. Das Abendmahl habe ich zu oft als ein erstarrtes Ritual erlebt, in dem die Verbindung mit der inspirierenden Christuskraft meistens gefehlt hat. Das Glaubensbekenntnis ist für mich nur in Teilen bedeutsam und nie Ausdruck meines Glaubens. Im Gottesdienst habe ich immer viele Passagen ausgelassen.
Dafür haben mich von klein auf das Leben und die Lehre von Jesus Christus besonders interessiert, um nicht zu sagen fasziniert. Seine Lehre von der grenzüberschreitenden Geschwisterlichkeit aller Menschen untereinander und mit allen Geschöpfen und vor allem sein an Klarheit nicht zu übertreffendes vierfaches Liebesgebot: Du sollst Gott lieben, deinen Nächsten und alle Mitgeschöpfe, dich selbst und als krönenden Höhepunkt auch deinen – wie du von Gott geschaffenen – Feind. Das ist eine konkrete Handlungsanleitung und in der Umsetzung die größte Herausforderung für jeden Christenmenschen. Wie anders würde unsere vom sogenannten christlichen Abendland nach wie vor dominierte Welt aussehen, wenn wir seine Gebote ernst nehmen und sie endlich in die Tat umsetzen würden. Aber das war schon in der Vergangenheit so wenig der Fall wie heute. So ist mit kirchlichem Segen die Geschichte des Christentums von Anfang an von Macht, Gewalt und Verrat geprägt worden. Beispiele dafür sind die Kreuzzüge, die Hexenverbrennungen, die Inquisition, der konfessionell bestimmte Dreißigjährige Krieg, die Ausrottung der indianischen Urbevölkerung in Nord-, Süd- und Mittelamerika, die von christlichen Ländern angezettelten Weltkriege, in denen sich die Christen auf beiden Seiten im Namen des gleichen Gottes massakriert haben, die fortgesetzten Pogrome gegen die Juden bis hin zu deren industrialisierter Vernich-

tung in den Gaskammern von Auschwitz und Treblinka und in unserer Zeit die Ausrottung von immer mehr Tier- und Pflanzenarten. So ist die Geschichte des Christentums zu einer blutigen Kriminalgeschichte verkommen, über die Jesus Christus zutiefst erschüttert wäre.

Glücklicherweise bin ich auf meinem Lebensweg immer wieder Menschen begegnet, die das jesuanische Liebesgebot ernst genommen, mit Leben erfüllt und mich inspiriert haben. Dazu gehören mein Onkel Otto, der als Pfarrer in der Bekennenden Kirche in der Hitlerzeit eine aktive Rolle spielte, Helmut Gollwitzer und Kurt Scharf, die sich besonders für eine Aussöhnung mit unseren jüdischen Geschwistern eingesetzt haben, und Dom Hélder Câmara, der brasilianische Erzbischof. Dieser kleine Mann mit dem großen Bischofshut und einem noch viel größeren Herzen hat die jesuanische Liebesbotschaft konsequent mit den Armen und Unterdrückten in den Favelas und der Wildnis der Regenwälder gelebt und nie aufgehört, die brutale, vom Westen unterstützte Militärdiktatur als gottlos anzuprangern. In meiner pragmatischen und zugleich wertorientierten politischen Arbeit sind die Bergpredigt mit dem jesuanischen Liebesgebot und das in unserem Grundgesetz an vorderster Stelle verankerte Gebot der Achtung der Menschenwürde meine geistige Richtschnur gewesen. Die Bewahrung der Schöpfung, soziale Gerechtigkeit und ein umfassendes Friedensgebot sind die tragenden Forderungen, die sich aus dieser Haltung ergeben. Ich habe nach besten Kräften versucht, sie auf unserem »Davidsweg der kleinen Schritte mit großer Perspektive« in die Tat umzusetzen.

■ SOS für die Menschlichkeit: Olympiastadt München hilft Olympiastadt Sarajevo

Die Leiden der Bevölkerung der Olympiastadt Sarajevo im serbischen Aggressionskrieg von 1992 bis 1995 erschütterten die Welt, doch trotz intensiver diplomatischer Bemühungen gelang es nicht, das Morden zu beenden. Die verzweifelten, von der Welt verlassenen Menschen mussten die mit 1425 Tagen längste Belagerung im zwanzigsten Jahrhundert erdulden. Das bedeutete für die Einwohner der bosnischen Hauptstadt, täglich mit der Angst vor der Kugel eines Heckenschützen oder vor einem Angriff mit Mörsern oder Granaten zu leben, außerdem die Sorge um Wasser, Brot und die medizinische Versorgung. Der Schulbetrieb war längst zusammengebrochen, die Universitäten waren geschlossen, ebenso wie alle Theater und Konzertsäle. Das Leben in Sarajevo war für die Menschen, Tiere und Pflanzen zur Hölle geworden.

An Sarajevo, das europäische Jerusalem, Zentrum von drei Religionen (muslimisch, serbisch-orthodox, römisch-katholisch) und von drei nationalen Kulturen (bosnisch, serbisch, kroatisch), die über Jahrhunderte friedlich zusammengelebt haben, hatte ich bei einem Urlaubsaufenthalt nach den Olympischen Winterspielen 1984 mein Herz verloren.

Der brutale Überfall auf diese kosmopolitische Stadt führte 1992 unter den Augen der Weltöffentlichkeit zu einer dauerhaften Terrorisierung der Zivilbevölkerung. Diese Situation ließ mir keine Ruhe mehr. Die Menschen in Sarajevo brauchten Hilfe – und zwar sofort. Wenn wir nicht Menschen in Not aus dem Gebot der Nächstenliebe oder der humanitären Solidarität heraus beistehen, von wem können wir Hilfe erwarten, sollten wir in eine ähnliche Situation kommen? Hilflosigkeit, Verzweiflung und wachsende Wut führten am 19. Juli 1992, meinem zweiundvierzigsten Geburtstag, in meiner damaligen Wohnung im Olympiadorf in

München vor meinem Gästen zu dem Versprechen: Ich werde all meine Möglichkeiten nutzen, um den Menschen in Sarajevo konkrete Hilfe zukommen zu lassen, um damit den Schleier der Gleichgültigkeit zu zerreißen.

Ich entschloss mich, als ersten konkreten Schritt einen Hilfstransport mit Medikamenten, Nahrungsmitteln und Kleidung für zwei Flüchtlingslager am Rande der kroatischen Hauptstadt Zagreb zu organisieren, wo auch Flüchtlinge aus Sarajevo untergebracht waren. Der direkte Weg nach Sarajevo war noch immer durch Kriegshandlungen versperrt. Aber das eingeschlossene Sarajevo blieb das Ziel.

Beim nächsten Anlauf gelangte ich bis nach Mostar, der berühmten alten europäischen Brückenstadt. Dort traf ich den damaligen EU-Koordinator für den Wiederaufbau von Mostar und späteren Bosnienbeauftragten der Bundesregierung Hans Koschnick. Als ich ihn von meiner Zeit bei Erhard Eppler erzählte, den er aus der gemeinsamen Zeit im SPD-Präsidium kannte, sagte er mir sofort seine Unterstützung für künftige Projekte zu. Durch einen Tipp seines persönlichen Mitarbeiters bekam ich beim Abschied die Information, dass am Nachmittag ein bewaffneter Konvoi mit dem damaligen Präsidenten von Bosnien-Herzegowina, Alia Izetbegovic, und dem US-Sondergesandten Richard Holbrooke auf dem Landweg nach Sarajevo aufbrechen werde. Eine Empfehlung von Koschnick und eine gute Portion Glück verschafften mir den letzten freien Sitzplatz in einer gepanzerten Limousine, in der die schwerbewaffneten Soldaten der Präsidentengarde saßen und mich misstrauisch beäugten. Die Mitfahrt in einem bewaffneten Konvoi war zu diesem Zeitpunkt die einzige Möglichkeit, in das weitgehend zerstörte Sarajevo zu gelangen. Nach sechs Stunden Fahrt kamen wir am späten Abend an.

Am nächsten Morgen führte mich mein erster Weg in die Deutsche Botschaft. Dort hatte ich ein Gespräch mit dem deutschen Botschafter, den ich über den Hintergrund meines Besuches informierte und um Unterstützung bei der Auswahl und Durchführung geeigneter Hilfsprojekte bat. Diese sagte er mir sofort zu

und lud mich zu einer Orientierungsfahrt mit seinem gepanzerten Mercedes-Dienstwagen durch die zerstörte Innenstadt ein. Das Zentrum der bosnischen Hauptstadt war in einen Trümmerhaufen verwandelt. Besonders in Erinnerung geblieben sind mir die Ruinen des Holiday Inns und des Pressehauses, in dem die Zeitung Oslobođenje auch während des ganzen Krieges nahezu täglich unter schwierigsten Rahmenbedingungen erschien. Mit rasender Geschwindigkeit durchfuhren wir die sogenannte Sniper Alley oder Heckenschützen-Allee, die Bosnische Drachenstraße, auf der es immer wieder zu Toten und Verletzten durch serbische Heckenschützen kam. Es fiel sofort auf, dass es in Sarajevo kaum noch Bäume gab, sie waren zerschossen oder als Brennholz abgehackt worden. Viele abgemagerte Hunde und Katzen streunten auf der Suche nach Futter durch die Straßen. Und es fiel auf, dass in verschiedenen Teilen der Stadt große, gut sichtbare UN-Camps eingerichtet waren, denen alle Güter und Annehmlichkeiten des zivilisierten Lebens zur Verfügung standen, die aber nicht in der Lage waren, die Menschen der Stadt vor dem Terror zu schützen. Die UN hatte sich zur Beobachterin des Todes degradiert und jegliche Glaubwürdigkeit eingebüßt.
Am erschütterndsten war die Besichtigung des zu Kriegszeiten einzigen Fluchttunnels hinter dem Flughafen: Er war die Lebensader für verzweifelte Menschen, die aus der Stadt fliehen wollten, und für lebensnotwendige Güter, die in die Stadt gebracht wurden. Ich bekam überraschend die Möglichkeit, den etwa einen Kilometer langen, nur schwach erleuchteten Tunnel durchqueren zu können. Das war nur in gebückter Haltung und bei extrem stickiger Luft möglich. Ich war am Ende meiner Kräfte, aber erleichtert, als ich endlich ein Licht am Ende des Tunnels entdeckte. Ich war erschüttert über das Ausmaß der Zerstörung, aber zugleich tief bewegt vom Mut und Durchhaltewillen der Menschen. Es wollte und will mir nicht in den Kopf gehen, dass wir Menschen seit Anbeginn unserer Geschichte im krassen Gegensatz zum christlichen Friedensgebot den Krieg, also das gegenseitige Abschlachten von Menschen, die sich gar nicht kennen, immer noch als normalen Vorgang ansehen und ihn so im kol-

lektiven Bewusstsein gespeichert haben. In der Öffentlichkeit gelten Deserteure immer noch eher als Feiglinge denn als wahre Helden. Sogenannte Kriegshelden, die in Friedenszeiten für ihre Taten im Gefängnis sitzen würden, gelten dagegen als erstrebenswerte Vorbilder. Meine grundsätzliche Haltung zum Kriegstreiben ist auf dem zeitlosen David-gegen-Goliath-Transparent »Jeder Krieg ist ein Verbrechen« auf den Punkt gebracht. Ich musste allerdings feststellen, dass der serbische Terror nur durch den Einsatz von noch stärkeren US-Kanonen beendet werden konnte. Die Umsetzung des Tötungsverbots und des jesuanischen Friedensgebots bleibt die größte menschliche Herausforderung. Wir können unseren Beitrag dazu leisten, wenn wir mit unseren Gedanken, Gefühlen und Handlungen Wege des Friedens gehen und der Aufforderung von Franz von Assisi folgen: »Herr, mache mich zu einem Werkzeug deines Friedens.«

Die vier Tage meines ersten Sarajevo-Aufenthaltes vergingen wie im Flug. Ich war von morgens bis abends auf den Beinen, um in Gesprächen mit Politikern, Vertretern humanitärer Organisationen, Kirchen und Journalisten sinnvolle Projektideen zu sammeln und schon mit den konkreten Vorbereitungen zu beginnen. Bei der Ausreise aus Sarajevo hatte ich wieder Glück. Ich lernte ein Fernsehteam von Pro7 kennen, das mir für die Rückfahrt nach München einen Platz in ihrem gepanzerten Mercedes anbot. Diese Fahrt kostete uns jedoch fast das Leben: Der Fahrer verlor in einer scharfen S-Kurve die Kontrolle, das schwere Fahrzeug überschlug sich und fing Feuer. Mit Platzwunden und Prellungen war ich noch in der Lage, die beiden Mitfahrer aus dem Fahrzeug zu bergen und uns in Sicherheit zu bringen. Der Unfall hinderte mich allerdings nicht daran, sofort nach meiner Rückkehr nach München mit der Umsetzung einiger Projekte zu beginnen. Ich gewann bei der nächsten Vollversammlung des Stadtrates die Unterstützung meiner Kolleginnen und Kollegen für ein Hilfsprogramm namens »Olympiastadt München hilft Olympiastadt Sarajevo«. Neben der Lieferung medizinischer Ausrüstung wurde als wichtigster Punkt die Unterstützung beim Aufbau eines zerstörten multiethnischen Kindergartens beschlossen.

Und ein glücklicher Zufall half weiter. Nur wenige Tage später hatte ich einen schon länger geplanten Meinungsaustausch mit dem damaligen Siemens-Vorstandsvorsitzenden Heinrich von Pierer über Möglichkeiten einer umwelt- und menschenfreundlichen Energiepolitik. Unsere Ansichten über die Risiken der Atomenergie und die Perspektiven der Solarenergie waren er-

wartungsgemäß kontrovers, doch ich bat ihn um Unterstützung für den Aufbau einer Jugend-Computer-Schule in Sarajevo. Er war dazu sofort bereit. Die Schule konnte in der Rekordzeit von nur zwei Monaten aufgebaut werden. Dort erhielten in der Folgezeit über zweihundert Jugendliche eine Grundausbildung am PC, wodurch sich ihre beruflichen Chancen deutlich verbesserten.
Ein weiterer Höhepunkt der humanitären Aktivitäten von David gegen Goliath war die vom Auswärtigen Amt unterstützte Konzertreise von Mitgliedern der Münchner Philharmoniker unter Leitung unseres Freundes und Ehrenmitgliedes Heinrich Klug. Mit einer Transall-Militärmaschine der Bundeswehr flogen wir nach Sarajevo, um mit kostenlosen Konzerten den Menschen in der eingeschlossenen Stadt unsere Solidarität zu bekunden und ihnen zu zeigen, dass sie in ihrem Leid nicht vergessen waren. Zwei Konzerte in einer Klinik für Kriegsopfer und in einer Kulturhalle gaben vielen Menschen nach Jahren die Möglichkeit, klassische Musik wieder live zu erleben. Das zentrale Ereignis war ein Gedenkkonzert für die Opfer des Bürgerkrieges im überfüllten Stadttheater von Sarajevo, wo ich die einmalige Gelegenheit hatte, vor der versammelten politischen und diplomatischen Prominenz einen eindringlichen Friedensappell abzugeben, und der eingeschlossenen Bevölkerung unsere Solidarität bekundete. Immer wieder bin ich in den folgenden Jahren nach Sarajevo gefahren, um die Realisierung unserer Projekte zu überwachen. So konnten wir Zeichen setzen und eine Flamme der Hoffnung entzünden.

▌Solara: Leben und Sterben in Würde

Für den Gang über die Regenbogenbrücke hatte sich Solara, meine herzensverbundene Irische Wolfshündin, ein strahlendes Lichtwesen mit der doppelten Sonne – »Sol« und »Ra« – im Namen, den dunkelsten Zeitpunkt des Jahres, den Tag der Wintersonnenwende am 23.12.2014 ausgesucht. Einen Tag vor Weihnachten war ihre Erdenzeit abgelaufen: Solara verließ mich nach achteinhalb Jahren intensiver Begleitung. Sie schlief nach kurzer, schwerer Krankheit in meinen Armen friedlich ein. Unser befreundeter Tierarzt musste ihr nicht mit der schon aufgezogenen Spritze den Übergang erleichtern: Sie starb, wie ihr Leben war: selbstbestimmt und in großer Würde.

Am Heiligen Abend nahmen wir im Sonnenschein von Solara, auf Tannenzweigen gebettet, Abschied. Ihre Kinder Foxi, Joy und Solei, die Kater Panther und Tomic und viele ihrer Menschenfreunde waren dabei. Und auch unsere Schafherde nahm, andachtsvoll durch den nahen Weidezaun schauend, von der großen Wolfshündin Abschied.

Es war ein langer und bewusster Abschiedsprozess: Bis zur Rückkehr von einer spätherbstlichen Kretareise gehörten längere Spaziergänge mit Solara und ihrer Tochter Solei zu unserem immer wieder neue Freude spendenden Tagesprogramm. Dann kam es ganz plötzlich und ohne besonderen Anlass zu einem schweren Bandscheibenvorfall, der Solara nahezu bewegungsunfähig machte. Jeder Besitzer von großen Hunden weiß, dass die Möglichkeiten, einem fünfundsiebzig Kilogramm schweren Hundewesen beim Aufstehen oder Hinlegen zu helfen, sehr begrenzt sind. Ich sah ihr Leiden und konnte ihr so wenig helfen. Die starken Schmerzen ließen keine andere Wahl: Wir mussten sie noch am Abend in die Tierklinik nach Oberhaching bringen. Ich lag die nicht enden wollende Fahrt über im Rückraum neben Solara, hielt ihren Kopf in meinen Händen und sprach beruhigend mit ihr. Sie hatte gerade noch so viel Kraft, mir mit ihrer großen Zun-

ge zwei-, dreimal über meine Hand zu lecken. Bei dieser schweren Erkrankung musste ich mich unweigerlich mit dem Gedanken vertraut machen, dass Solara wahrscheinlich nicht mehr lange bei mir bleiben würde. In der Klinik wurde mit modernsten technischen Geräten das volle Diagnoseprogramm abgespult. Auch eine Operation wurde erwogen, aber wegen zu großer Risiken bei einem nicht eindeutigen Befund wieder verworfen. Solara bekam von diesem ganzen Trubel nicht mehr viel mit. Sie war gleich nach der Ankunft in der Klinik mit einer Schmerz- und Beruhigungsspritze ruhiggestellt worden.

Als ich die Klinik nach Stunden verließ und gedankenverloren in den nächtlich klaren Sternenhimmel schaute, fiel plötzlich eine Sternschnuppe vom Himmel. Mein Wunsch an den Schöpfer des Himmels und der Erde war klar: »Bitte lass sie mir noch eine Weile – so lange es geht.« Wunderbarerweise wurde meine Bitte erhört, und so habe ich Solara noch über ein Jahr als mein größtes Geschenk an meiner Seite haben dürfen – dieses große Wesen mit einer noch viel größeren Seele. Solara: aufopferungsvolle Mutter von ihren fünf Wolfskindern Amor Foxi, Joy, Raphael, Salam Amadeus und Solei, in denen sie weiterleben wird.

Ihre Lebenskraft hielt bis zuletzt an: Noch einen Tag vor ihrem Tod bellte sie mich nachts wach; sie wollte unbedingt um kurz vor drei Uhr ein Bad im Teich vor unserem Haus nehmen. Aber nicht genug damit: Als ich sie abgetrocknet hatte, schlug sich Solara noch mal so richtig, von meiner Hand gefüttert, den Bauch voll. Ihr war wohl klar, dass die Reise über die Milchstraße Richtung Wolke sieben, wo Seraphin, Cheruba und Raphael schon auf sie warten würden und sicherlich auf einen aktuellen Bericht aus der Sonnen-Arche gespannt waren, anstrengend sein würde. Solara war eine große, hoch entwickelte Seele, die mein Leben sehr bereichert hat. Sie wird für immer einen festen Platz in meinem Herzen haben.

■ Sonne macht Spaß, Sonne macht Sinn: mit der Kraft der Sonne in eine lebenswerte Zukunft

»Können Sie mir bitte helfen, das Solarmobil an den Straßenrand zu schieben, damit es den Verkehr nicht stört? Die Batterie ist leider leer.« Solche Szenen erlebte ich immer wieder, seitdem David gegen Goliath 1993 ein Mini-EL-Elektromobil mit einem Solarpaneel auf dem Dach erworben hatte, das mir als Dienstfahrzeug zur Verfügung stand. Ich hatte durch diese immer wieder auftretenden Pannen sehr viele hilfsbereite Menschen kennengelernt, von denen einige sehr aktive Unterstützer unserer Arbeit wurden. Unser DaGG-Solarmobil war und ist eine Publikumsattraktion. Doch die damals immer wieder auftretenden Pannen waren sichtbarstes Zeichen einer unausgereiften Technik, vor allem in der Speicherkapazität der Batterien, die nur einen überschaubaren Fahrradius von dreißig bis fünfzig Kilometern möglich machte.

Aber schon lange vor unserem Solarmobil hatte ich die Kraft der Sonne als den einzig wirklich sinnvollen Ausweg aus der lebensbedrohlichen Energiekrise entdeckt. Das war das Ergebnis einer Analyse der bisherigen Energieversorgung. Diese stand und steht auf den beiden gleichermaßen risikoträchtigen Säulen Atomenergie und Fossilenergie, also Kohle, Öl und Gas. Beide Alternativen bedeuten die Wahl zwischen Skylla und Charybdis: Die Nutzung der Atomenergie kann jederzeit einen atomaren GAU wie in Tschernobyl zur Folge haben, und die Nutzung fossiler Energieträger und der dadurch verursachte CO_2-Ausstoß ist die entscheidende Ursache für die fortschreitende Klimakatastrophe. Deshalb ist unsere so strukturierte Energieversorgung schon immer unakzeptabel gewesen, da sie sowohl das Leben der Menschen als auch das Leben unserer Mitgeschöpfe (Tiere und Pflanzen) gefährdet. Diese Situation ist umso unverständlicher, als uns mit dem unerschöpflichen, umweltfreundlichen und sozial verträglichen Potenzial der Sonne schon immer eine Alternative zur Verfügung gestanden hat: Von der Sonnenoberfläche wird regelmäßig eine enorme Energiemenge kostenlos auf die Erde abgestrahlt, die den weltweiten Primärenergieverbrauch um das 12 000-Fache übertrifft. Unsere Herausforderung besteht darin, ausreichend Speichermöglichkeiten für kalte Nacht- und Winterzeiten zu schaffen, in denen nicht genügend Sonnenlicht zur Verfügung steht. Daran mangelt es jedoch bis heute. Ich bin immer sicher gewesen, dass diese Aufgabe schon längst hätte gelöst werden können, wenn der politische Wille dazu vorhanden gewesen wäre, an dem es bis heute mangelt. Der Einfluss der großen Energieunternehmen auf die Politik war und ist immer noch enorm groß. Das zeigt sich vor allem darin, dass sie alle Versuche, die seit der Hitlerzeit bestehenden zentralistischen, wettbewerbsfeindlichen, aber Pfründe sichernden Strukturen aufzulösen, mit aller Macht erfolgreich verhinderten. Die Energie-Goliaths hatten und haben an einer dezentralen Energieversorgung nie auch nur das geringste Interesse, weil sie damit kein Geld verdienen können. Die wunderbare Vision einer möglichen Energie-Autonomie für jeden von uns durch das kostenlose Geschenk der Sonnenenergie ist für sie immer eine Schreckensvision gewesen.

Ich bin überzeugt, dass unsere Energiekrise, wenn überhaupt, nur durch den intensiven, zielgerichteten Ausbau der Sonnenenergie, im Verbund mit dem gleichzeitigen Ausbau der Wind- und Wasserenergie, der Erdwärme, dem verstärkten Anbau von nachwachsenden Energiepflanzen und der intelligenten Ausschöpfung aller Energiesparpotenziale gelöst werden kann. Daraus ist seit 1988 der zweite Arbeitsschwerpunkt von David gegen Goliath entstanden. Das war ein großer energetischer Gewinn für unsere Arbeit: Unsere bis heute aktuelle Forderung nach dem sofortigen Ausstieg aus der Atomenergie wurde durch die parallele Forderung nach dem sofortigen intensiven Einstieg in die Sonnenenergie ergänzt. Unser Kampf wurde nicht mehr nur *gegen* die Atomenergie, sondern gleichzeitig *für* die Sonnenenergie geführt: »Pro Sonne – contra Atom« lautete von jetzt an die Davids-Devise.

Auf einer Pressekonferenz stellten wir unser solares Aufrüstungsprogramm unter dem Motto »Wir machen München zur solaren Modellstadt« vor. Dabei gaben wir unsere Ziele bekannt: München soll ab sofort seinen Solarenergieanteil am Gesamtenergieverbrauch um ein Prozent steigern und gleichzeitig den Gesamtenergieverbrauch um ein Prozent verringern. Bis zur Jahrtausendwende könnte dann bei konsequenter Umsetzung ein Solarenergieanteil von zehn Prozent erreicht werden. Für die Durchsetzung dieser Ziele hatten wir mit Energiefachleuten einen Forderungskatalog von verschiedenen Maßnahmen erarbeitet. Dazu gehörte u. a. eine Bestandsaufnahme aller öffentlichen Flächen, auf denen Sonnenkollektoren angebracht werden können, die Ausrüstung aller neu gebauten städtischen Gebäude mit Solarmodulen für die Warmwasserversorgung und Fotovoltaikkollektoren für die Stromerzeugung, die Ausstattung aller städtischen Freibäder mit Solarkollektoren, die Erstellung eines 1000-Dächer-Solarprogramms für Häuser mit großen Dachflächen, die Umrüstung des städtischen Fuhrparks auf Solarmobile und die Einrichtung eines Netzes von Solartankstellen sowie die Organisation einer Solarmesse, bei der die innovativsten Techniken im Solarenergiebereich vor allem bei den Speichermedien präsentiert werden sollten. Als krönender Höhepunkt erfolgte zum Schluss die Bekanntgabe einer von uns in Auftrag gegebenen Umfrage, nach der über fünfundsiebzig Prozent der Münchner Bevölkerung einen verstärkten Ausbau und Einsatz der Solarenergie befürworteten. Die Pressekonferenz fand ein sehr positives öffentliches Echo, und wir festigten unseren Ruf als in die Zukunft gewandte Solar-Avantgarde. Jetzt ging es uns darum, Zeichen zu setzen und dadurch die gewachsene positive Grundhaltung der Öffentlichkeit gegenüber den Anwendungsmöglichkeiten der Sonnenenergie zu verstärken. Als Einstieg spendierten wir der Landeshauptstadt München zum fünften Geburtstag von David gegen Goliath am 4. Juni 1991 die erste Münchner Solaruhr, die gut sichtbar am Stachus aufgestellt und in Gegenwart

von Bürgermeister Christian Ude, Umweltreferent Rüdiger Schweikl und Baureferent Horst Haffner eingeweiht wurde. Unter der Uhr wurde eine Plakette mit dem Hinweis angebracht, dass diese Solaruhr ein Projekt im Rahmen unserer Aktion »Wir machen München zur solaren Modellstadt« war.
Den spektakulärsten Sonnen-Coup landeten wir ein gutes Jahr später mit der von uns gesponserten Installation einer Solaranlage auf dem denkmalgeschützten Dach des Münchner Rathauses, mit deren Solarstrom seitdem das weltberühmte Glockenspiel und die Rathausuhr angetrieben werden. Für die Einweihungszeremonie mit dem Münchner Oberbürgermeister Georg Kronawitter auf dem Münchner Marienplatz hatten wir einen Fanfarenzug organisiert. Der Oberbürgermeister lobte unsere vielfältigen solaren Aktivitäten in höchsten Tönen und alle waren zufrieden. Diese Aktion hatte uns fast ein Jahr Vorbereitungszeit gekostet: Wir mussten zunächst die Spendengelder für die Installation in Höhe von ca. 10 000 DM von befreundeten Münchner Firmen und privaten Unterstützern einsammeln und uns dann monatelang mit den unterschiedlichsten behördlichen Bedenkenträgern herumschlagen, die mit immer wieder neuen Argumenten versuchten, die Installation auf dem denkmalgeschützten Dach zu verhindern.

Unsere Devise »Nicht reden, sondern handeln« führte hier zum Ziel. Dadurch, dass wir das Geld selbst in die Hand genommen, einen direkten Draht zum Oberbürgermeister und die Unterstützung der Presse hatten, konnten wir Fakten schaffen, die das Projekt schließlich doch möglich machten. Hätten wir uns, wie bei vielen Projektideen üblich, darauf beschränkt, die Stadtverwaltung aufzufordern, dieses Projekt durchzuführen, wäre es an den Mitteln oder an den Bedenken gescheitert – und das solarbetriebene Münchner Glockenspiel wäre bis heute nur eine Fata Morgana, allerdings der sonnigsten Art, geblieben.

Zu siebten Geburtstag von David gegen Goliath setzten wir 1993 ein weiteres Zeichen: Im Rahmen unserer Geburtstagsaktion »Sonne hat Zukunft – schon jetzt« mit Infoständen und einem Konvoi von Solarfahrzeugen zum Marienplatz überreichte ich Oberbürgermeister Georg Kronawitter einen Scheck über 10 000 DM. Dieser Betrag wurde in Form von »Solargutscheinen« von 500 DM bis 1000 DM für solare Unterrichtsdemonstrationsmittel für von Schülern initiierte Projekte an Münchner Schulen verteilt. So wurde diese Geburtstagsspende von einem unserer Förderer in der nachhaltigsten Weise weitergegeben.

Auf der parlamentarischen Ebene unternahm ich immer wieder neue Initiativen, um die Diskussion über die Solarenergie als Ausweg aus der Klimakatastrophe wach zu halten: Ich forderte beispielsweise, einen riesigen Solarkollektor auf dem Dach des Olympiastadions anzubringen, ein anderes Mal die Einführung eines Solarpfennigs analog dem Kohlepfennig zur Finanzierung von solaren Modellprojekten und dann aus konkretem Anlass unter Einschaltung des damaligen bayerischen Umweltministers Peter Gauweiler die Aufhebung des Verbots von Solaranlagen in Kleingärten.

Die Gelegenheit, das beste, weil konkreteste Ergebnis zur Förderung unserer Sonnenoffensive »Wir machen München zur solaren Modellstadt« zu erzielen, ergab sich durch eine besondere Konstellation nach den Stadtratswahlen 1994. Nach Stimmenverlusten bei der SPD ging die bisherige langjährige rot-grüne Mehrheit verloren. Unter meiner aktiven Mitwirkung wurde die deutschlandweit erste »Regenbogenkoalition« aus SPD, Grünen, ÖDP und David contra Goliath, dem politischen Flügel der Umwelt- und Bürgerrechtsorganisation David gegen Goliath, installiert, die über eine Mehrheit von nur einer Stimme verfügte. Das war unter allen anderen denkbaren Alternativen wie z. B. einer Großen Koalition oder gar einer schwarz-grünen Koalition für die Durchsetzung unserer ökologischen Ziele die einzig verantwortbare Lösung. Da bekanntlich alles seinen Preis hat, war in diesem Fall der Preis für meinen Eintritt in die Regenbogenkoalition u. a. die Einführung der kostendeckenden Vergütung – und zwar zehn Jahre lang zwei DM pro Kilowattstunde für Solarstrom: ein impulsgebendes Modellprojekt für alle anderen deutschen Städte.

Es hat mich sehr gefreut, als mir die Abendzeitung in einem Artikel über unsere solaren Aktivitäten den Ehrentitel eines »Sonnen-Königs« verlieh. Allerdings blieb mir trotz meines solaren Königtums die einzige wirkliche Niederlage in unseren für eine Kandidatur notwendig gewordenen parteipolitischen Aktivitäten nicht erspart: Ich scheiterte nach erbitterter Diskussion mit meinem Vorschlag, uns für künftige Wahlen den weitaus strahlenderen Namen »Sonnenpartei« zu geben. Einer knappen Mehrheit meiner Mitstreiter klang dieser Name zu esoterisch, sektiererisch und schien ihnen beim Wähler nicht vermittelbar zu sein. Das war eine herbe Enttäuschung für mich, spiegelte aber den realen Bewusstseinsstand selbst in meinem engsten Umfeld wider. Selbstverständlich musste ich diese Entscheidung akzeptieren, um unsere weitere Zusammenarbeit nicht zu gefährden. Mir wurde bei diesen Diskussionen aber auch deutlich bewusst, wie wenig bisher positiv verinnerlicht wurde, dass die Sonne jenseits aller energiepolitischen Überlegungen schon immer, seit den alten Hochkulturen u. a. bei den Ägyptern, Inkas und Azteken, als Symbol der Einheit der göttlichen Urquelle gegolten hat. Auch hier hatte ich schmerzlich lernen müssen, dass Bewusstseinsentwicklungen und Erkenntnisprozesse, aus denen allein nachhaltige Handlungen entstehen können, ihre Zeit brauchen und nur sehr bedingt beschleunigt werden können. Aber mein Einsatz für die Sonnenenergie ging mit unveränderter Kraft und mit gutem Geist weiter.

Spektakulärster und medienwirksamster Höhepunkt unserer Solaroffensive war die fünfmalige Veranstaltung der »Solarparade«, der größten solaren Mobilitätsveranstaltung im deutschsprachigen Raum. Rallyes mit solarbetriebenen Fahrzeugen in den Wüsten und selbst in den Bergen gab es schon lange, das Novum der Solarparade lag jedoch darin, Wettfahrten und andere solare Aktivitäten im Herzen einer Millionenstadt zu veranstalten – dort, wo der Verkehr am stärksten und am lautesten ist. Im Frühjahr 2001 donnerten Formel-1-Rennwagen in einem Showfahren über Münchens Prachtmeile, die Ludwig- und Leopoldstraße. Das Publikumsinteresse war groß – noch größer aber waren die Lärmbelästigung und die Luftverschmutzung. Wir von David gegen Goliath beschränkten uns wegen dieser krassen Umweltsünden nicht nur auf die üblichen Proteste, sondern griffen, lernfähig, wie wir waren, die Idee des Showfahrens aus dem klassischen Goliath-Lager auf und beschlossen, ebenfalls ein Showfahren, allerdings mit umweltfreundlichen und lärmfreien Solarfahrzeugen, zu organisieren. So war die Idee zur Solarparade geboren.

Mit einer Vorlaufzeit von nur acht Wochen organisierten wir die erste Solarparade mit überwiegend ehrenamtlichen Helfern und einem sehr überschaubaren Minibudget, in das die lernwilligen Goliaths von BMW, Siemens und den Stadtwerken München auch ein paar Brotkrumen geschmissen hatten. Im Rahmen der Solarparade organisierten wir jedes Mal auch einen Solarmarkt mit innovativen Solarprodukten und einer großen Solarparty mit drei bekannten Livebands, die bis in die späten Abendstunden den Odeonsplatz mit Reggae-, Samba- und Salsaklängen, also mit klassischer Sonnenmusik, erfüllten. Bekannte Künstler wie Konstantin Wecker, Albert C. Humphrey und Eisi Gulp beteiligten sich mit Begeisterung am Showfahren, ebenso wie meine Hündin Cheruba, die auf meinem Schoß mitfuhr.

Heute gehört die Förderung der Sonnenenergie zum Bestandteil aller Parteiprogramme. Damals befanden wir uns in der Rolle einer oftmals belächelten und verspotteten Solar-Avantgarde, freuen uns aber dennoch, dass viele unserer Impulse umgesetzt wurden – leider viel zu spät und viel zu zaghaft. Die Ernsthaftigkeit eines Programms erkennt man jedoch immer daran, wie viel

Geld und wie viel Personal für die Umsetzung zur Verfügung gestellt wird. Die bewusst in Kauf genommene Zerstörung der deutschen Solarenergie durch drastische Einschnitte bei der kostendeckenden Vergütung war ein falsches Signal. Für das Manhattan-Projekt zum Bau der ersten Atombombe, für den Marshallplan zum Wiederaufbau der im Krieg zerstörten deutschen Wirtschaft und für das Apollo-Programm zur Eroberung des Mondes wurden Hunderte von Milliarden Dollarbeträge ohne große Diskussionen zur Verfügung gestellt, mit denen diese Ziele auch erreicht werden konnten. Unsere am fünfundzwanzigsten Geburtstag von David gegen Goliath erhobene Forderung nach einem mit hundert Milliarden ausgestatteten solaren Marshallplan wurde als unrealistische Träumerei abgetan und von immer noch erstaunlich selbstbewussten Politik- und Wirtschafts-Goliaths milde belächelt. Ihnen wird das Lachen schon bald angesichts der fortschreitenden Klimakatastrophe vergehen. Das unerschöpfliche Energiepotenzial der Sonne durch geeignete Speichermöglichkeiten nutzbar zu machen, ist keine illusionäre Spinnerei, sondern ein Überlebensprojekt, das uns jeden Einsatz wert sein sollte.

■ Cloudi: trotz großen Leides Botschafterin der Freude

Cloudi, eine dunkelbraune Bergschafdame, gehörte zu meinen Lieblingstieren in der Sonnen-Arche. Wenn sie mich mit ihren blitzenden Mandelaugen anhimmelte, schmolz mein oftmals vom beruflichen Alltagsstress geplagtes Herz, und nach kurzer Zeit schwang ich mich auf die ungewöhnlich reine Seelenebene dieses besonderen Wesens ein.

Cloudi war kein normales Schaf, dessen Daseinszweck im Grasen, Spielen und Schlafen, am liebsten im engen Körperkontakt mit anderen Schafsbrüdern und Schafsschwestern, bestand. In Gegensatz zu ihnen hatte Cloudi, unser »Wölkchen«, durch eine seltene Nabelinfektion eine über vier Jahre immer stärker auftretende Arthrose an beiden Kniegelenken. Diese Diagnose wurde von der besten bayerischen Tierklinik, der Uniklinik für Tiere in München, gestellt – verbunden mit dem Hinweis, dass in derartigen Fällen eine Heilung unmöglich sei und das Tier am besten so schnell wie möglich von seinen Leiden erlöst werden solle. Dieses Todesurteil konnte und wollte ich nicht akzeptieren. Von diesem Zeitpunkt an hatte Cloudi meine besondere Aufmerksamkeit genossen.

Die Arthrose machte sich durch einen humpelnden Gang bemerkbar. Die deutlich sichtbaren, schmerzhaften Schwellungen an beiden Kniegelenken waren die Ursache für ihre eingeschränkte Beweglichkeit. Nach einiger Zeit wurde Cloudi zum Schlusslicht der Herde, konnte aber zunächst noch den Anschluss bis zum nächsten Rastplatz wiederfinden. Es fiel ihr aber von Tag zu Tag schwerer, ihrer Herde zu folgen. Mir brach es das Herz, wenn ich beobachtete, wie Cloudi mit letzter Willensanstrengung den Anschluss an die Herde zu halten versuchte. Aber kaum hatte sie den Rastplatz erreicht und sich kurz, viel zu kurz, ausruhen können, zogen die anderen Schafe schon wieder weiter. Man konnte

Cloudi die Enttäuschung und Erschöpfung deutlich anmerken. So konnte es nicht weitergehen. Also hielt ich mit Cloudi und ihren Betreuern eine Krisensitzung ab und machte ihr dann folgenden Vorschlag: »Wir bieten dir ein Dauerquartier in einem geräumigen Schafstallabteil mit Blickkontakt zum Himmel und zur Herde. Du kannst jederzeit ins Freie gehen, aber du musst nicht mehr hinter deiner Herde herlaufen. Wir besuchen dich, sooft wir können, und geben dir jede Unterstützung. Solange du keine Schmerzen hast und bei uns bleiben möchtest, bist du uns immer von Herzen willkommen.« Cloudi war einverstanden.
Aber ich gab trotzdem nicht auf, in der Natur- und Schulmedizin medizinische Hilfe für Cloudi zu suchen. Alles wurde versucht: von Quark- und Brennnesselumschlägen über Kortisonspritzkuren, von Arnikaglobuli bis hin zu einer Blutegel-Intensivkur und zu Reiki- und Heilmagnetismusbehandlungen und Heilgebeten. Sogar von einem internationalen Kongress für Integrative Medizin in Jerusalem brachte ich für Cloudi ein neu entwickeltes entzündungshemmendes Medikament mit, das anfangs eine Wende einzuleiten schien und die Beweglichkeit deutlich verbesserte – doch leider war die Besserung nicht von Dauer. Aber es geschah ein Wunder anderer Art: Trotz ihres schweren Schicksals gab

Cloudi nicht auf und ließ sich nicht unterkriegen. Obwohl ihre beiden Kniegelenke inzwischen fast im Neunzig-Grad-Winkel abstanden, konnte sie immer noch selbstständig ihre Liegeposition ändern und sich einen anderen Ruheplatz suchen. Cloudis Lebensmut blieb ungebrochen.

Wenn es meine Zeit erlaubte, besuchte ich sie mehrmals täglich und brachte ihr frisches Gras, ein paar Möhren oder Äpfel, die sie immer mit großem Appetit und einer einzigartigen Geschwindigkeit verschlang; sie konnte nie genug kriegen. Als wichtigste Überlebensmaßnahme massierte ich ihren Körper und ihre Beine zur besseren Durchblutung. Wie durch ein Wunder überstand Cloudi die langen Liegezeiten ohne Wundliegen und ohne Verdauungs- und Kreislaufprobleme. Jedes Mal war ihre Freude überwältigend, wenn ich zu ihr kam: Dann reckte sie ihren Hals, rief ein freudiges Begrüßungs-Mäh, das so etwas wie »Schön, Alter, dass du mal wieder da bist« bedeutete, und kuschelte sich in meine Arme. Das größte Vergnügen bereitete ihr eine kreisende Nacken-Kopf-Massage, die sie mit unvergleichlichen Tönen des Wohlbehagens begleitete. Wenn ich ganz viel Zeit hatte, setzte ich sie zu mir und Solara auf eine Decke, um ein Buch oder die Zeitung zu lesen, was sie besonders genoss.

Cloudi wusste genau, was sie wollte: Bot man ihr Wasser an, wenn sie keinen Durst hatte, oder eine Möhre, wenn sie nicht hungrig war, streckte sie mit sichtbarer Empörung über diese unsensible Aufdringlichkeit ihren Kopf zur Seite. Jeder Besucher der Sonnen-Arche wurde als Gesellschafter zu Cloudi geschickt. Und noch jeder ließ sich von ihrer königlich leuchtenden Ausstrahlung anstecken und ermutigen. In den letzten Jahren entwickelte sich eine überraschende Liebesaffäre mit Wotan, einem starken, aber sehr gutmütigen schwarzen Bergschafbock. Er schlief nachts meistens bei seiner Cloudi, beschützte sie vor zu aufdringlichen Schafen und Besuchern und profitierte natürlich auch von ihren vielfältigen Extrarationen, die sie gern mit ihm teilte.

Für mich war Cloudi eine inspirierende Quelle der Freude und des Lebensmutes und eine Mahnung, mit Todesurteilen über Tiere und Menschen vorsichtiger umzugehen.

■ Kornkreise: Liebesgrüße aus dem All

Es war mein schönstes Geburtstagsgeschenk: Am 19. Juli 2015 wurde ein neuer Kornkreis im Großraum München, in Alling, ausgerechnet von einem Polizeihubschrauber entdeckt. In einem Durchmesser von ca. hundertzwanzig Metern war das Bild eines achtstrahligen Sterns von atemberaubender Schönheit, unglaublicher Harmonie und Präzision zu sehen. Das diesem Kornkreisbild zugrunde liegende Oktogramm steht für Unendlichkeit, grenzenlose Liebe und die Balance zwischen Geben und Nehmen. Ein Jahr vorher hatte ich den ersten Kornkreis meines Lebens in Raisting, ebenfalls im Großraum München, besucht.
Mit Kornkreisen wie auch mit dem Phänomen der Ufos (unidentifizierte bzw. unbekannte Flugobjekte) habe ich mich seit vielen Jahren mit wachem, aber auch nüchtern-kritischem Interesse beschäftigt. Es geht dabei um eine wirkliche Schlüsselfrage unserer irdischen Existenz: Gibt es im unendlichen, universellen Raum andere, möglicherweise höher entwickelte Wesenheiten? Wenn wir das bejahen, führt uns das zur nächsten Frage, ob und inwieweit diese Wesenheiten mit uns in Verbindung stehen und ob sie uns positiv oder negativ gesonnen sind. Zu dieser Problematik hatten wir eine intensive Vortrags- und Diskussionsveranstaltung mit hochrangigen Experten und einen Filmbeitrag in der Sonnen-Arche. Dabei wurde festgehalten, dass es inzwischen schon seit vielen Jahren auf politischer und militärischer Ebene eine Vielzahl gut dokumentierter Ufokontakte gibt, wobei die Augenzeugenberichte von Flugzeugpiloten am eindrucksvollsten sind. Sie weisen auf einen offenkundig weit höheren technologischen Standard der Flugobjekte, was Manövrierfähigkeit und Geschwindigkeit betrifft, hin. Weiterhin wurde festgehalten, dass es Kornkreise, also großräumige, symbolträchtige Bildmuster in Kornfeldern, seit vielen Jahren in vielen Ländern, besonders aber in England und in den letzten Jahren auch in Deutschland gibt. Bei den Kornkreisen gilt es, die entscheidende Frage nach der

Urheberschaft zu klären: Wer hat sie geschaffen? Sind sie von hoch kreativen Menschen mit riesigem technologischem Aufwand oder von anderen Wesenheiten aus dem kosmischen Raum geschaffen worden? Von Experten wurde nachgewiesen, dass die Kornkreise in einigen wenigen Fällen tatsächlich von Menschenhand geschaffen wurden, aber bei den meisten Kornkreisen konnte eine menschliche Urheberschaft nicht belegt werden, sodass sie nur von außerirdischen Wesenheiten erstellt worden sein können. Jenseits von allen Glaubensbekenntnis-Diskussionen über eine irdische oder außerirdische Urheberschaft von Kornkreisen ist für die eigene Urteilsfindung ein Augenschein- bzw. Beweistermin von größter Bedeutung. Das habe ich aus meinen vielen Strafverfahren gelernt. Also bin ich zu beiden Kornkreisen gefahren, um mir frei von Vorurteilen ein eigenes Bild zu machen.

Zu meinem ersten Kornkreis nach Raisting fuhr ich im Juli 2014. Nach zwei Stunden Autofahrt kam ich dort an und wurde von freundlichen Bewohnern zu dem am Ortsende gelegenen Kornkreis gewiesen, der in symbolträchtiger Weise von einem großen Komplex von Erdfunkanlagen umgeben war. In der Abenddämmerung herrschte eine besondere, von tiefer Ruhe und großem Frieden geprägte Atmosphäre, in der sich die vielen Besucher in auffallend freundlicher und achtungsvoller Weise begegneten. Einem inneren Impuls und dem Vorbild einiger anderer Besucher folgend, zog ich als eine Geste der Ehrfurcht vor diesem besonderen Ort meine Schuhe aus und folgte den im Inneren des Kornkreises ausgeschnittenen Muster. Immer wieder blieb ich stehen, um mir die Halme sowohl des stehen gebliebenen als auch des am Boden liegenden Korns anzusehen. Dabei fiel mir auf, dass die am Boden liegenden Halme nicht abgeschnitten, sondern wie von Zauberhand zu ihrer Halmspitze ausgerichtet waren und damit weiterwachsen konnten; weiterhin fiel mir die exakte Abgrenzung zu den stehen gebliebenen Halmen auf. Irgendwelche Spuren von maschinellen Bearbeitungsgeräten oder von menschlichen Bearbeitern waren nirgendwo zu entdecken.

Vor meiner Rückfahrt sprach ich mit einem weiblichen Familienmitglied der Eigentümerfamilie des Kornfelds. Die Frau war von einer bemerkenswerten Nüchternheit und Erdverbundenheit, fernab jeglicher spektakulärer, erlösungssuchender Esoterik. Nach ihren Aussagen war der Hofeigentümer nur wenige Stunden vor der Entdeckung des Kornkreises in der Abenddämmerung noch einmal bei diesem Feld gewesen und hatte nicht die geringsten Spuren eines Eingriffs feststellen können. Entdeckt wurde der Kornkreis am nächsten Morgen von einem Fesselballonfahrer, der das Feld überflog und die wunderschönen, ineinander übergehenden Kreise im Bild festgehalten hatte. Dieser Kornkreis mit seinem großflächigen, filigranen Muster musste also innerhalb eines Zeitraums von nur wenigen Stunden und noch dazu bei Nacht entstanden sein.

Nach den Ortsterminen bei beiden Kornkreisen und einer Reihe danach geführter Gespräche mit Besuchern und Experten stand und steht für mich fest, dass die beiden von mir besuchten Kornkreise in der kurzen zur Verfügung stehenden Zeit und mit den bekannten technischen Gerätschaften nicht von menschlicher

Hand angefertigt worden sein können. Sie können deshalb nur von außerirdischen Wesen, die ich viel lieber als unsere Sternenbrüder und -schwestern bezeichne, geschaffen worden sein, weil sie über die dafür notwendige höher entwickelte Technologie verfügen.

Die harmonische Struktur des ersten Kornkreises wie auch des Oktogramms in Alling deuten sehr stark darauf hin, dass es sich bei ihren Schöpfern um uns wohlgesonnene Sternengeschwister gehandelt haben muss. Sie wollten uns mit diesen Liebesgrüßen, oder besser, mit diesem Weckruf aus dem All aus unserem Dämmerschlaf vermeintlicher Sicherheit herausreißen und uns ein Zeichen ihrer Sympathie und grundsätzlicher Unterstützungsbereitschaft senden. Wir können ihre Hilfe gut gebrauchen, um das von uns angerichtete Erden-Chaos wenigstens etwas abzumildern.

Das ist meine persönliche Sicht. Eine Klärung des Phänomens der Kornkreise ist aber von so grundsätzlicher Bedeutung, dass ich darüber hinausgehend den Bayerischen Ministerpräsidenten Horst Seehofer in einem Schreiben aufgefordert habe, eine bayerische Taskforce, eine interdisziplinäre Expertengruppe, bestehend u. a. aus Physikern, Chemikern, Biologen, Agrar-, Computer- und Raumfahrtwissenschaftlern, zur Erforschung extraterrestrischer Phänomene wie Kornkreise und Ufos und ein entsprechendes Dokumentationszentrum einzurichten. Eine solch gut ausgestattete Taskforce könnte sofort nach Bekanntwerden eines derartigen Phänomens an den »Tatort« reisen, um mit der Spurensuche und -sicherung zu beginnen, damit jede Form von Manipulation ausgeschlossen werden könnte. Dies wäre jedenfalls der bessere Weg, als wie bisher solche Phänomene einfach zu leugnen oder sie der Lächerlichkeit preiszugeben. Ich wies ihn abschließend darauf hin, dass Bayern damit eine Vorreiterrolle in dieser für die Entwicklung der Menschheit wesentlichen Frage übernehmen könne. Einige Zeit später erhielt ich ein freundliches Antwortschreiben, in dem er sich für die Anregung bedankte, jedoch mitteilte, dass für die Einrichtung einer solchen Taskforce derzeit kein Handlungsbedarf bestünde.

Aber immerhin gibt es jetzt bei der Bayerischen Staatsregierung ein Aktenzeichen (AI5-E14-2478-19) zu diesem Vorgang, sodass sie nie wieder behaupten kann, sie hätte nichts gewusst. Ich bin zuversichtlich, dass sich auch die Bayerische Staatsregierung den Botschaften aus dem All künftig nicht mehr lange verschließen wird.

Mich haben die Besuche der Kornkreise in Raisting und Alling tief berührt. Sie haben mich noch mehr in meinem inneren Wissen bestärkt, dass wir in der unermesslichen Unendlichkeit des Alls nicht allein sind, sondern dass es an anderen Plätzen mit Sicherheit weiter entwickelte Wesen, als wir Erdenmenschen es sind, gibt, die ein von Liebe, Achtsamkeit und gegenseitigem Verständnis geprägtes Leben führen, zu dem wir offenkundig noch immer nicht in der Lage sind.

Diese Erlebnisse habe ich zum Anlass genommen, meine eigenen Beziehungen zum außerirdischen, kosmischen Raum einmal genauer zu betrachten. An meiner kindlichen Freude über jeden Regenbogen und jede Sternschnuppe hat sich im Laufe der Jahrzehnte meines Erdenlebens nichts geändert. Ich erinnere mich noch, dass mir bei einem Blick durch das riesige Teleskop der Sternwarte in La Palma der Sternenhimmel so nah schien, dass ich am liebsten zwischen den Sternen spazieren gehen wollte. Ich kann mich außerdem noch gut entsinnen, dass in meiner Kindheit das Buch *Peterchens Mondfahrt* und viel später *Ami, der Junge von den Sternen* zu meiner Lieblingslektüre gehörten, wie auch alle Erzählungen über das sagenhafte Atlantis und die Passage im Buch Genesis, in der sich die vom Himmel herabgestiegenen Riesen, die Nephilim, mit irdischen Töchtern paarten und daraus gemeinsame Kinder, Kinder des Himmels und der Erde, entstanden.

Auch die TV-Serie »Raumschiff Enterprise«, den Film über E.T. und später die »Star Wars«-Filme habe ich mit großem Interesse angeschaut. Und ich weiß, wie sehr mich die Pyramiden von Gizeh und die Sphinx bei meinen Besuchen von Anfang an in ihren Bann gezogen haben. Inzwischen ist längst klar, dass es sich dabei nicht um Grabmäler für Pharaonen, sondern um astronomische

Bezugspunkte bzw. um Wegweiser in den kosmischen Raum handelt. Deshalb wundert es nicht, dass die drei Pyramiden die gleiche Form wie das Sternbild des Orion haben und die Sphinx in einer besonderen Beziehung zum Sternbild von Sirius steht. Genauso ist bekannt, dass es sich bei den Tempelanlagen von Angkor Wat und von Yucatán ebenfalls um astronomische Zeichen handelt.
Zudem ist sowohl in unserem Alltagsleben als auch in unseren tieferen kollektiven Bewusstseinssphären das Wissen um die Verbundenheit zwischen irdischem und kosmischem Raum fest verankert: Das kommt zum Beispiel in der Bezeichnung unserer Wochentage (Sonntag = Sonnentag, Montag = Mondtag, Donnerstag = Tag des Donners), in der sichtbaren Wandlung des Mondes im 28-Tage-Rhythmus und seinen Auswirkungen auf Ebbe und Flut sowie den weiblichen Zyklus zum Ausdruck – und ganz besonders nachdrücklich in der unvergesslichen Sonnenfinsternis am 11.08.1999, als die Welt einen Moment stillstand und den Atem anhielt.
»Ich glaube an Gott, den allmächtigen Schöpfer des Himmels und der Erde«, heißt es in unserem Glaubensbekenntnis – und in ähnlicher Weise wird auch in den anderen großen Religionen der Gedanke der Einheit zwischen irdischem und himmlischem (kosmischem) Raum hervorgehoben. Diese Einheit zu leben, also das Verbindende und nicht das Trennende wie Geschlecht, Hautfarbe oder Religion, das ist unsere große Zukunftsaufgabe. Es ist höchste Zeit, dass wir uns endlich als gemeinsame Glieder einer großen Menschheitsfamilie verstehen und in dem Bewusstsein leben, dass unser Wohlergehen vom Wohlergehen aller anderen abhängt.
Im Mai 2015 nahm ich an einer kleinen astrologischen Kreuzfahrt, ausgehend von der Hafenstadt Pythagoras auf Samos, teil. Veronique, unsere astrologische Reiseleiterin, zeigte uns mit ihrer eindrucksvollen Lasertaschenlampe die uns bekannten wichtigsten Sternenbilder am klaren Nachthimmel. Dann wies sie uns in einer meditativen Betrachtung des unendlichen Lichterbandes unserer Milchstraße darauf hin, dass, wenn wir allein mit unse-

rem dreidimensionalen Verstand diesen unendlichen Raum begreifen wollen, wir angesichts der unendlichen, nicht mehr fassbaren Größenordnungen zum Scheitern verurteilt seien: Milliarden von Sternen alleine in unserer Milchstraße, von denen wir mit bloßen Augen theoretisch zweitausend erkennen können – und mindestens eine Million weitere Milchstraßen soll es zusätzlich geben. Da können wir nur staunend die Worte aus Psalm 139 sprechen: »Herr, wie wunderbar sind deine Werke und das erkennet meine Seele wohl.«

Auf die Frage, wie viele Sterne es auf allen Milchstraßen zusammen gäbe, antwortete sie mit einer bildhaften Vorstellung: Wenn wir jedes Sandkorn auf unserer Erde im Meer und in den Wüsten zusammenzählen würden, würde das in etwa der Anzahl aller Sterne entsprechen. Aber mehr als ein erstauntes »Aha, ach so viele, das kann ich mir gar nicht vorstellen« hatte keiner der Teilnehmer hervorbringen können – und ich habe besser gleich ganz geschwiegen, wie auch zu der Frage, ob wir uns die Lichtgeschwindigkeit von 330 000 Kilometern pro Sekunde vorstellen könnten. Als wir wieder in den Hafen einfuhren und an der Mole von Pythagoras anlegten, erklang von einem Nachbarschiff passenderweise Louis Armstrongs »What a wonderful world«.

Das ist meine Botschaft als »Erd-Politiker«: Wir können auch in der größten Überlebenskrise der Menschheit mit der Hilfe unserer Sternengeschwister, die wie wir von Gott geschaffen wurden, rechnen, wenn wir selber alles uns Mögliche zur Rettung und Heilung unseres Heimatplaneten Erde tun. Mich würde es jedenfalls nicht besonders wundern, wenn demnächst mal ein Ufo vor der Sonnen-Arche landen und mich zu einem Besuch unserer Milchstraße einladen würde, wo ich vielleicht sogar Seraphin irgendwo auf Wolke sieben antreffen könnte. Vielleicht wird meine neue Aufgabe einmal darin liegen, Botschafter von uns Erdenmenschen bei unseren uns wohlgesonnenen Sternengeschwistern zu werden.

■ Wir kommen (zu euch): Flüchtlinge auf dem Weg zu uns

In meiner Münchner Kanzlei wurde ich bereits von Rose Yebo aus Ghana erwartet. Auf dem Arm trug sie ihre erst vier Wochen alte Tochter Elisabeth. An ihren Rockschößen hing ihr erster Sohn Henry, der sich noch nicht daran gewöhnt hatte, die Liebe und Aufmerksamkeit seiner Mutter mit seiner Schwester teilen zu müssen. Rose benötigte eine Geburtsurkunde für das Baby, um von der Krankenkasse die Entbindungskosten bezahlt zu bekommen. Das Standesamt verweigerte jedoch bislang die Ausstellung, da der in einer Asylunterkunft bei Dortmund lebende Vater noch immer keine Anmeldebescheinigung geschickt hatte. Ich rief ihn an und bat ihn, diese Bescheinigung umgehend zu besorgen und in meine Kanzlei zu schicken. In der Zwischenzeit setzte ich mir den weinenden Henry auf den Schoß und kraulte ihm beruhigend den Kopf. Der Effekt war durchschlagend: Schon nach wenigen Momenten war er friedlich eingeschlafen. Meine anwaltliche Tätigkeit musste ruhen, bis ich Henry in die Obhut eines kindererprobten, vertrauenswürdigen Mandanten weitergeben konnte.

Rose war nur eine von vielen afrikanischen Mandanten, die ich seit vielen Jahren betreute und denen ich half, ihren Aufenthalt abzusichern. Das geschah zumeist auf der humanitären Schiene, da die rechtlichen Möglichkeiten seit der einschneidenden, im Ergebnis beschämenden Änderung des Grundrechts auf Asyl im Herbst 1993 extrem eingeschränkt waren. Grund dafür war vor allem die sogenannte Drittstaatenregelung, die besagte, dass ein Asylbewerber zwingend in dem EU-Land Asyl beantragen muss, in dem er das erste Mal Fuß auf europäischen Boden gesetzt hatte. Da Deutschland ringsum von Nachbarländern umgeben ist, wären diese Voraussetzungen offiziell nur gegeben, wenn er schwimmend oder per Boot irgendwo an einer deutschen Küste anlandet oder mit dem Fallschirm über Deutschland abspringen und dann auf deutschem Boden landen würde. Ergänzend dazu gab es eine umstrittene Liste sogenannter sicherer Herkunftsländer, die Flüchtlingen aus diesen Ländern ein Asyl bei uns unmöglich machte. Das bedeutete, dass das Asylrecht in Deutschland für die meisten Flüchtlinge keine Option war.

Auch Rose hätte für die Anerkennung als Asylberechtigte keine Chance gehabt. Aber Not kennt bekanntlich kein Gebot: Um diese Hürden zu umgehen, warfen viele Flüchtlinge alle Dokumente weg, aus denen ersichtlich sein könnte, aus welchen Ländern sie kommen und in welchem Land sie EU-Boden betreten haben. Das verschaffte ihnen eine Atempause von einigen Monaten, denn ohne gültige Reisedokumente konnten sie weder freiwillig ausreisen noch abgeschoben werden. In dieser Zeit bestand ihre einzige Chance auf einen sicheren Aufenthalt darin, irgendwie einen deutschen oder Partner aus einem anderen EU-Land zu finden und diesen, Gefühle hin oder her, zu heiraten oder am besten vorher schon ein Kind aus dieser oft noch gar nicht wirklich bestehenden Partnerschaft zu bekommen. Zu welchen menschlichen Verwerfungen eine solche Zwangssituation führte, kann man sich vielleicht vorstellen. Die krasse Abhängigkeit war einer achtungsvollen, menschenwürdigen Partnerschaft in keinem Fall zuträglich.

Rose hatte das Glück, für die Legalisierung ihres Aufenthaltes in Deutschland eine besondere Variante wählen zu können: Sie hatte aus der Partnerschaft mit einem ghanaischen Landsmann, der zuvor eine deutsche Frau geheiratet hatte, inzwischen wieder geschieden ist und die deutsche Staatsbürgerschaft erworben hat, ihren Sohn Henry bekommen, der damit automatisch die deutsche Staatsbürgerschaft innehatte. Damit war ihr Aufenthalt rechtlich so gesichert, dass sie dem Vater ihrer gerade erst geborenen Tochter Elisabeth, der als an sich aussichtsloser Asylbewerber in der Gegend um Dortmund untergekommen war, mit einigen bürokratischen Hindernissen ebenfalls einen Aufenthalt ermöglichen konnte.

Auf dem Weg zum Bahnhof kam ich am Münchner Rathaus vorbei. Ich kann mich noch gut erinnern, mit welcher Leidenschaft ich mich als Münchner Stadtrat vor der faktischen Abschaffung des Asylrechts an den manchmal bis nach Mitternacht andauernden Debatten für eine sinnvolle und großzügige Ausgestaltung des Asylrechts eingesetzt hatte, das als bewusste Konsequenz aus den menschenverachtenden Verbrechen der Nazizeit entstanden war. Mit einem Federstrich wurde das in Artikel 16 unseres Grundgesetzes festgeschriebene Grundrecht auf Asyl, ein humanitärer Leuchtturm mit besonderer Strahlkraft, aus vielen sogenannten Sachzwangargumenten, vor allem finanzieller Natur, unter Mitwirkung aller demokratischer Parteien zum Erlöschen gebracht.

Dreißig Minuten später war ich am Rosenheimer Bahnhof. Zum Ausgang gelangte man über zwei große Treppen. Als ich den gewohnten Weg – durch ein Handygespräch abgelenkt – gehen wollte, schreckte ich auf und rieb mir die Augen: Der rechte Aufgang war mit einem Sicherheitsband abgesperrt. Auf jeder Treppenstufe saßen dichtgedrängt aus den Zügen herausgeholte Flüchtlinge, umgeben von Bundespolizisten und Sicherheitspersonal der Bahn, die auf ihren Abtransport warteten. Ein solches Bild hatte ich in Deutschland noch nie gesehen und war vorübergehend fassungslos. Ich betrachtete die Menschen jetzt etwas genauer, die hier, oft nach wochenlangen Irrfahrten endlich in Deutschland, dem Ziel ihrer Wünsche angekommen, gottergeben ihrer Zukunft entgegensahen. Diese Zukunft wird in jedem Fall besser sein, denn in ihrer vom Krieg verwüsteten Heimat gab es schon lange überhaupt keine Hoffnung mehr. In ihren sommerlichen Kleidern und mit nur wenig Gepäck hätte es sich auch um eine vorübergehend gestrandete Touristengruppe handeln können. Doch auf den zweiten Blick sah man die müden Gesichter und unsicheren Blicke, die von den Strapazen der Flucht zeugten.

Eine Woge von Hilflosigkeit überflutete mich, und ich fühlte mich mit einem Mal hundeelend. Ich wollte so gerne zu diesen Menschen hinübergehen, mit ihnen reden, sie in die Arme nehmen, sie willkommen heißen. Aber das Sicherheitspersonal hinderte mich daran. Ich konnte ihnen nur zuwinken und ihnen ein paar aufmunternde Blicke zuwerfen.

Unter dem Absperrseil entdeckte ich zwei kleine dunkelhäutige, ganz unbefangen miteinander spielende Kinder. Da kam mir eine Idee: Ich würde diesen zwei Kindern in der gegenüberliegenden Eisdiele ein Eis holen. Das war wenig genug, aber immerhin eine kleine Geste, die machbar war. Schon lief ich los und kam mit dem Eis zurück. Zum Glück kannte ich einen der Bahn-Sicherheitsleute, der mich zu den Kindern durchließ. Als ich ihnen das Eis gab, wurde ich mit zwei strahlenden Augenpaaren beschenkt. Zum Abschied nahm ich mir Zeit, um die Menschen auf der Treppe sehr lange anzusehen. Sie waren meine Brüder und Schwestern, von Gott geschaffen wie ich. Es war nicht mein Verdienst, dass ich auf dieser Seite des Seils, auf der Sonnenseite des Lebens stand, genauso wie es nicht die Schuld dieser Menschen war, in Abhängigkeit und Angst auf der anderen Seite der Absperrung zu stehen.

Plötzlich fiel ein immer größer werdender Sonnenstrahl auf die wartenden Menschen und erleuchtete ihre Gesichter wie ein Scheinwerfer. Mit einem Mal spürte ich, wie ich in eine Art Trance fiel: Die einzelnen Gesichter verschwammen nach und nach und wuchsen zu einem einzigen großen Gesicht zusammen, und wie von einem unaufhaltsamen Sog angezogen war ich auf einmal mittendrin. Immer mehr Menschen strömten wie eine große Flut auf dieser Treppe im Rosenheimer Bahnhof zusammen, schwarze und weiße, braune, rote und gelbe, alte und junge, Männer und Frauen. Und die Luft war erfüllt von dem kraftvollen Lied »We are the world«, das Michael Jackson und Lionel Richie vor vielen Jahren für die humanitäre Aktion »USA for Africa« geschrieben hatten. Und alle wurden Teil von diesem immer größer werdenden »Antlitz der Menschheit«. In mir stiegen die Worte meines schamanischen Freundes Sun Bear auf: »One God, one world, one people«, und ich wurde von einem überwältigenden Gefühl des All-Eins-Seins überflutet. Und plötzlich öffnete sich der gewaltige Mund, und wie von Donnerhall tönten die

Worte, die in allen Sprachen zu verstehen waren: »Die Güter der Erde sind für alle in gleicher Weise da. Es gibt keinen wirklichen Grund für Armut, Hunger, Kriege und Gewalt. Damit muss es ein Ende haben. Wir sind jetzt zu euch gekommen, um uns das zu holen, was ihr uns seit viel zu langer Zeit verweigert habt. Wir werden uns nicht mehr aufhalten lassen, nicht durch Zäune, nicht durch Gräben, nicht durch Mauern. Es liegt an euch, ob der Prozess des Teilens und Abgebens friedlich oder gewaltsam verlaufen wird.«

Nach diesen Worten schien die Welt für einen Augenblick stillzustehen. Die Stille war so umfassend, wie ich sie nur bei der letzten Sonnenfinsternis erlebt hatte. Ich wusste nicht, wie lange dieser Zustand gedauert hatte, eine Sekunde, eine Minute, eine Ewigkeit. Langsam kam ich wieder zu mir, rieb mir noch leicht benommen die Augen und schaute wieder auf die Flüchtlinge auf der Bahnhofstreppe in Rosenheim. Ich entdeckte jetzt noch viel mehr Kinder, die ich vorher übersehen hatte; sie würden ohne Eis bleiben, denn inzwischen war ein Polizeibus vorgefahren, und die Treppe wurde langsam geräumt.

Ich musste mich erst mühsam erinnern, wo ich mein Auto abgestellt hatte. Bald hatte ich es jedoch gefunden, blieb aber noch eine Weile hinter dem Lenkrad sitzen, um mich zu sammeln.

Die Flüchtlinge werden sich das holen, was wir diesen Menschen in der sogenannten Dritten Welt jahrzehntelang vorenthalten haben: Entwicklungsbedingungen, die ihnen ein würdiges Leben und eine Lebensgestaltung gemäß ihrer Kultur und Tradition in Frieden und Freiheit in ihren eigenen Ländern möglich gemacht hätten. Diese Entwicklung hätte eine weitsichtige Politik der westlichen und östlichen Führungsländer im Sinne einer lange überfälligen Welt-Innenpolitik – eine kreative und zutreffende Wortschöpfung des früheren deutschen Entwicklungshilfeministers Erhard Eppler – nachhaltig und aus reinem Eigeninteresse unterstützen müssen. Stattdessen herrschen in diesen Ländern noch krassere soziale Ungleichheiten als bei uns. Das größte Kapital dieser Länder, ihre Rohstoffe wie Öl, Gas und Holz, werden in einem skandalösen Zusammenspiel von internationalen Konzernen und korrupten einheimischen, sich schamlos bereichernden Eliten an der Masse der Bevölkerung vorbei ausgebeutet. Dabei wird zumeist auch noch die Umwelt zerstört, Böden und Wasser vergiftet und die Wälder abgeholzt. Das westliche Wachstums- und Konsummodell hat traditionelle familiäre und arbeitsmäßige Strukturen und Traditionen zerstört und durch allgegenwärtige mediale Reize unerfüllbare Konsumwünsche geweckt. Die steigende Arbeitslosigkeit, vor allem unter jungen Menschen, macht jede sinnvolle Lebensperspektive zunichte. So entsteht eine wachsende Unzufriedenheit, die sich in einer dramatischen Zunahme von Gewalt in allen Lebensbereichen, vor allem aber zwischen Angehörigen unterschiedlicher Ethnien und Religionen, entlädt. Bürgerkriegsähnliche Zustände zerstören angestammte Siedlungsgebiete, Dörfer, ja sogar ganze Städte. Dadurch entstehen Flüchtlingsströme – zuerst im eigenen Land und dann in den Nachbarländern. Für die Menschen, die nach sicheren Lebensbedingungen suchen und diese auch dort nicht finden, gibt es kein Halten mehr: Zusätzlich befeuert durch die medial-illusionären, im Fernsehen und im Internet ständig präsenten westlichen Wohlstandswelten machen sich immer mehr Flüchtlinge auf den Weg zu uns nach Deutschland, in das gelobte Land, wo sie Milch und Honig in Hülle und Fülle erhoffen.

Diese Entwicklung war lange vorhersehbar, ohne dass sinnvolle Gegenmaßnahmen ergriffen wurden. Russland verhindert mit seinem Veto im Weltsicherheitsrat seit Jahren wirksame Sanktionen gegen Syrien, wo das Assad-Regime einen Vernichtungsfeldzug gegen die eigene Bevölkerung führt. Wir haben vor diesen Entwicklungen einfach die Augen verschlossen und sind zur Tagesordnung übergegangen. Jetzt ist die Situation durch die zerstörerischen Bürgerkriege in Syrien und im Irak mit einer derartigen Wucht eskaliert, dass es kein Halten mehr zu geben scheint. Es hat eine Völkerwanderung bisher unbekannten Ausmaßes eingesetzt, die uns zu überrollen droht. Unser demokratisches und rechtsstaatliches System, vor allem aber die deutsche Bevölkerung, steht mit einem Mal vor ganz neuen Herausforderungen, die eine grundlegende Umorganisation unseres bisherigen Lebens erforderlich machen werden.

Bislang scheinen wir diese Herausforderung angenommen zu haben. Die deutsche Willkommenskultur gegenüber den hilfesuchenden Flüchtlingen hätte keiner für möglich gehalten, und sie hat uns höchste Anerkennung in der Welt gebracht. Angela Merkel hat sich an die Spitze eines politischen Prozesses gesetzt, der Deutschlands Türen weit geöffnet hat; sie hat ihrem Vornamen (Angela = Engel) alle Ehre gemacht. Die Integration der oft sogar gut ausgebildeten Flüchtlinge bietet eine große Chance für unser Land. Sie müssen so schnell wie möglich die deutsche Sprache erlernen und eine Arbeitserlaubnis bekommen, damit sie bald für sich selber sorgen können. Gute Entwicklungen sind möglich, wenn möglichst viele daran mitarbeiten, und somit hat auch ein rechtsradikaler Ruck keine Chancen. Eines steht allerdings fest: Neue Zäune und Mauern werden die Probleme nicht lösen.

Das laute Hupen eines auf meinen Parkplatz wartenden Autofahrers riss mich aus meinen Gedanken. Es war schon viel zu spät geworden und in der Sonnen-Arche warteten nicht nur meine Tiere, sondern auch noch Saladdin und Muhammed, zwei inzwischen mit uns befreundete Flüchtlinge aus Sierra Leone auf mich. Ich hatte sie mit ihren Freunden aus einem nahegelegenen Flüchtlingslager zu meinem multiethnischen Geburtstagsfest eingeladen, und wir konnten gemeinsam ein paar unbeschwerte Stunden verbringen. Sie lebten inzwischen seit drei Monaten in unserer Nachbarschaft im Chiemgau, nachdem sie ihre vierwöchige dramatische Flucht körperlich unversehrt, aber seelisch traumatisiert überstanden hatten. Alles von ihnen und ihren Familienmitgliedern gemeinsam aufgebrachte Geld wurde ihnen für Fluchthilfen von bestens organisierten Schlepperbanden abgenommen. Inzwischen hatten sie eine vorläufige Arbeitserlaubnis erhalten, und ich hatte ihnen versprochen, bei der Arbeitssuche behilflich zu sein. Die Chancen standen nicht schlecht: Beide sprachen fließend Englisch und inzwischen durch unsere Sprachübungen auch immer besser Deutsch. Muhammed hatte einen

internationalen Lkw-Führerschein und Saladdin ein Zertifikat als Karatetrainer. Sie waren in den letzten Tagen jedoch immer nervöser geworden, weil sie inzwischen täglich Anrufe von ihren Familienmitgliedern bekamen, wann sie das erste Geld zurückschicken könnten. Sie waren, wie viele ihrer Freunde, mit völlig illusionären Vorstellungen, was Arbeit und Geldverdienen betrifft, zu uns gekommen. Ich riet immer wieder zur Geduld, damit sie sich das Leben untereinander nicht noch schwerer machten.

An diesem Tag konnte ich ihnen die gute Nachricht bringen, dass in zwei Tagen der erste Vorstellungstermin sein würde. Und ich konnte ihnen den lang erwarteten Minibackofen schenken, damit sie sich besser versorgen konnten. Das war nicht viel, aber doch ein kleiner Schritt zum Besseren. So konnte dieser Tag einen positiven Ausklang nehmen. Nächste Woche hatten wir einen Termin mit einem Mitarbeiter der Ausländerbehörde Rosenheim über die eventuelle Aufnahme von Flüchtlingen in der Sonnen-Arche vereinbart.

»Sorget euch nicht um den nächsten Tag, denn er wird für sich selbst sorgen.« So ist das Leben eine ständige Übung, im Hier und Jetzt das Notwendige zu tun und dem Morgen wie ein Kind zu vertrauen. In der Sonnen-Arche angekommen, schloss ich Muhammed und Saladdin stellvertretend für alle anderen Flüchtlinge in meine Arme und schickte sie mit dem Friedensgruß »Salam aleikum« nach Hause. Dann brach ich mit meinen schon ungeduldig wartenden Wolfshunden zu unserem abendlichen Spaziergang auf.

■ Die Sonnen-Arche im Chiemgau: Freudenhof für Menschen und Tiere

Morgens um sieben Uhr ist die Welt in der Sonnen-Arche, dem Umwelt- und Begegnungszentrum von David gegen Goliath, bereits in Ordnung: Sieben Hähne krähen um die Wette, Höckergänse, Lauf- und Wildenten, Seiden- und Brahmahühner und Pfau Felix mit seiner neuen Flamme Beauty, das quatschende Schwein Mareike, das Haflingerduo Maxim und Jonathan mit der rassigen Rana sowie unsere munteren Bergschafe Sunshine, Grace, Courage, Orion, Schiwa, Wotan, Joy und Co. schnattern, grunzen, wiehern und blöken erwartungsvoll einem neuen Tag entgegen. Ihr einziger Daseinszweck besteht darin, so zu sein, wie sie sind, und sich ihr Leben so zu gestalten, wie sie wollen. Das ist von meiner Seite eine bewusste Wiedergutmachung dafür, dass viele unserer Tiergeschwister zu reinen Schlachtobjekten degradiert und, zu einem unwürdigen Leben und Sterben verurteilt, ein grenzenlos erbärmliches Dasein führen.
Die Sonnen-Arche gibt es seit 2001. Damals war ich in einer dramatischen Lebenssituation, da ich wegen der notwendigen, aber verbotenen Schutzimpfung meines berühmten Schafs Seraphin über Nacht Wohnung und Weide verlor und praktisch auf der Straße saß. Mir blieb gerade noch so viel Zeit, im letzten Moment ein Inserat in der Wochenendausgabe der tz aufzugeben: »SOS – Menschen- und Tierfreund sucht dringend ab sofort Hof und Weide für sich und sein Schaf Seraphin.« Ich bekam zwei interessant klingende Angebote in Halfing und Rottau, zwei Orte, die mir völlig unbekannt waren.
Noch am selben Abend hatte ich einen Besichtigungstermin in Halfing. Ich weiß noch wie heute, wie ich von der Straße abbog und eine lange Einfahrt auf ein großes, zunächst nur in Umrissen sichtbares, hinter Bäumen und Sträuchern verstecktes Anwesen zufuhr. Erst als ich die Brücke neben einem Wildteich überquert

hatte, wurde der Blick auf die Vorderfront eines größeren, blumenumrankten Anwesens frei. Mir ging das Herz auf, als ich die letzten Meter zurücklegte und mein Auto auf dem Parkplatz abstellte. Ich wurde von der Eigentümerin, einer sympathischen Dame, sehr freundlich empfangen. Sie kannte meine Leidensgeschichte mit Seraphin aus der Presse und brachte mir Mitgefühl entgegen. Sie führte mich über das drei Hektar große Gelände, das früher einmal als kleiner Bauernhof bewirtschaftet worden war und jetzt vor allem aus größeren Weideflächen, einem Obstgarten und einigen Stallungen bestand. Das fünfhundert Quadratmeter große Haus war in einem sehr guten Zustand und geschmackvoll eingerichtet. Die größte Überraschung war die völlig renovierte, holzverkleidete Tenne im ersten Stock, die fast die Hälfte des Raumes ausfüllte und für Veranstaltungen mit bis zu hundert Personen bestens geeignet war.

Zum Glück waren unsere Interessen deckungsgleich: Sie wollte das Haus so schnell wie möglich in gute Hände weitergeben, weil ihre Kinder ausgezogen und ihr Mann verstorben war, und ich wollte so schnell wie möglich mit Seraphin und zwei anderen Schafen einziehen. So wurden wir uns schnell über die Übernahmemodalitäten einig, und im Mai 2001 konnte ich bereits einziehen. Mehr als drei Jahre hatte ich intensiv nach einem solchen Ort gesucht, der vier wesentliche Voraussetzungen erfüllen sollte: Alleinlage, um die der konventionellen, industrialisierten Landwirtschaft verhafteten Bauern nicht mit meiner völlig anderen Form der Tierhaltung – Schaf Seraphin, Pfau Felix und Hunde und Katzen am Frühstückstisch – zu provozieren, genug Platz für alle Tiere, ein größerer Veranstaltungsraum und eine gute Verkehrsanbindung. Jetzt war er mir in einer dramatischen Notsituation in den Schoß gefallen. Ich war von Dankbarkeit erfüllt. In meiner ersten Nacht in der Sonnen-Arche habe ich aus einer intuitiven Eingebung heraus eine Tradition begonnen, die ich bis heute beibehalten habe: Bevor ich schlafen gehe, stelle ich mich vor ein schlichtes hölzernes Kreuz, unter dem immer ein Licht brennt, fühle mich eingebettet zwischen Himmel und Erde, erinnere mich an die wichtigsten Ereignisse des zurückliegenden Ta-

ges, segne in alle vier Himmelsrichtungen alle Menschen, Tiere und Pflanzen, erfreue mich an der erhabenen Schönheit des oft sternenklaren Himmels und grüße meine Sternengeschwister in den unendlichen Weiten des Alls sowie alle lichtvollen, unsichtbar uns umgebenden Wesen – Zwerge, Nymphen, Elfen, Feen und Salamander – und danke meinem und aller Schöpfer für das Geschenk meines Lebens.

Ein wichtiger Punkt war gleich zu Beginn die Namensgebung »Sonnen-Arche«. Dieser Name enthält eine doppelte Symbolik: Sonne steht für das lebensspendende, wärmende, geistig-göttliche Prinzip. Arche steht für Schutz und Geborgenheit für Menschen und Tiere. In diesem Namen ist das Programm der Sonnen-Arche, »Ich und mein Haus wollen dem Herrn mit Freuden dienen«, bestens eingebettet.

Das Konzept für die Menschen ist immer klar gewesen: In der Sonnen-Arche werden für unsere klassischen David-gegen-Goliath-Themen Sonne, Atom, Klima, Tiere, Natur und Menschenrechte Vorträge, Seminare, Konzerte und Meditationen angeboten. Damit sollen der innere Wandel und das äußere Engagement und die Gedanken der Einheit und All-Verbundenheit beflügelt und vertieft werden. So haben uns u. a. Hans-Peter Dürr, Barbara Rütting, Ruediger Dahlke, Bruno Jonas und Klaus Peter Schreiner bei der Umsetzung unterstützt und die Sonnen-Arche mit sprühendem Leben erfüllt. Die Verleihung der David-gegen-Goliath-Ehrenmitgliedschaft an unseren Freund, den Dirigenten Hanns-Martin Schneidt, für sein Benefizkonzert »Das Requiem« von Wolfgang Amadeus Mozart und an den Kabarettisten Christian Springer für sein Engagement in der »Syrienhilfe« sind weitere inspirierende Höhepunkte in der Sonnen-Arche gewesen. Ganz wichtig ist von Anfang an auch die Gestaltung der Jahresfeste, Mittsommernacht und Erntedank, Ostern und Weihnachten, gewesen. Mit Friedensgebeten und Meditationen haben wir von der Sonnen-Arche aus unseren kleinen Beitrag für eine friedlichere Welt zu leisten versucht.

Das Konzept für die Tiere stand schon vorher in Grundzügen fest: Ich wollte zum einen sogenannte Nutztiere, also üblicherweise zum Verzehr bestimmte Tiere aus alten Haustierrassen, und Tiere in Not aufnehmen, ergänzt durch ein paar vergnügte Freudentiere, um die energetische Balance zu wahren. Die einmal in die Sonnen-Arche aufgenommenen Tiere haben eine Garantie für Schutz und Würde bis an ihr Lebensende.

Mit Cheruba, einer belgischen Rauhaarschäferhündin, bereitete ich mir im ersten Jahr das schönste Geburtstagsgeschenk.

Seraphin fand in dem edlen braunen Bergschafbock Joseph, der bei uns jedoch gleich in Raphael, den Erzengel der Heilung, umbenannt wurde, ihren wunderbaren Partner, mit dem sie uns kurz vor Ausbruch des Irakkrieges zwei weiße Lämmer als einen besonderen Sonnen-Arche-Segen bescherte. Wir gaben ihnen die symbolträchtigen Namen Joy und Salam als bewussten Kontrapunkt zu dem mörderischen, lebensvernichtenden Krieg. Seraphin hat uns im Laufe ihres dreizehnjährigen Lebens zwölf weitere Lämmer beschert, die heute noch den Grundbestand unserer kleinen Herde bilden und in denen sie weiterlebt. Kindersegen bescherte uns später auch meine sehr geliebte Solara: die fünf Irischen Wolfshundewelpen Amor, Joy, Raphael, Salam und Solei. Die Aufzucht und Betreuung dieses Rudels war über nahezu

ein Jahr ein freuden- und überraschungsreicher Vollzeitjob, der sehr belebend und bereichernd war.

Als am 30. April 2002 meine zwölfjährige Stadtratstätigkeit ihr Ende fand, konnte ich meinen Lebensmittelpunkt noch mehr in die Sonnen-Arche verlegen. Gleich am nächsten Tag holte ich Maxim, einen Haflingerwallach, zu mir. Maxim hatte ich vor fünf Jahren am Neujahrsmorgen um fünf Uhr zusammen mit seiner Mutter auf einer Weide bei einem Bauernhof am Faaker See das erste Mal getroffen. Ich hatte an einem Jahreswechselseminar von Ruediger Dahlke teilgenommen und wollte das jungfräulich vor mir liegende neue Jahr mit einem Spaziergang beginnen. So lief ich, tief in mich versunken, über die verschneiten Wege und Felder, bis ich auf eine kleine Haflingerherde stieß. Ich blieb stehen, um sie liebevoll zu begrüßen. Plötzlich hörte ich eine knarzige Stimme hinter mir: »Willst den haben, sonst kommt er in die Wurscht.« Ich drehte mich um und blickte auf einen kleinen, älteren Mann in Arbeitskleidung, der auf das zärtlich an seine Mutter gelehnte Fohlen zeigte. Ich hatte mich schnell von meiner Überraschung erholt, stellte mich kurz vor und bat den Mann um eine Erläuterung.

»Das ist ganz einfach. Ich bekomme von der EU eine Prämie für die Fohlenaufzucht und muss die Fohlen mindestens ein Jahr behalten. Die Hengstfohlen sind meistens unverkäuflich und kommen dann nach Ablauf eines Jahres nach Italien zum Metzger.«
»So ein hirnloser Bürokratenwahnsinn«, schoss es mir durch den Kopf, aber auch der Talmud-Spruch »Rettest du eine Seele, so rettest du die ganze Welt« fiel mir dazu ein. Mir war sofort klar, dass ich diese wunderschöne, zärtliche Pferdeseele retten würde. Ich vereinbarte mit dem Bauern, dass ich ihm den Schlachtpreis von 750 DM bezahlen würde, aber mit der Verpflichtung, dass das Fohlen noch einige Zeit bei ihm bleiben dürfe. Ich gab dem Fohlen und seiner Mutter einen liebevollen Klaps und kehrte beschwingt zu meiner Gruppe zurück, die gerade beim Neujahrsfrühstück saß. Da ich die Welt nicht allein retten konnte, bat ich Ruediger, der Gruppe von meiner Begegnung erzählen und um eine Spende für den Kaufpreis bitten zu dürfen. Meine Schilderung bewegte die Herzen, und mein Appell, dass wir eine bessere Welt nicht durch noch mehr folgenloses Reden, sondern nur durch konkrete Taten erreichen können, fand volle Zustimmung. Die Spendensammlung erbrachte genau den Kaufpreis, und so konnte ich am Nachmittag dem Bauern überglücklich das Geld überreichen. Er gab mir auf meine Bitte noch die Adressen von zwei in der Nähe liegenden Pferdehöfen. Am nächsten Tag war das Seminar zu Ende und ich hatte Zeit, mir die Pferdehöfe anzusehen. Ich hatte das Glück, gleich auf dem ersten Hof einem jungen, sympathischen Biobauern und Pferdewirt zu begegnen, dem ich meine Geschichte mit dem Fohlen erzählte und ihn bat, das Pferdekind für ein bis zwei Jahre bei ihm unterstellen zu dürfen, bis ich die räumlichen und zeitlichen Voraussetzungen für eine Übernahme hätte. Erfreulicherweise war er sofort dazu bereit, und so hatte das Fohlen, noch dazu zu einem sehr entgegenkommenden Sonderpreis, einen erstklassigen Platz im Kreis von vielen anderen Pferden und Fohlen gefunden. In den folgenden drei Jahren besuchte ich meine sich inzwischen zu einem stattlichen Junghengst entwickelnde Neujahrsüberraschung immer wieder und konnte mich von seinem Wohlergehen überzeugen. Maxim,

wie ich ihn inzwischen getauft hatte, hatte an diesem Ort wirklich das große Los gezogen: Er verbrachte die Sommer in einer Jungpferdherde auf einer Bergalm, wo er soziales Verhalten lernte und ein gutes Selbstbewusstsein entwickeln konnte.

So war ich glücklich, Maxim am ersten Tag nach dem Ende meiner Stadtratszeit, am 1. Mai 2002, in die Sonnen-Arche holen zu können, wo er bald Gesellschaft von der schwarzen, leicht anarchischen Eselsdame Daisy bekam, die schnell ein unzertrennliches Paar wurden.

Maxim lebt heute immer noch mit seinem Freund Jonathan, einem Haflinger mit einem ähnlichen Schicksal, an seiner Seite, außerdem mit Daisy, der rassigen Rana und dem Dartmoorpony Tudy, die mit vierzig Jahren die Seniorin ist, und anderen Tieren in der Sonnen-Arche. Leider ist seine Lebenszeit infolge einer schmerzhaften Arthrose, für die es immer noch keine Heilung gibt, überschaubar, aber so lange er noch aufstehen und fressen kann und offensichtlich Lebensfreude hat, bleibt er bis ans Ende seiner Tage bei uns.

Sehr glücklich bin ich, dass ein heimischer Künstler auf meinen Wunsch ein großes kupfernes, keltisch-kosmisches Kreuz angefertigt hat. Dieses Kreuz steht als Symbol für die bei uns praktizierte weltoffene, universelle, jesuanisch geprägte Spiritualität an zentraler Stelle in unserem schönen Veranstaltungsraum. Dieses ausstrahlende Symbol korrespondiert energetisch mit einem anderen kraftvollen Symbol im Eingangsbereich der Sonnen-Arche, mit der »Blume des Lebens«, die in immer neu staunenswerter Weise die All-Verbundenheit von allem mit allem ausdrückt.

Eine immer größere Anzahl von Besuchern der Sonnen-Arche hat durch die Begegnung mit unseren selbstbewussten und zutraulichen, weil angstfrei lebenden Tieren Freude, Trost und in manchen Fällen sogar Heilung gefunden. So hat sie sich immer mehr zu einem Freudenhof entwickelt.

Als ein besonderes Geschenk steht die Sonnen-Arche, wie eine Untersuchung ergeben hat, auf hochenergetischem Boden: Ungewöhnlich viele rechtsdrehende Wasseradern und Wasserkreu-

zungen verleihen diesem Ort ein hohes Heilungspotenzial für körperliche, geistige und seelische Störungen, die hier ausbalanciert werden können.

Die Sonnen-Arche steht allen Menschen offen, die sich der Bewahrung der uns anvertrauten Schöpfung und der Heilung unserer wie nie zuvor bedrohten Mutter Erde verpflichtet fühlen – Menschen, die eine nie versiegende Vision des Friedens mit sich selbst, mit der Natur und mit allen Mitgeschöpfen in sich tragen und diese Vision an diesem Ort mit anderen teilen wollen.

Besucher können in der Sonnen-Arche Urlaub oder Tierschutzferien machen, ein Praktikum absolvieren oder eine Tierpatenschaft übernehmen. Immer beliebter ist das Spezialangebot »Sabbatical – Auszeit auf Zeit« für ein Wochenende, für Wochen oder Monate, in Lebenskrisen, Phasen der inneren Einkehr oder zur Prüfungsvorbereitung – auf Wunsch auch mit psychotherapeutischer Begleitung von mir.

Ich selbst habe inzwischen mein Beratungsangebot zur Krisenprävention und Mediation, »Bernhard Fricke Consulting«, in die Sonnen-Arche verlegt, das von Einzelpersonen, Organisationen und gelegentlich auch von Parteien genutzt wird.

Meine nächsten Pläne für die Sonnen-Arche sind der Bau eines gläsernen, rundum transparenten Gebets- und Meditationsplatzes, in den die Symbole der großen Weltreligionen künstlerisch integriert sind. Ich bin dazu schon vor vielen Jahren durch den Besuch des Matrimandir im indischen Auroville und erst kürzlich durch den Besuch einer interreligösen Kapelle im Alpbachtal inspiriert worden.

Mit der Sonnen-Arche ist ein Raum für lebendige Begegnungen auf den Ebenen Mensch-Mensch, Mensch-Tier, Mensch-Natur, Mensch-Kosmos entstanden, der die Besucher zum Nachdenken, vor allem aber zum praktischen Umsetzen neuer Erfahrungen und Erkenntnisse anregen möchte. Die Sonnen-Arche will ein Hort lebendiger, überkonfessioneller, alltagstauglicher Spiritualität und Heilung und ein Schutz- und Anlaufpunkt zum Aufladen der Lebensbatterien sein.
So hat die Sonnen-Arche eine doppelte Aufgabe zu erfüllen: Menschen und Tieren Inspiration und Schutz in stürmischer werdenden Zeiten zu geben und Raum für Begegnung zu schaffen. Schauen Sie doch mal in der Sonnen-Arche vorbei!

■ Der Jäger war Cherubas Tod

Cheruba war ein besonderes Geburtstagsgeschenk von mir für mich: 2001, gerade in die Sonnen-Arche eingezogen, konnte ich mir endlich einen Herzenswunsch erfüllen. Bislang hatten längere Auslandsaufenthalte und seit Tschernobyl ein so intensives politisches Leben, das ich weder einer Frau noch einer Familie oder einem Hund zumuten konnte und wollte, dessen Erfüllung verhindert. Jetzt war eine neue Phase in meinem Leben eingetreten: Ich war sesshaft geworden und hatte damit Zeit für einen Hund, Zeit für Cheruba.

Ich hatte vorher noch nie einen belgischen Rauhaarschäferhund gesehen, bis bei meinem Münchner Psychotherapeuten eine Patientin mit einem ganz ungewöhnlichen Hund mit wachen Augen und wuscheligem Fell erschien. Dieser Hund erweckte sofort mein Interesse. Auf meine Frage nach der Rasse antwortete sie: »Das ist ein belgischer Rauhaarschäferhund, ein Laeken. Er sieht vorne aus wie ein Wolf und hinten wie ein Schaf und begleitet mich wie ein Schatten.« Es war mir sofort klar: Dies wird mein nächster Hund, der schon in seinem Namen die Auflösung des klassischen Gegensatzes Wolf versus Schaf trägt und damit die lange überfällige Verwirklichung des vom Propheten Jesaja angekündigten Friedensreiches verkündet: »Da werden die Wölfe bei den Lämmern wohnen und die Panther bei den Böcken lagern.« Mit dem Namen meines Schafs Seraphin hatte ich meine besondere Verbundenheit mit den Seraphinen, mit dem Namen meiner Hündin Cheruba nun auch meine Verbundenheit mit den Cherubinen, den höchsten Erzengeln, zum Ausdruck bringen wollen. Cheruba war wie ein Schatten von mir, immer dabei, auch bei den DaGG-Aktionen in München. Sie wurde durch einen feigen Jägermord aus meinem Leben gerissen. Ich habe so sehr um sie getrauert, dass ich erst nach zwei Jahren für einen neuen Hund, meine wunderbare Irische Wolfshündin Solara, bereit war.

Bisher hatte ich nur in meiner Kindheit zwei liebenswert-eigensinnige Rauhaardackel, Purzel und Mohrle, großgezogen, aber mit einem großen Hund hatte ich noch keine Erfahrung. Deshalb hatten mir manche Freunde von einem Rauhaarschäferhund abgeraten, aber ich hatte meine Entscheidung getroffen. Intuitiv entschloss ich mich, als wesentlichste Erziehungsmethode den Aufbau einer tiefen Herzensbindung einzusetzen: So verbrachte ich die vierstündige Rückfahrt von Nürnberg in die Sonnen-Arche mit Cheruba an meinem Herzen auf dem Rücksitz meines Autos und hielt mit ihr auch die nächsten Tage einen ganz engen Körperkontakt. Die dadurch aufgebaute Herzensbindung hat über ihr gewaltsames, viel zu frühes Ende hinaus bis heute gehalten.

Ab dem Sonnenaufgang ihres ersten Tages in der Sonnen-Arche wich Cheruba nicht mehr von meiner Seite. Sie war zu meinem »Schatten« geworden. Schnell lernte sie Pferde, Esel, Ziegen, Hühner, Enten, Kaninchen, unser Katzen-Trio Panther-Aristoteles, Mikola und Jisus-Vinzenz und vor allem Sventi, eine temperamentvolle schwarz-weiße Cockerspaniel-Dame aus Italien, kennen und lieben. Und schnell fand sie sich in ihre Lebensrolle als Hüterin und Schützerin der Sonnen-Arche ein. Wehe, da wollte ein unangemeldeter oder gar unwillkommener Besucher die Ruhe stören – sofort war Cheruba zur Stelle, verbellte ihn und sorgte für dessen schnellen Abgang.
Auch in München war Cheruba von Anfang an mit dabei: in meiner Kanzlei am Viktualienmarkt, beim Besuch von Oberbürgermeister Christian Ude, bei allen spektakulären Umweltschutzaktionen von David gegen Goliath und sogar bei der Verleihung der DaGG-Ehrenmitgliedschaft an Konstantin Wecker, den sie mit einer unvergesslichen Umarmung und einem liebevoll-zärtlichen Hundeschmatzer im Theater in der Leopoldstraße im Kreis der Davids willkommen hieß.
Aber, wie es in einem alten Sprichwort so schön heißt: »Wo viel Licht, da ist auch Schatten.« Der Schatten in Cherubas Leben war eine von ihrer Hundefreundin Sventi angestachelte Jagdleiden-

schaft, durch die sie sich immer wieder einmal zum Streunen in den direkt angrenzenden Wald aufmachten, wenn ich abgelenkt war. Im Mai 2005 kam der nie vergessene Schreckenstag: Wieder einmal war das Haus voller Gäste, die meine komplette Aufmerksamkeit beanspruchten, und die Hunde nutzten die Gelegenheit, in den nahen Wald zu verschwinden. Sventi kam erst Stunden später, Cheruba gar nicht mehr zurück. Von dunkelsten Vorahnungen getrieben, kamen mir für ihr Verschwinden nur drei mögliche Erklärungen in den Sinn: Sie war überfahren, entführt oder von einem Jäger erschossen worden. Ich suchte allein, mit Seraphin und mit Freunden, u. a. mit Barbara Rütting, stunden-, tage-, wochen-, monatelang nach meiner geliebten Cheruba. Alle Medien in München und im Landkreis Rosenheim unterstützten mich mit langen Bildartikeln bei meiner Suche. Es wurde aufgrund eingehender telefonischer und brieflicher, zumeist anonymer Informationen immer klarer, dass sie von einem Jäger erschossen worden sein musste. Nun wollte ich es genau wissen und ihren gewaltsamen Tod nicht einfach auf sich beruhen lassen.
Ohne Anmeldung stand ich bei etwa vierzig Jägern in der Umgebung von Halfing vor der Tür, um sie, den Überraschungsmoment nutzend, nach dem Schicksal von Cheruba zu befragen. Die

meisten Gespräche waren erfreulich verständnisvoll. Dabei wurde mir von den Jägern glaubwürdig versichert, dass sie sich zwar manchmal über streunende Hunde ärgern, aber sie niemals erschießen würden. Einige wiesen mich unfreundlich ab und gaben mir keine Informationen. So kam ich auch nicht weiter. Deshalb entschloss ich mich zu einer spektakulären Notwehraktion: Ich setzte eine Belohnung von 15 000 Euro für Informationen über den Verbleib von Cheruba aus. Ein kurz darauf eingegangener Telefonanruf brachte mir die Gewissheit: Cheruba war von einem benachbarten Jäger erschossen worden. Er hatte sie danach irgendwo im Wald verscharrt, mich aber aus Feigheit oder Angst vor möglichen Konsequenzen nie darüber informiert. Wenn er den Mut dazu gehabt hätte, wären meine Trauer, mein Zorn, mein Entsetzen grenzenlos gewesen – ich hätte es aber doch akzeptieren müssen. Nun aber sie hat längst im Hundehimmel ihren Frieden gefunden und wartet auf eine neue, spannende Inkarnation, vielleicht sogar in der Sonnen-Arche.

▎Leben und Sterben: das Ende ist der Anfang

Das Telefon klingelte in einer schrillen Frequenz, die nichts Gutes erwarten ließ. Es war der bereits erwartete Anruf der Klinik für Wiederkäuer, wo meine Schafe und Ziegen immer mit größter medizinischer Kompetenz und menschlicher Warmherzigkeit versorgt werden. Ich nahm den Hörer ab und erkannte sofort die Stimme der unseren Tieren besonders zugetanen Oberärztin. Leider hatte sie keine gute Nachricht für mich. Nach einem Blick auf die Röntgenbilder bestätigte sich ihre Diagnose: Mein Schaf Felicitas hatte eine virale Lungeninfektion und ihre Lungenfunktion war dramatisch eingeschränkt. Es gab keine Behandlungsmöglichkeit, und diese Krankheit war für meine anderen Tiere ansteckend. Ich hatte seit der Einlieferung von Felicitas, die schon seit längerer Zeit an einem heftigen, nicht behandelbaren Husten litt, zwar schon einige Tage Zeit gehabt, mich auf die Bestätigung dieses Verdachts einzustellen. Aber jetzt, da das endgültige Ergebnis vorlag, blieb mir nur noch die Erfüllung der heiligen Pflicht, meine sehr geliebte Felicitas vom Leben in den Tod zu begleiten. Noch hatte ich den Tod von Happyness, meinem anderen Lieblingsschaf, nicht überwunden, und nun stand schon wieder ein Abschied bevor. Dabei waren Felicitas, Happyness und Courage dazu auserkoren gewesen, neues Leben in die Sonnen-Arche zu bringen und meine kleine Schafherde jugendlich aufzufrischen. Das Trio bestand aus den intelligentesten, selbstbewusstesten und führungsstärksten Schafen. Ich wollte das von Seraphin enorm befruchtete und angehobene kollektive Bewusstseinsfeld meiner Schafe nicht einfach wieder versinken lassen, sondern an die nächste Generation weitergeben. So brachte ich die drei Schafe zu einem befreundeten Biobauern, der eine eigene Herde mit einem pechschwarzen Bergschafbock hatte. In einer schönen, abgeschirmten Umgebung schienen hier die optimalen Voraussetzungen für eine erfolgreiche »Nachwuchsproduktion« gegeben zu sein. Als ich meine Schafe nach zwei Monaten wieder abholte, waren sie guter Dinge. Nur Felicitas war etwas abgemagert und brachte einen Husten mit. Bei Happyness nahm der Leibesumfang so beachtlich zu, dass ich sicher war, dass eine Mehrlingsgeburt bevorstand. Bei Courage und Felicitas war noch nicht richtig einzuschätzen, ob sie ebenfalls schwanger waren, zumal das Winterfell deutlich gewachsen war. Nur der Husten von Felicitas machte mir Sorgen, er wollte trotz vielfältiger tierärztlicher Behandlungsbemühungen einfach nicht besser werden. Nach Rückkehr aus einer weiteren Wochenend-Schreibklausur im Zillertal war ich mir sicher, dass die Geburt bei Happyness bevorstehen würde. Ich wachte nachts um 3:30 Uhr durch das plötzliche Heulen meiner Wolfshunde auf. Ich eilte sofort in den nur zweihundert Meter von der Sonnen-Arche entfernt liegenden Schafstall, um nach Happyness zu sehen. Ich fand sie schwer atmend, den Kopf nach vorn gestreckt, auf dem Boden liegend vor. Ich kniete mich neben sie und sprach beruhigend auf sie ein. Ich hatte schon viele Geburten miterlebt und manchmal auch Geburtshelfer spielen dürfen und war erst einmal nicht ernsthaft beunruhigt. Ich dachte, die in diesen Tagen erwartete Geburt würde gleich losgehen. Die Situation schien sich so weit stabilisiert zu haben, dass ich glaubte, Happyness einen Moment allein lassen zu können, um mich warm anzuziehen, mir einen heißen Tee zu kochen, ein Telefon und für Happyness Notfall- und Kreislauftropfen mitzunehmen. Als ich nach wenigen Minuten zurückkehrte, hatte sich Happyness zur Seite gedreht, der Kopf war nach unten gefallen, die Augen waren weit geöffnet, und ich wusste sofort, dass sie tot war. Ich war wie vom Schlag getroffen, stürzte mich neben sie auf den Boden, massierte ihr Herz und versuchte, ihren noch warmen Körper wiederzubeleben, aber es half nichts mehr. Die Seele hatte Happyness' Körper verlassen, der in meinen Armen immer schwerer wurde. Ich war so geschockt, dass ich noch nicht einmal weinen konnte. Fünf Monate hatte ich mich auf die Lämmer gefreut, Happyness mit Aufbaufutter versorgt und mehrmals am Tag und am Abend nach ihr geschaut, und alles schien einen guten Verlauf zu nehmen. Jetzt war mit einem Mal nicht die Freude über neugeborenes Leben, sondern der Schmerz über den völlig überraschenden Tod von Mutter und ihren Kindern eingetreten. Ich weiß nicht, wie lange ich so sitzen blieb. Irgendwann drang Vogelgezwitscher an meine Ohren, und ich sah durch die offene Stalltür die Sonne am Horizont aufgehen. Mühsam rappelte ich mich hoch und wankte mehr als ich ging in den Saal und fiel vor dem kosmischen Kreuz, vor dem immer ein Licht brennt, wie benommen auf den Boden. Alle Gedanken wollten immer wieder zu der Frage nach dem »Warum?« zurückkehren.

An diesem Tag war ich für keinen mehr zu sprechen. Ich machte lange Waldspaziergänge mit den Wolfshunden, die meinen Kummer spürten und besonders aufmerksam und liebevoll waren. Abends saß ich bei meinen Schafen. Die meisten kamen zu mir, stupsten mich mit der Nase an und holten sich ein paar Extra-Streicheleinheiten ab. Die tiefschwingende Erd-Energie der Schafe übertrug sich auf mich, und langsam wurde ich wieder ruhiger.

Eine ganz wichtige Frage stellte sich mir beim Tod eines mir anvertrauten Wesens jedes Mal neu: Habe ich oder haben meine Leute einen Fehler gemacht, der zum Ableben geführt hat, und was kann ich aus diesem Tod lernen? Ich hatte noch am Vormittag veranlasst, dass Happyness zu einer Obduktion in die Tierklinik gebracht wurde, damit die Ursache des völlig überraschenden Todes aufgeklärt werden konnte. Es wurden äußerst aggressive Magenparasiten festgestellt, die zu einer fortgeschrittenen Blutarmut und zu einer Schwächung des Immunsystems geführt hatten. So musste ich hinnehmen, dass das Leben von Happyness und ihren drei ungeborenen Kindern an dieser Stelle schicksalhaft seinen Abschluss gefunden hatte.

Von diesem Tod hatte ich mich noch nicht erholt, und jetzt stand der nächste Tod vor der Tür der Sonnen-Arche. Ich hatte in meinem Leben schon viele Begegnungen mit dem Tod gehabt, aber ich war noch nie in der Situation, ein noch relativ junges und lebensfrohes Wesen wie jetzt meine Felicitas in den Tod begleiten zu müssen. Ich schob den Moment so lange wie möglich auf und beriet mich zusätzlich mit anderen befreundeten Ärzten, aber für diese Art der Erkrankung gab es ebenso wenig eine Hilfe wie bei der Strahlenkrankheit. So verabredete ich schließlich den Termin und fuhr allein von der Sonnen-Arche in die Tierklinik nach Oberschleißheim. Obwohl ich den Weg kannte, schien die Fahrt kein Ende nehmen zu wollen. Ein Stau löste den nächsten ab, ich verpasste die Ausfahrt und musste fünfzig Kilometer zurückfahren – ich wollte einfach nicht ankommen.

Auf dieser endlosen Fahrt hatte ich genügend Zeit, mich an Erfahrungen und Begegnungen mit dem Tod in meinem bisherigen Leben zu erinnern – auch an das berühmte Wort aus den Sprüchen des Salomon: »Alles hat seine Zeit. Geborenwerden hat seine Zeit und Sterben hat seine Zeit.« Sehr gut konnte ich mich an den Tod meines Großvaters Martin erinnern, der mit sechsundachtzig Jahren nach einem erfüllten Leben starb. Damals war ich sechzehn Jahre alt und hatte bisher nur den Tod meiner Großmutter Karoline und meines Großvaters Georg, die beide ein sehr gesegnetes Alter erreicht hatten, aus der Ferne miterlebt. Beide wurden von einem großen Familien- und Freundeskreis zu Grabe getragen, und es gab jeweils einen leckeren Leichenschmaus in einer gelösten Atmosphäre, in der die Trauer immer mehr abnahm und das Leben gefeiert wurde.

Der Abschied von Großvater Martin war anders, weil er in meiner unmittelbaren Nähe stattfand. An Weihnachten hatte er uns überraschend mitgeteilt, dass seine Zeit gekommen sei und er bald sterben wolle. Die nächsten Tage blieb sein Zustand unverändert, aber nach einer Woche wollte er nicht mehr aufstehen und auch keine Nahrung mehr zu sich nehmen. Ich war jeden Tag bei ihm, hielt seine kälter werdende Hand und sprach ein paar freundliche Worte mit ihm. Das tat ihm sichtlich gut, er wurde ruhiger und schien sich zu entspannen. Aber seine Kräfte nahmen spürbar ab. Als unser Arzt meinte, es würde jeden Moment zu Ende gehen, versammelte sich die Großfamilie um ihn, um Abschied zu nehmen. In seinem Zimmer brannten viele Kerzen und auf seine Bettdecke war ein Blumenkranz geflochten.

Auch der mit unserer Familie befreundete Pfarrer kam und sprach einen Abschiedssegen. Wir beteten gemeinsam das Vaterunser und sangen Großvaters Lieblingslieder. Es herrschte ein großer Frieden in seinem Krankenzimmer, und wir verspürten alle eine starke Verbundenheit miteinander. Spätabends gingen wir auseinander. In dieser Nacht starb mein Großvater. Der von ihm selbst angekündigte Abschied meines Großvaters war so voller Würde und Frieden, dass auch die Trauer begrenzt war und keinerlei Gefühle von Angst entstanden. Ich war überzeugt, dass mein Großvater nun zu seinem Gott, an den er ganz fest geglaubt hatte, in den Himmel gegangen und dort bestens aufgehoben war. Die nächsten Todeserlebnisse waren viel dramatischer.

Meine Wahl-Oma Moni, der liebste Mensch aus meinen Kindheitstagen, hatte eine schwere Krebserkrankung. Als ich sie bei einem Heimatbesuch aus dem Krankenhaus abholte, bestand sie nur noch aus Haut und Knochen. Ich musste sie gut festhalten, damit sie von dem gerade aufkommenden stürmischen Wind nicht fortgeweht wurde. Moni war zum Ende des Zweiten Weltkriegs mit einem Flüchtlingstreck zu Fuß aus Schlesien geflohen und durch eine glückliche Fügung in meinem Heimatort Hofgeismar gelandet. Dort fand sie rasch Kontakt zu unserer Familie und gehörte bald zum engeren Familienkreis. Nun hatte der Krebs bereits Metastasen gebildet, und es war jedem, der sie kannte und liebte, klar, dass sie bald sterben würde. Nur Moni wollte davon überhaupt nichts wissen. Obwohl auch sie ein gläubiger Mensch war, konnte sie keinen Trost und keine Ruhe finden. Sie kämpfte geradezu wie besessen um jeden weiteren Lebensmoment und konnte einfach nicht loslassen. Auch ich konnte sie leider nicht beruhigen. Moni starb kurz darauf. Sie kämpfte bis zum letzten Atemzug um ihr Leben und konnte einfach keinen Frieden finden.

Diese Todeserfahrungen waren alle mit älteren Menschen, die ein langes, erfülltes Leben hinter sich gebracht hatten und deren Lebensuhr abgelaufen war. Ganz anders und schockierend war der Tod meiner Mutter: Sie hatte in großer, fröhlicher Runde ihren sechzigsten Geburtstag gefeiert und wollte auf dem Weg zu einer Kur einen Zwischenstopp bei mir in München einlegen. Ich war damals vierundzwanzig Jahre alt und voller Unternehmungslust und Lebensfreude, da ich kurz zuvor mein erstes juristisches Staatsexamen bestanden hatte. Am Vorabend ihrer geplanten Ankunft klingelte spätabends das Telefon. Es war unser altvertrauter Hausarzt, der mich vorher noch nie angerufen hatte. Seine Stimme klang ruhig, aber bestimmt: »Bernd, du musst bitte sofort nach Hause kommen, deine Mutter ist gerade mit einem Herzinfarkt ins Krankenhaus eingeliefert worden. Du wirst jetzt hier gebraucht.«

Mir hatte es die Sprache verschlagen. Ich konnte gerade noch antworten: »Ja, natürlich. Ich komme sofort.« Ich war vor Schreck wie gelähmt und begann dann mithilfe einer Freundin, mechanisch ein paar Sachen in meine Reisetasche zu packen. Als ich gerade fertig war, klingelte das Telefon ein zweites Mal. Es war wieder unser Hausarzt: »Mein lieber Bernd, ich muss dir eine sehr traurige Mitteilung machen. Ich habe soeben vom Krankenhaus die Nachricht bekommen, dass deine Mutter vor wenigen Minuten gestorben ist. Es wäre gut, wenn du so schnell wie möglich kommen könntest.« Ich war zu keiner Antwort in der Lage und legte den Hörer auf. Die Welt schien einen langen Moment stillzustehen, mir stockte der Atem, dann begann sich alles um mich zu drehen, ich sank zu Boden und verlor einen Moment das Bewusstsein. Meine Freundin kümmerte sich rührend um mich, legte mir eine wärmende Decke um und gab mir heißen Tee zu trinken. Tausend Gedanken schossen mir durch den Kopf. Ich hatte mich so auf den Besuch meiner Mutter gefreut und ein attraktives Kultur- und Ausflugsprogramm vorbereitet. Ich riss mich gewaltsam aus diesen Gedanken, denn jetzt war nur noch eines wichtig: Ich musste so schnell wie möglich nach Hause zu meinem Vater und meiner Schwester fahren, um sie zu trösten, aber auch, um genau zu erfahren, wie es zu diesem völlig überraschenden Tod meiner Mutter gekommen war. Nach einer Stunde war ich wieder fit genug, um die fünfstündige nächtliche Autofahrt in Begleitung meiner Freundin antreten zu können. Im Morgengrauen schloss ich meinen aufgelösten Vater und meine

Schwester in die Arme. Kurz darauf fuhr ich bereits in das Krankenhaus, um mir von der behandelnden Ärztin über die letzte Stunde im Leben meiner Mutter berichten zu lassen. Sie hatte einen doppelten Infarkt erlitten und war kurz nach der Einlieferung auf der Intensivstation verstorben. Nach dem Gespräch wurde ich in den Keller zu den Kühlräumen geführt, wo ich aus der Hand eines Pflegers die letzten Habseligkeiten meiner Mutter entgegennahm und dies quittieren musste – eine wirklich ernüchternde Szene, wie ich sie drei Jahre später nach dem plötzlichen Herztod meines Vaters im Krankenhaus in Freudenstadt nochmals miterleben musste. Das war also die materielle, administrative Abwicklung des Todes, zu der auch die Auswahl des Sarges, der Totenkleider und die Gestaltung der Trauerfeier gehörten.

Eine viel krassere Form der administrativen Abwicklung des Todes hatte ich im zweiten Semester im Rahmen eines gerichtsmedizinischen Praktikums an meiner Freiburger Uni miterlebt: In einem vollständig gekachelten, von Neonlicht grell erleuchteten großen Raum lag auf einem langen Stahltisch eine unbekleidete Leiche. Zwei Männer in weißen, abwaschbaren Arbeitskitteln waren damit beschäftigt, mit Hammer und Säge die Schädeldecke und den Brustraum für die Obduktion zu öffnen. Die Luft war von einem süßlich-fauligen, mit Desinfektionsmitteln durchsetzten Geruch durchdrungen, der mir fast den Atem verschlug. Nachdem die Handwerker des Todes mit ihren vorbereitenden Arbeiten fertig waren, erschien ein Herr im weißen Ärztekittel und stellte sich als Professor der Rechtsmedizin vor. Bevor er uns den konkreten Fall erläuterte, ließ er uns an ein paar einführenden Gedanken über Lebens- und Todesprozesse teilhaben: »Der Mensch kommt aus einem scheinbaren Nichts und tritt mit dem Zeitpunkt seiner Geburt in das nach und nach bewusst werdende Leben ein. Die einzige Gewissheit, die er hat und die er am intensivsten verdrängt, ist, dass sein Leben zu irgendeinem, von ihm in den seltensten Fällen zu bestimmenden Zeitpunkt mit dem Eintritt des Todes enden wird. In dem Moment, wo der Geist und die Seele den Körper verlassen, bleibt nur der verwesliche Leichnam zurück. Dieser wird dann in einem unglaublich intelligenten und wirkungsvollen Prozess, der sich über Wochen, Monate und hinsichtlich der Knochen sogar Jahre hinzieht, von unzähligen Kleinstlebewesen wie Bakterien, Pilzen und Bodeninsekten, denen alles als Nahrung dient, wieder in Humus verwandelt. So ist der Prozess des Todes auch immer wieder ein Prozess des Lebens.«

An diese Worte wollte ich mich nicht erinnern, als ich am geöffneten Sarg meiner Mutter stand, um Abschied von ihr, genauer gesagt, von ihrem Körper zu nehmen. Denn das, was ich vor mir sah, war schon lange nicht mehr meine Mutter, es hatte nichts mit ihrem ansteckenden Lachen, ihrer Lebensfreude zu tun. Es war nur der kalte und leblose Körper, der unheimlich fern und fremd vor mir lag. Damals erlebte ich den Tod meiner lebensfrohen und ungemein kommunikationsfähigen Mutter genau zwei Monate nach ihrem sechzigsten Geburtstag völlig unvorbereitet wie einen Schock. Mit einem Mal war der Kontakt zu ihr, die der Mittelpunkt unserer Familie war, abgerissen. Ich stand plötzlich vor einer verschlossenen Tür und konnte lange keinen Durchgang finden. Das war der Beginn meiner intensiven Suche nach dem tieferen Sinn von Leben und Sterben, der vor allem auch mein schon einige Zeit gelebtes Leben und meinen sicher einmal bevorstehenden Tod betraf. Die Tröstungen und Erklärungen der konventionellen christlichen Lehre zum Tod konnten mir in dieser existenziellen Lebenssituation weder Trost noch Sinnstiftung geben. So setzte ich meine Suche nach dem Sinn von Leben und Sterben fort, las das Tibetische Totenbuch und die von Elisabeth Kübler-Ross aufgezeichneten Zeugnisse von Menschen, die eine sogenannte Nahtoderfahrung gemacht hatten, aber danach noch mal in das irdische Leben zurückgekehrt waren. Ich schaute mir Dokumentar- und Spielfilme zu diesem Thema an, besuchte Seminare und sprach mit vielen Sterbeforschern, Ärzten und spirituellen Meistern. Seitdem erlebte ich den Abschied von geliebten Menschen und Tieren immer bewusster und versuchte, jedes Detail des Sterbeprozesses, also den Übergang in eine neue Dimension, zu erfassen. Intuitiv ist mir die Eingebung geschenkt worden, dass diese Dimension, der Raum, in den wir eingehen, der gleiche sein könnte, aus dem wir bei unserer Geburt ausgetreten sind, um eine neue Erdenreise anzutreten. Wir können auch versuchen, diese große Mysterium so auf den Punkt zu bringen: Wir kommen von Gott mit dem in uns keimhaft angelegten göttlichen Potenzial, unserer »Ebenbildlichkeit Gottes«, und kehren am Ende unseres diesmaligen irdischen Weges zu ihm zurück. Der Übergang vom Leben zum Tod ist immer einzigartig und folgt seiner eigenen Dramaturgie.

Besonders eindrucksvoll ist mir der Abschied von Raphael, meinem weise gewordenen braunen Bergschafbock und Prinzgemahl von Seraphin, in Erinnerung geblieben. Glücklicherweise war ich zugegen, als seine letzte Stunde gekommen war. Mit wachsendem Erstaunen konnte ich beobachten, wie er seine Schafherde umrundete, dann überraschend das Schafsgehege verließ und mit langsamen und würdevollen Schritt zu allen anderen Tieren stolzierte, offenkundig, um sich ebenfalls zu verabschieden. Ich bemerkte, dass seine Schritte zuletzt immer wackliger wurden. Deshalb ging ich möglichst unauffällig hinter ihm her, als er ansetzte, auch die Sonnen-Arche zu umrunden. Plötzlich taumelte Raphael, und ich war sofort bei ihm, als er zusammenbrach. Er war noch einen kurzen Moment bei Bewusstsein, und als ich mich zu ihm niederbeugte, sah er mich mit seinen großen seelenvollen Augen noch einmal an, atmete ein letztes Mal tief durch, und im selben Moment verließen sein Geist und seine Seele seinen Körper, und sein eben noch pulsierender Körper wurde mit einem Mal schwer wie Stein.

Es gibt also diesen einen Moment, wo nach der Terminologie des Tibetischen Totenbuches der sogenannte Silberfaden zerreißt, der Geist und Seele mit dem irdischen Körper verbindet. Dann tritt der Tod, ob bei Mensch oder Tier, unwiderruflich ein. Nach diesem ältesten Weisheitsbuch ist das möglichst bewusste Erleben dieses letzten Momentes für die Art und Weise entscheidend, wie unsere nächste Wiedergeburt vonstattengehen wird, in der wir die Früchte des vergangenen Lebens ernten werden – gemäß dem Bibelwort »Was du säst, wirst du ernten.« Davon hängt ab, ob diese Früchte nun süß oder bitter sein werden. Für seine nächste Inkarnation hat sich Raphael mit seinem Leben und Sterben sicher die besten Voraussetzungen geschaffen.

Nach allem, was ich bisher erfahren und gelernt habe, brauchen wir vor unserem letzten Gang über die Regenbogenbrücke keine Angst zu haben. Aus allen Zeugnissen von Nahtoderfahrungen wissen wir: Wir werden mit strahlendem Licht, tiefem Frieden und höchster Glückseligkeit empfangen. Bei diesen Gedanken über Leben und Tod ist für mich die Frage von entscheidender Bedeutung: Stehen auch wir Menschen, wie die Natur in ihrem sichtbaren Wechsel der Jahreszeiten, in einem Zyklus von Geburt und Wiedergeburt? Ich habe Jahrzehnte gebraucht, um darauf für mich eine ganz persönliche Antwort zu finden: Jetzt glaube ich immer mehr daran: unsere Seele als Ausdruck unseres individuellen Seins umgibt sich nach unserem Tod zu einem späteren Zeitpunkt, wenn die Zeit dafür reif ist, wieder mit einem neuen Körperkleid, um an einem neuen Ort mit möglicherweise anderem Geschlecht und in einer neuen Familie wiedergeboren zu werden, um die nächsten Lektionen zu lernen.

Der Glaube an die Wiedergeburt hat sich in meinem bisherigen herausfordernden Erdenleben als der »kosmische Joker« erwiesen, der mich mit einer ganz neuen, erweiterten Sinnhaftigkeit erfüllt hat. Dieser Glaube gibt mir eine erweiterte Lebensperspektive und die Kraft, die mich täglich umgebenden Schrecken, die Auswüchse von Gewalt, Hass und Lügen und den ständigen gewaltsamen Tod von Menschen und Tieren und selbst Auschwitz und Srebenica ertragen zu können, weil der Tod eben kein Ende, sondern der Anfang von einem neuen Kreislauf des Lebens ist. Ohne diese Überzeugung bliebe mir nur die völlige resignative Ignoranz, die Verzweiflung oder der pure Wahnsinn.

Im Zuge meiner Suche nach dem Lebenssinn habe ich zudem feststellen können, dass ich mich mit meinem Glauben an die Wiedergeburt auf gutem christlichem Grund befinde und keinen esoterischen Hirngespinsten nachjage: Bis zum Konzil von Nicäa im vierten Jahrhundert war der Glaube an die Wiedergeburt fester Bestandteil der christlichen Lehre. Deshalb ging man lange

Zeit davon aus, dass etwa Johannes der Täufer eine Inkarnation des Propheten Elia war. Nach dem zeitlosen Gesetz von Saat und Ernte, dessen Konsequenzen sich allerdings über sehr lange Zeiträume hinziehen können, wurde ihm der Kopf abgeschlagen, weil er zu seiner Prophetenzeit früher einmal vierhundert Baals-Priester enthaupten ließ. Das gibt dem Gedanken der göttlichen Gerechtigkeit eine ganz neue, erfassbare Bedeutung: die Übeltäter, Mafia- und Drogenbosse kommen eben nicht ungestraft davon, auch wenn die Konsequenzen möglicherweise erst nach einem längeren Zeitraum eintreten werden.

Für meine aktuelle Lebensgestaltung spielt die Frage der Wiedergeburt keine wesentliche Rolle, sie gibt mir aber grundsätzlich mehr Gelassenheit, da ich zumindest eine Ahnung davon habe, was einmal auf mich zukommen wird. Jetzt geht es allein darum, im Hier und Jetzt meine Aufgaben zu erfüllen und Schritt für Schritt glücklicher, friedlicher und urteilsfähiger zu werden, um ein wenig zum Glück und Segen meiner Mitmenschen und aller Mitgeschöpfe beizutragen.

Bei meinen eigenen Begegnungen mit dem Tod ging es nur um mein weiteres Sein oder Nichtsein – um nicht mehr und um nicht weniger. Zweimal bin ich beinahe ertrunken: 1985 in Gran Canaria und 2013 in Sri Lanka. In beiden Fällen hatte ich in einem Moment der Unachtsamkeit die gewaltige Kraft des stürmischen Meeres unterschätzt, war etwas zu weit hinausgeschwommen und in eine Unterwasserströmung geraten, die mich trotz aller Bemühungen immer weiter abtrieb. Die aufkommende Panik hatte meine Kräfte zusätzlich gelähmt, und ich war nur noch in der Lage, mechanisch weiterzuschwimmen. Es war alles völlig unspektakulär, ich spürte nur, dass langsam meine Kräfte schwanden und ich mehr und mehr auskühlte. Nach einiger Zeit war ich so erschöpft, dass ich noch nicht einmal mehr Angst vor meinem möglichen Ende verspürte. Ich erinnere mich nur an einen Gedanken: »Das soll alles gewesen sein?« und war kurz davor aufzugeben. Ich sah Menschen, die am Strand spielten oder in der Sonne lagen und sich ihres Lebens erfreuten. Sie schienen meinen verzweifelten Überlebenskampf offenbar gar nicht zu bemerken.

Doch mein Lebenswille war noch so stark, dass ich weiter und weiter schwamm und weiter paddelte, bis ich in Gran Canaria plötzlich wieder Boden unter meine Füße bekam. Ich konnte mich gerade noch an Land schleppen und brach dort am Strand zusammen. In Sri Lanka holte mich im letzten Moment ein junger Rettungsschwimmer mit einem Surfbrett aus der Brandung, aber ich bekam dann plötzlich einen solchen Energieschub, dass ich noch mit eigener Kraft an Land schwimmen konnte.

Ganz anders war die Situation 1993 bei meinem Aufstieg zum Gipfel des Kilimandscharo, dem mit 5800 Meter höchsten afrikanischen Berg. Vor der letzten Gipfeletappe nahm ich leichtsinnigerweise in der warm erscheinenden Nachmittagssonne ein kurzes Sonnenbad und merkte zu spät, dass ich schon nach wenigen Minuten auszukühlen begann und nicht mehr richtig warm wurde. Hinzu kam eine akute fiebrige Darmerkrankung mit Kreislaufproblemen, die mich total schwächten. So konnte ich um Mitternacht nur mit äußerster Anstrengung und von Schwindelgefühlen geplagt aufstehen und mich erst eine Stunde nach dem verabredeten Aufbruch langsam zu meinem schon unruhig vor der Hütte wartenden Bergführer schleppen. Ich war mehr tot als lebendig, trotzdem aber von dem Wunsch erfüllt, so kurz vor dem Gipfel nicht aufzugeben. Nach einer Stunde Aufstieg war ich so erschöpft, dass ich eine längere Pause einlegen musste. Ich musste mich entscheiden, den Aufstieg abzubrechen und mich von einem Hubschrauber in das nächste Krankenhaus bringen zu lassen oder trotz des großen Risikos nicht aufzugeben und weiterzugehen. Damals traf ich die aus heutiger Sicht völlig unvernünftige Entscheidung, weiterzugehen und damit mein Leben aufs Spiel zu setzen. Glücklicherweise drückten meine Schutzengel damals beide Augen zu und geleiteten mich sicher zum Gipfel und zurück. In allen drei Fällen bin ich unbedachterweise Risiken eingegangen, die zu meinem Ende hätten führen können.

So habe ich wiederholt am eigenen Leib erfahren, wie schnell mein Leben, mein kostbarstes Geschenk, vorbei sein kann. Auch durch Unglücksfälle, Krankheiten oder jederzeit mögliche atomare Katastrophen wie Tschernobyl oder kriegerische Ereignisse kann der Tod mich und jeden schicksalhaft ereilen. Das bedeutet für mich, jeden Moment so bewusst und dankbar wie möglich zu leben und nichts aufzuschieben.

All diese Gedanken gingen mir auf dem Weg zu Felicitas durch den Kopf, wo mir jetzt die unausweichliche Aufgabe bevorstand, sie vom Leben in den Tod zu begleiten. In der Klinik wurde ich schon erwartet und von einem Pfleger zur Box von Felicitas gebracht. Sie sah mich mit leuchtenden Augen freudig überrascht an, als ich zu ihr ging und sie in die Arme nahm. Ich kam mir fast wie ein Verräter vor, als ich sie so erwartungsfroh vor mir sah und sie mit großem Appetit drei mitgebrachte Äpfel verschlang. Am liebsten hätte ich sie gleich ins Auto eingeladen und wäre mit ihr zurück in die Sonnen-Arche gefahren. Dass die Erfüllung dieses Wunsches leider unmöglich war, wurde mir mit aller Deutlichkeit vor Augen geführt, als wenig später die Ärztin mit einer Pflegerin erschien und mir die vor Kurzem entwickelten neuen Röntgenbilder und die anderen Befundergebnisse zeigte. Die waren eindeutig und ließen mir keine Wahl. So nahm das Unvermeidliche seinen Lauf. Die Pflegerin legte geschickt eine Kanüle an Felicitas' Halsvene, sodass sie keine Schmerzen hatte. Beide sahen meinen Schmerz und ließen mich mit Felicitas für einige Zeit allein. So verbrachte ich die letzten Minuten ihres Lebens mit Felicitas, meinem sehr geliebten, geistig-seelisch am weitesten entwickelten Schaf. Ich setzte mich neben sie, kraulte ihr wie sooft den Nacken und die Ohren, bis sie zufrieden gluckste, und wiegte ihren Kopf im einfallenden Sonnenlicht in meinen Armen. Ich war so inniglich tief mit ihr verbunden wie niemals zuvor, und die Zeit schien für uns einen Moment stillzustehen. Ich flüsterte ihr unsere gemeinsame Geschichte ins Ohr und bedankte mich für die vielen freudigen Augenblicke, die sie mir geschenkt hatte. Dann kehrte die Ärztin zurück, schaute mich kurz fragend an, und als ich tränenüberströmt nickte, kam sie zu uns. Sie spritzte mit ruhiger Hand ein starkes Beruhigungsmittel, das nach kurzer Zeit völlig schmerzlos zu Atemlähmung und Herzstillstand führen sollte. Auf die erste Dosis zeigte Felicitas keinerlei Reaktionen, sie schaute mich fragend an, was denn jetzt wieder los sei. Damit hatte keiner gerechnet: Felicitas war zum Sterben noch nicht bereit. Ich kramte verlegen in meiner Tasche und konnte noch einen weiteren Apfel finden, den sie ebenfalls mit Appetit verspeiste. Dann spritzte die Ärztin eine höhere Dosis und ließ uns wieder allein. Schon kurz darauf setzte die Wirkung ein: Durch Felicitas' Körper ging ein Zucken, sie bäumte sich ein letztes Mal auf, ich segnete sie für ihre letzte Reise, und dann fiel sie in meinen Armen sanft zusammen. Mein Schmerz war grenzenlos. Ich wanderte lange Zeit durch die umliegenden Felder, schaute immer wieder zum Himmel und bat alle guten Geister des Windes, des Wassers, der Sonne und die Seraphinen und Cherubinen, Felicitas' Seele auf dem Weg in eine neue Dimension zu begleiten. Ich kehrte erst sehr spät zur Sonnen-Arche zurück.

Über den Tod von Felicitas, Happyness und vieler geliebter Menschen und Tiere hat mir die feste Gewissheit hinweggeholfen, dass sie alle an einem Ort angekommen sind, wo Frieden, Licht und bedingungslose Liebe herrschen, und dort bestens aufgehoben sind. Dort, »wo das Leid ein Ende hat« und wo auch ich am Ende meiner Lebensreise wieder hingelangen werde. Ich habe mich bereits zu meinen Lebzeiten immer wieder mit meinem Tod beschäftigt. Ich bin überzeugt, dass er dann eintreten wird, wenn ich meine diesmalige irdische Aufgabe erfüllt haben werde. Bis dahin werde ich die Lektionen zu lernen haben, die noch auf mich warten.

Was in meinem Leben vorherbestimmt ist und wie viel Gestaltungsspielraum ich wirklich habe, werde ich nur durch mein gelebtes Leben selbst erfahren können.

■ Zum Schluss: genug der Worte – endlich Taten

Wir brauchen keine weiteren Kommissionen, Gutachten, Konferenzen. Es ist längst bekannt: Unser Weg des grenzenlosen Wirtschaftswachstums, verbunden mit einem grenzenlosen Konsum- und Vergnügungswahn, wird unsere natürlichen Lebensgrundlagen Wasser, Luft und Erde schon in kurzer Zeit zerstört haben. Damit haben wir Menschen, aber auch die meisten Tiere und Pflanzen keine Überlebenschancen.
Diese Botschaft habe ich in den vergangenen Jahren und Jahrzehnten mit der größtmöglichen Intensität verkündet und zu einem Weg der inneren und äußeren Umkehr aufgerufen. Dieser Aufgabe habe ich mein ganzes Leben untergeordnet. Diese Botschaft und die damit verbundenen Warnungen haben bisher jedoch kein Gehör gefunden. Die Zeit für längst überfällige Kurskorrekturen läuft ab. Wir haben viel zu lange aus Bequemlichkeit oder Ignoranz nicht getan, was wir wissen und was notwendig gewesen wäre. Die Konsequenzen bringt folgender Witz auf den Punkt: Treffen sich zwei Planeten. Fragt der eine den anderen: »Wie geht es dir?« Antwortet der andere: »Nicht besonders gut, ich habe Homo sapiens.« Darauf die Antwort: »Mach dir keine Sorgen, das geht vorüber.«

Ich halte fest: Eine Gesellschaft, die ihre finanziellen und technologischen Ressourcen in Waffen und Krieg investiert, die weiter auf Atom statt auf Sonne setzt, ist krank und hat sich dem Tod verschrieben. Krisen hat es in der Menschheitsgeschichte schon immer gegeben. Das Besondere an unserer Krise: Die aktuellen Zerstörungsprozesse wirken global und beschleunigen sich aufgrund des technischen Fortschritts in beispielloser Weise.
Würde ein außerirdischer Besucher, ein Abgesandter unserer Sternengeschwister, den Zustand unserer Gesellschaft anhand

unserer von Skandalen, Gewalt, Sex und von einer künstlichen Aufgeregtheit geprägten Medienwelt diagnostizieren, würde er uns als schwerstkrank, einsichts- und somit überlebensunfähig einstufen und schreiend davonlaufen. Mit dieser Entwicklung befinden wir uns in der Tradition der Menschheitsgeschichte von Anfang an: Kain erschlug den Abel, Erzvater Jakob betrog seinen Bruder Esau um sein Erstgeburtsrecht. Kriege, Mord und Totschlag, Lüge, Hass und Gewalt haben uns begleitet. Die schlechte Nachricht: Es war schon immer so. Die gute Nachricht: Es muss nicht immer so bleiben.

Ich denke, was helfen könnte, ist Folgendes: Jeder Einzelne muss sich endlich wieder für sich selbst, seine Familie, seine Freunde, sein Land, seinen Kontinent und schließlich für seinen Heimatplaneten Erde insgesamt verantwortlich fühlen. Damit werden wir fähig, uns überall dort einzumischen, wo die Menschenwürde bedroht, wo Wahrheit und Gerechtigkeit mit Füßen getreten, wo unsere natürlichen Lebensgrundlagen weiter zerstört und Tiere gequält werden.

Ich möchte Mut machen, den »Davids-Weg der kleinen Schritte mit großer Perspektive« gemeinsam zu gehen. Das sind meine Tipps:

- Abschalten: nicht nur die Atomanlagen, sondern sooft wie möglich auch Computer und Fernsehen, um Reizüberflutung und Ablenkung vom Wesentlichen einzuschränken.
- Einmischen: Widerstand macht gesund.
- Entscheiden: Wir treffen jeden Tag an der Ladenkasse eine Entscheidung für oder gegen die Umwelt. Kaufen wir Bioprodukte aus regionaler Produktion? Legen wir unser Geld in ethischen Fonds oder bei der GLS oder Umweltbank an?
- Verlangsamen, innehalten, zur Besinnung kommen, Entscheidungsspielräume gewinnen.
- Zentrieren: in der Stille zur eigenen Mitte, Kraft und Urteilsfähigkeit finden.
- Genießen: die Kostbarkeit des Augenblicks, des JETZT.
- Vergeben: Uns selbst und anderen, um Blockaden zu lösen.

- Annehmen: Ja sagen zu allem, auch zu jedem Schmerz, zu jedem Leid, das zu uns kommen will, und dann einen Neubeginn wagen.

Der indische Weisheitslehrer Jiddu Krishnamurti sagt: »Wir sind die Welt – die Welt ist ein Spiegel von uns.« Deshalb müssen wir uns bewusst sein, dass wir mit unseren Gedanken, Gefühlen und Handlungen dazu beitragen, die Welt zu einem besseren oder schlechteren Platz zu machen. Daraus folgt: Willst du die Welt verändern, fang bei dir selbst an. Wir sind mit allen Menschen, Tieren und Pflanzen in einem unendlichen Netzwerk des Lebens verbunden; unser Wohlergehen hängt deshalb vom Wohlergehen aller anderen Wesen ab. Wir alle sind Kinder der Erde, Kinder des Alls und Kinder Gottes. In Gottes Familie gibt es keine Außenseiter. Alle gehören in gleicher Weise dazu – Männer und Frauen, Schwarze und Weiße, Rote, Gelbe und Braune, Juden und Araber, Katholiken und Protestanten, Buddhisten, Hindus und Moslems, Junge und Alte.

In dem eindrucksvollen Film »Der grüne Planet« wird die originelle Geschichte einer kosmischen Lebensgemeinschaft von Menschen aller Altersstufen beschrieben. Das oberste Ziel ist, sich in Liebe und Achtsamkeit zu begegnen und sich mit viel Humor gutzutun. Ich habe mich sofort auf die Warteliste dieser Kosmos-WG setzen lassen.

Ich weiß nicht, wie lange ich noch auf unserem Heimatplaneten Erde bleiben werde. Schon einmal, vor zwanzig Jahren, war ich bereit zu gehen: Ausgelöst durch die Atomkatastrophe von Tschernobyl am 26. April 1986 hatten mich zehn Jahre ununterbrochener Kampf gegen die atomaren Gefahren, die fortschreitende Umweltzerstörung und die Verletzung von Menschen- und Tierrechten völlig erschöpft und auf die Intensivstation gebracht. Ich weiß aber: So lange ich lebe, werde ich mit all meinen Kräften weiter schützen, was ich liebe: meine, unsere heilige Mutter Erde, diesen zerbrechlichen, einzigartigen Lichtpunkt in den unendlichen Weiten des Alls. Das ist meine Aufgabe als Erd-Politiker.

Wenn wir endlich anfangen, nach Liebe und Gerechtigkeit zu hungern, wenn wir wirklich Gott mit aller Kraft suchen, werden wir ihn auch in uns wie in allem um uns finden und daraus Lebensmut und Lebenssinn schöpfen.

Mein Lieblingswort, das mich immer wieder neu inspiriert und ermutigt und mit meinem Freund, Bruder und Meister, Jesus, dem Christus, verbunden hat, möchte ich als nie versiegende Kraftquelle auch in künftigen Zeiten der Dunkelheit weitergeben: »Bleibt in meiner Liebe, (…) damit meine Freude in euch bleibe und eure Freude vollkommen werde.« Das trägt mit dem täglich in unseren Lebensalltag zu integrierenden Dreiklang Dankbarkeit, Freude, Vergebung zu einem gelingenden Leben bei.

Der persische Sufi-Mystiker Mevlana Rumi erinnert uns: »Du bist nicht zum Kriechen geboren, also krieche nicht. Du hast Flügel. Lerne sie zu gebrauchen und fliege.«

Wer will uns aufhalten? Fliegen wir.

■ Dank

Ich möchte von Herzen all den Menschen und Tieren danken, die mich bei der Entstehung dieses Buches und der damit verbundenen Lebensreise durch sechseinhalb Jahrzehnte begleitet haben. Mein besonderer Dank gilt meiner Verlegerin Brigitte Fleissner-Mikorey, deren bedingungsloses Ja zu meinem herausfordernden Buchprojekt jenseits allen Mainstreams mir Ansporn und Verpflichtung gewesen ist, dieses Buch zu Ende zu schreiben.
Danke sagen möchte ich auch meiner Lektorin Jennifer Grünwald, die meine Texte mit Interesse, Geduld und Kompetenz bearbeitete, meinen Freunden Günther Feyler und Roland Rottenfußer für die fortlaufende inhaltliche Begleitung bei der Entstehung dieses Buches, Maria Ernst, Gerdi Osterloher, Reinhard Badlehner und Otto Schlichtmeier für textliche Ergänzungen und Korrekturen, Frank Fischer für die Auswahl der Fotos, Christian Tagwerker für seine exzellente Computerbetreuung zu jeder Tages- und Nachtzeit, der auch in scheinbar aussichtslosen Situationen mit wieder einmal verschwundenen oder abgestürzten Daten immer eine Lösung parat hatte, sowie Marianne Schiestl und ihrem immer aufmerksamen und um mein Wohlergehen besorgten Hotelteam aus Fügen, die mich in meinem Schreibstress oft ertragen mussten und die mir das Leben in jeder Weise erleichtert haben.
Mein besonderer Dank gilt meinen Cousins Olaf Löber und Walter Lechler. Ihre großzügige Unterstützung hat mir den Erhalt der Sonnen-Arche und die mehrmonatige Auszeit zum Schreiben dieses Buches möglich gemacht.
Zum Schluss möchte ich denen danken, denen ich wesentliche Impulse auf meinem Weg »Wie ich wurde, was ich bin« zu verdanken habe: meinen Eltern Anne und Ferdinand, meiner Wahl-Oma Moni, meinen Lehrern und freundschaftlichen Begleitern, besonders Gottfried Keller und Gerhard Krupinska, Sun Bear,

Erhard Eppler, Franz Josef Bach, Robert Jungk, Hans Peter Dürr, Barbara Rütting, Heinrich Klug, Richard Dill, Konstantin Wecker, Mantak Chia, Don Ladislaus Drayer, Madeleine Gahigiri, Gerhard Riemann, Angelika Eiglsperger und Jan Kleinschmidt.